F. Reinnel

F. Reinnels englisches Rezeptbuch für Maurer, Tüncher, Stubenmaler, Stukkaturarbeiter und Zementirer

F. Reinnel

F. Reinnels englisches Rezeptbuch für Maurer, Tüncher, Stubenmaler, Stukkaturarbeiter und Zementirer

ISBN/EAN: 9783741166440

Hergestellt in Europa, USA, Kanada, Australien, Japan

Cover: Foto ©Lupo / pixelio.de

Manufactured and distributed by brebook publishing software (www.brebook.com)

F. Reinnel

F. Reinnels englisches Rezeptbuch für Maurer, Tüncher, Stubenmaler, Stukkaturarbeiter und Zementirer

Neuer Schauplatz
der
Künste und Handwerke.

Mit
Berücksichtigung der neuesten Erfindungen.

Herausgegeben
von

einer Gesellschaft von Künstlern, Technologen und Professionisten.

Mit vielen Abbildungen.

Einunddreißigster Band.

J. Reinnel's englisches Receptbuch.

Zweite Auflage.

Weimar, 1866.
Bernhard Friedrich Voigt.

F. Reinnel's englisches Receptbuch

für

Maurer, Tüncher, Stubenmaler, Stukkaturarbeiter und Cementirer,

enthaltend

Vorschriften und Unterweisung zum Mauern, Gyps=
formen, Anstrich und Malen der Wände und Anfer=
tigung von baulichen Ornamenten, mit einer großen
Anzahl von Recepten zum Mischen der verschiedenartigen
Mörtel, Kompositionen, Tünche, Anstriche ꝛc.

Nach dem Englischen frei bearbeitet, mit vielen Zusätzen ver=
mehrt und nach deutschen Bedürfnissen modificirt

von

J. W. Hertel,

Bau=Inspektor in Naumburg.

Zweite vermehrte und verbesserte Auflage.

Mit 7 Tafeln, enthaltend 52 Figuren.

Weimar, 1866.
Bernhard Friedrich Voigt.

Vorwort.

Wir übergeben hier dem Techniker die zweite Auflage einer Schrift, deren Werth sich schon durch den schnellen Absatz der ersten Auflage bekundet hat. Ueber die Tendenz des Inhalts spricht sich die Einleitung genügend aus, so daß wir allein darauf verweisen können.

Jedoch müssen wir in Bezug auf die vorliegende Auflage hier bemerken, daß diese gänzlich umgearbeitet, dabei aber eine reiche Zugabe von neuen Abhandlungen und Sätzen erhalten hat, die gleichsam Glieder engerer Verbindung der specifischen Wissenschaft mit der abstrakten Technik bilden; wobei stets das Veraltete und weniger Gute den Fortschritten und Erfindungen der Neuzeit hat weichen müssen.

Es kann nicht bestritten werden, daß eine solche engere Anknüpfung dem Arbeiter in seiner Werkthätigkeit eine weit freiere Bewegung, größere Zuversicht und

Freude an seinen Schöpfungen gewährt; und wir hoffen daher, daß er auch diese Schrift, als dahin zielend, nicht unbefriedigt aus der Hand legen wird.

Wir können nicht unterlassen, die mancherlei Artikel der Verlagshandlung, die am Schlusse dieses nach ihren ausführlichen Titeln angezeigt sind, der Berücksichtigung zu empfehlen, indem viele derselben sich auf die einzelnen Gewerbzweige erfolgreich belehrend beziehen.

Naumburg a. d. S.

W. Hertel,
Bau-Inspektor.

Inhalt.

Einleitung . . . . **Seite** 1

Erste Abtheilung.
Maurerarbeiten.

		Seite
§. 1.	Specifisches Gewicht; Tabelle I, II und III; Verzeichniß der specifischen Gewichte der in der Technik vorkommenden Körper, Flüssigkeiten und Gase	3
§. 4.	Nutzanwendung der Tabellen I, II und III	13
§. 8.	Tabelle IV, über das Berliner (Altgewicht), französische, englische und das Neu- oder Zollgewicht	14
§. 8a.	Tabelle V, absolutes Gewicht der am meisten vorkommenden Baumaterialien	18
	Tabelle VI, specifisches Gewicht einiger Gasarten und Dämpfe	20
	Tabelle VII, über das absolute Gewicht verschiedener Körper in Kilogrammes und Zollgewicht; nach Genieh	—
§. 8b.	Bemerkungen über die Tragbarkeit der Seile und Taue	24
§. 9.	Praktische Bemerkungen über die in Tabelle VII angeführten Maurer- und Tünchermaterialien	26
§. 10.	Die bemerkenswerthen Harze und Gummiharze	37
§. 12.	Bleichen des Schellacks	38
§. 13.	Eigenschaften der verschiedenen Salze im Allgemeinen	42
§. 14.	Ueber die Thätigkeit der Kohlensäure bei Salzen u. s. Mineralien	—

		Seite
§. 15.	Der sogenannte Mauersalpeter	43
§. 16.	Hydraulischer Kalk	—
§. 17.	Verhalten der verschiedenen Kalkarten	—
§. 17e.	Von dem Portland- und Romancement	46
§. 18.	Ueber das Verhältniß des Sandes im Mörtel	49
§. 22.	Von den Mörteln insbesondere	55
	I. Luftmörtel	—
§. 24.	II. Hydraulischer Mörtel	58
§. 28.	Von den Cementen	63
§. 29.	Puzolane	—
§. 30.	Traß	64
§. 31.	Von dem Portland-, Roman- und einigen andern Cementen	—
§. 32.	Mörtel mit Cementen	67
§. 33.	Von dem Anmachen des Cementmörtels	69
§. 34.	Dem Wasser widerstehender Mörtel	81
§. 38.	Von der Mauerung und dem Steinverband	85
§. 39.	Verband der Quadermauern	87
§. 41.	Desgleichen mit gebrannten Steinen, im Allgemeinen	91
§. 42.	Schickliche Formen der Mauerziegel	—
§. 50.	Von den Oelen und Oelfirnissen	94
§. 51.	I. Fette Oele	—
§. 53.	II. Aetherische Oele	95
§. 54.	Brenzliche Oele	—
§. 56.	Trockenöl und Oelfirniß	96
§. 58.	Oel- und Harzkitte	98
§. 59.	Harzkitte	100
§. 60.	Werkzeuge des Maurers und Tünchers	103
§. 61.	Die verschiedenen Arten des Verbandes mit gebrannten Steinen insbesondere	106

Zweite Abtheilung.

Das Geschäft des Tünchers.

§. 63.	Tüncherarbeiten im Allgemeinen	110
§. 64.	Putz der Wände und Mauern. Gemeiner Putz	112
§. 65.	Feiner Putz	—
§. 66.	Stuff für innere Wände	—
§. 67.	Putz der Schablonenarbeiten	113
§. 68.	Baile's Komposition	—
§. 69.	Diggin's Patentstuff	114
§. 70.	Parker's Cement	—

		Seite
§. 71.	Hamelin's Mörtel	115
§. 72.	Wych's Stuck	116
§. 73.	William's Stuck	—
§. 74.	Anstrich auf Holzwerk	—
§. 75.	Cement oder Stuck gegen Feuchtigkeit	117
§. 76.	Kalkstuck. Künstlicher Marmor	118
§. 79.	Von dem Gyps	126
§. 84.	Gypsstuck	132
§. 86.	Künstlicher Gypsmarmor	133
§. 87.	Specielles Verfahren bei Anfertigung desselben	135
§. 89.	Farbiger Gypsmarmor	139
§. 90.	Anstriche auf Kalkwände	141
§. 91.	Desgleichen mit Wasserglas	152
§. 92.	Von der Nachahmung bunter fossiler Steinarten	—
§. 93.	Nachahmung des Granits	153
§. 94.	Nachahmung des Marmors	154
§. 95.	Von den Kanten und Bordüren	156
§. 96.	Anfertigung der Patronen oder Schablonen zur Wand- und Deckenmalerei	157
§. 101.	Farbenmischungen zu Anstrichen	163
§. 102.	Firnißanstrich gegen die Feuchtigkeit der Wärme	166
§. 103.	Verfahren beim Ziehen der Wand- und Deckengesimse	—
§. 104.	Desgleichen bei Thür- und Fensterbekleidungen	169
§. 105.	Methode, Pilaster, Säulen ꝛc. von Stuck zu fertigen, Scagliola (Rinde, Schale, Schuppe) genannt	170
§. 106.	Von Anfertigung der Verzierungen durch Bossiren und Gießen	171
§. 107.	Desgleichen durch Formgüsse	172
§. 108.	Aufsetzen der Abformungen	175
§. 110.	Maßregeln beim Abgießen mit Gyps	176
§. 111.	Gypsfiguren einen Marmorglanz zu geben	179
§. 112.	Reinigung der Gypsgegenstände	180
§. 113.	Künstlicher Marmor (proteou stone) des Theberton	181
§. 114.	Bronciren der Gypsornamente ꝛc.	182
§. 115.	Gehärteter Gyps	183
§. 117.	Substanzielle Farben (Weiße Farben)	187
§. 118.	Gelbe Farben	189
§. 119.	Rothe und Orangefarben	193
§. 120.	Rothe Lackfarben	195
§. 121.	Blaue Farben	197
§. 122.	Grüne Farben	202
§. 123.	Braune und violette Farben	206
§. 124.	Schwarze Farben	207
§. 125.	Das Reiben und Anmachen der Farben	210

		Seite
§. 126.	Maßregeln bei dem Reiben und Schlemmen	212
§. 127.	Von den natürlichen Marmorarten	215
§. 129.	Vorsicht beim Versetzen von Marmor	217
§. 130.	Den Marmor ꝛc. zu reinigen und Flecke zu beseitigen	218
§. 131.	Alabaster zu reinigen	219
§. 132.	Oel- und Fettflecke aus Marmor ꝛc. zu ziehen	220
§. 133	Anwendung des Benzins zu diesem Zwecke	
§. 133a.	Den Marmor zu schleifen und zu poliren	221
§. 134	Das Poliren anderer Steinarten	222
§. 135.	Italienische Methode	223
§. 135a.	Das Färben des Marmors	224
§. 136.	Stereochrom-Malerei	

Dritte Abtheilung.

Von den Säulenordnungen.

Kurze Uebersicht der Ordnungen.

§. 143.	Einleitung	228
§. 147.	Die Glieder der Säulenordnungen	230
§. 149.	Die Anwendung einer oder der andern Säulenordnung	231
§. 150	Bemerkungen, die Zusammenstellung der Glieder betreffend	—
§. 151.	Charakterisirende Kennzeichen der Säulenordnungen nach dem Kapitäl und Gebälle	233
§. 153.	Konstruktion des korinthischen Kapitäls nach Vignola	234
§. 154.	Konstruktion der ionischen Volute	—
§. 156.	Andere Methode	236

Einleitung.

Die Thätigkeit des Maurers erstreckt sich nach zwei Richtungen, die jedoch immer Hand in Hand gehen müssen. Die eine dieser Richtungen wendet sich dem Substantiellen, die andere dem Ornamentalen zu. Zu der ersten gehört unbedingt die Kenntniß von den Eigenthümlichkeiten des zu Gebote stehenden Materials und der Verbindungsmittel, sofern diese die konstituirenden Faktoren eines Baues sind. Die letztere umfaßt vorzugsweise Alles, was auf Zierlichkeit, Bequemlichkeit und Zweckerfüllung der Anlage gehört, soweit es nicht dem eigentlichen Architekten vorbehältlich bleiben muß, weil es ein höheres Studium verlangt.

Dem Werkmeister liegt jedoch ob, die Forderungen des Architekten durch richtige Bearbeitung des Gesteins in Bezug auf Fügung, Speisung, Verlegung ꝛc. zu unterstützen und verständlich auf dessen Ideen einzugehen, und genau nach Maß und Riß so auszuführen, daß sie sich dem Ganzen einheitlich anschließen.

Da nun das Material hinsichtlich der Oertlichkeit, seiner Verwendbarkeit und pekuniären Beziehung nach ein so überaus verschiedenes ist; der Maurer aber nur dann die ihm zukommenden Aufträge tadellos erfüllen kann, wenn ihm nicht eine genauere Kenntniß der Materialien abgeht, so beginnen wir die erste Abtheilung (Maurerarbeiten) mit einigen **physikalischen Vorbereitungen**, lassen dann die nöthigen Mittheilungen von den gebräuchlichsten Materialien folgen, denen sich die Lehren von den Verbindungsmitteln von selbst anschließen.

Um jedoch diesem Thema gerecht zu werden, müssen wir hier und da über die eigentlichen Funktionen des Maurers, Tünchers ꝛc. hinausgehen, und Gegenstände herbeiziehen, von denen in einer gemeinen Werkstatt nie gelehrt wird, die aber dem denkenden Werkmann nöthig sind, der sich über jenen starren Mechanismus emporschwingen, neuere Erfindungen verstehen und — was von großem Gewicht in unserer Zeit der Fortschritte ist, um sich auf dem Strome zu erhalten — eigene Vervollkommnung und Erfindungen daraus schöpfen will.

Einen solchen wird es nicht befremden, in den nächsten Kapiteln beziehliche Sätze aus der Naturkunde, Physik, Statik und Mechanik in kürzerem und populärem Vortrage zu finden; er wird vielmehr finden, daß ihm dergleichen bei seinen Bestrebungen hülfreich zur Hand gehen und unentbehrlich sein werden.

Erste Abtheilung.
Maurerarbeiten.

§. 1. Körper von gleicher Zusammensetzung besitzen gleiche Dichtigkeit und mithin gleiches Gewicht bei gleicher Größe, so daß deren geometrisches Messen ausreicht, um sich über deren Gewicht zu verständigen. Das Verhältniß des Gewichts zur Raumgröße ist daher auch ein Merkmal, um die Art des Körpers zu erkennen. Man nennt jenes Verhältniß des Gewichts zur Größe des eingenommenen Raums die **Eigenschwere**, das **specifische Gewicht** (im Gegensatz des **absoluten Gewichts**) oder auch die Dichtigkeiten der Körper.

§. 2. Um die Dichtigkeit oder das specifische Gewicht eines Körpers zu messen, bedient man sich als Volum-Einheit des Wassers, welches einen bestimmten Raum — z. B. einen hohlen Würfel — ausfüllt. Die Dichtigkeit des Wassers an sich ist aber je nach der Lufttemperatur und Reinheit verschieden, und am größten bei $+ 4°$ Celsius *) ($3{,}2°$ Réaumur oder $39{,}2°$ Fahrenheit.

---

*) Hunderttheiliger- oder Centesimal-Thermometer.

§. 3. Ein rheinländischer (preußischer) Kubikfuß destillirtes oder reines Regenwasser wiegt bei mittler Temperatur (15° R.) 66 altpreuß. Pfunde = 61,7379 Zollpfund = 30868,95 französ. Gramme, und ist als Einheit bei Tabelle I. angenommen.

Nach populärer Anschauung sagt man:
„es wiege ein fester Körper soviel, als er beim Einsenken Wasser aus seiner Stelle verdrängt."

Und so läßt sich denn auch der Rauminhalt eines unregelmäßigen Körpers messen durch das Volum an Wasser, welches er aus seiner Stelle verdrängt (s. §. 7).

I. Tabelle,

zur Vergleichung des specifischen Gewichtes mehrerer bei uns gebräuchlichen Baukörper*).

Benennung der Substanzen.	Specifisches Gewicht.
	von — bis
1) **Mineralien.**	
Alabaster (körniger Gyps) . .	2,611—2,876
Asphalt (schwarzes Erdpech, Judenpech)	1,104
Basalt	2,014—3,310
Bimsstein	0,914
Blei, gegossenes englisches .	11,324—11,875
" " deutsches .	11,310
Bleiweiß	3,156
Bleizucker	2,745
Blutstein (Rothstein, Röthel) .	4,360
Bolus, armenischer (Bol, lemnische= oder Siegelerde)	2,727
Borax (Tinkal, borsaures Natron) .	2,076—2,566
Braunstein (Mangan) . . .	3,53—4,116

---

*) Nach Eitelwein u. A.

Benennung der Substanzen.	Specifisches Gewicht.
	von — bis
Copal, durchsichtig bis undurchsichtig	1,045—1,140
Dachschiefer (Thonschiefer)	2,67—3,5
Dolomit, körniger, poröser (Grauwacke)	2,821—2,86
Eis	0,916
Eisen, gegossenes	7,113—7,25
„ geschmiedet, Harzer=	8,291
„ „ schwedisches	8,341
„ schlacke	2,855
Erde, lehmige, festgestampft, frisch	2,063
„ „ „ trocken	1,929
„ feste Gartenerde, frisch	2,047
„ „ „ trocken	1,929
„ trockne magere	1,338
Feldspath, gemeiner (Feldsteine)	2,43—2,6
„ dichter	2,609—3,389
„ glasiger	2,518—2,589
Feuerstein (gemeiner Kiesel)	2,561—3,0
Glas, Flaschenglas	2,732
„ grünes	2,642
„ von St. Gobain	2,488
„ gemeines, Fensterglas	2,642
„ Flintglas (französisches)	3,158—3,20
„ „ (englisches)	3,373—3,442
„ Krystall=	2,486—2,892
Glimmer (russisches Glas, Katzensilber)	2,654—2,934
Granit, gemeiner	2,576—2,668
„ ägyptischer	2,654
Graphit (Reißblei, Aschblei)	1,8—2,24
Grünspan, krystallisirt	1,914
Gummi arabic.	1,31—1,452
„ gutti	1,207
Gyps, dichter (schwefelsaurer Kalk)	1,872—2,964
„ faseriger (Federweiß)	2,300
„ körniger (Alabaster)	2,199—2,31

Benennung der Substanzen	Specifisches Gewicht.
	von — bis
Gyps, Stinkstein	2,699—2,742
„ gebrannt	1,810
„ frisch gegossen	1,292
„ gegossen und ausgetrocknet	0,973
„ spath (blätteriger, Fraueneis, Marienglas, Selenit)	1,761—2,322
Holzkohle	0,280—0,442
Holz, versteinertes	2,045—2,675
Hornblendeschiefer	2,909—3,153
Hornblendegestein (körnige Hornbl.)	2,532—2,745
Indigo	0,769
Kalkmörtel, frisch	1,789
„ trocken	1,638
Kalksinter (Tropfstein, Kalktuff, Tuffstein, Travertino)	2,325—2,741
Kalkspath (spätiger Kalk)	2,070—2,720
Kalkstein, kohlensaurer Kalk	2,6—2,731
„ Rüdersdorfer, roh	2,396—2,70
„ körniger	2,707—2,86
„ aus Mähren, faserig	2,737
„ Karlsbad, wellenförmig	2,761
„ Roggenstein aus Thüringen (schaliger Kalkstein, Oolith)	2,456—2,658
„ dichter (siehe unter Bemerkungen.)	
„ Rüdersdorfer, gebrannt	1,274
Kieselschiefer (Hornschiefer)	2,596—2,860
Kieselsinter (Quarzsinter)	1,807—1,917
Klingstein (Porphyrschiefer, Hornschiefer, Phonolith)	2,512—2,70
Kobalt, geschmolzen	7,812
Kochsalz, reines (salzsaures Natron, Chlornatrium, Steinsalz)	1,918—2,3

Benennung der Substanzen.	Specifisches Gewicht.
	von — bis
Kreide (erdiger Kalk) schwarze, Zeichenschiefer	2,144—2,277
„ weiße	1,797—2,637
Kupfer, geschmolzen	7,788
„ schwedisches	8,784
„ Draht	8,878
Lava	2,348—2,88
Lehm, fetter, frisch	1,664
„ erhärtet	1,516
„ mit Stroh gemischt (zum Auswinden der Fache) frisch	1,192
„ „ trocken	1,072
Luft, atmosphärisch (bei 10° R.)	0,00123 …
Marmor (körniger Kalk, Urkalk)	
„ baireuther	2,840
„ karrarischer, weißer	2,717—2,763
„ harzer (Blankenburger)	2,675
„ „ (von Elbingerrode)	2,851
„ italienischer, schwarzer	2,712
„ schlesischer, blauer	2,711
„ „ weißer	2,648
„ schwedischer, grüner	2,725
Mauer von Kalkmörtel mit Rüdersdorfer Bruchsteinen, frisch	2,461
„ „ trocken	2,396
„ von Magdeburger Sandsteinsteinen, frisch	2,123
„ „ trocken	2,047
„ von gebrannt. Steinen, frisch	1,554—1,699
„ „ trocken	1,471—1,593
Mergelerde	1,606—2,40
„ erhärteter (Steinmergel)	2,30—2,70
„ bunter (Keupermergel)	2,603—2,655
Messing, gegossen	8,396

Benennung der Substanzen.	Specifisches Gewicht.
	von — bis
Messingdraht	8,544
Mühlsteinquarz (Quarzfels)	2,400
Steinöl (Bergnaphta, Bergtheer oder Maltha, Petroleum)	0,847—1,00
Nußöl	0,923
Pech	1,150
Pappel, Schwarzpappel, trocken	0,383—0,557
„ Weiß „ „	0,529—0,810
„ carolin'sche	0,419
„ italien'sche	0,398
Pechstein (Fettstein)	2,049—2,669
Porphyr	2,395—2,793
Porcellan, chinesisches	2,385
„ französisches (von Sevres)	2,146
„ sächsisches (Meißner)	2,493
„ berliner	2,290
„ erde (Kaolin)	2,230—2,40
Puzzolane (Wacke oder Tuff, vulkanischer Tuff, Posiliptuff)	2,510—2,80
Quarz, gemeiner (Kiesel)	2,486—2,763
Quecksilber, deutsches	14,00
„ englisches	13,593
Regenwasser, ganz rein	1,000
Reißblei, deutsches	2,460
„ englisches	2,089
Rothstein (Röthel)	1,666—3,139
Salmiak, reiner	1,42
Salpeter	1,9
Sand, gemeiner, trocken	1,638
„ aus Bächen	1,900
„ mit Wasser gesättigt	1,945
Sandstein	1,933—2,699
„ magdeburger	1,971—2,123
Schwefel, geschmolzener	1,991

Benennung der Substanzen.	Specifisches Gewicht.
	von — bis
Schwefel, fossiler	2,033
Schwefelkies	2,44—2,954
Schwerspath, gemeiner	4,342—4,760
„ dichter	4,3—4,40
„ faseriger	4,44—4,496
„ körniger	4,380
Serpentin, gemeiner	2,56—2,894
Silber, 16löthig, geschlagen	10,511
Speckstein, gemeiner, (Seifenstein, spanische Kreide)	2,614—288
Spießglanz, gediegen	6,6—6,7
Stahl, gehämmert	7,819
„ köllnischer (Federstahl)	8.215
„ von englischen Feilen	8,189
„ Guß=	7,8163—7,919
Steinkohle, insgemein	1,27—1,5
Steinsalz	2,143
Talk, gemeiner blätteriger	1,74—3,00
Tannenharz	1,073
Thon, gemeiner (Töpfererde)	1,80—2,00
„ schiefer, Dachschiefer	2,67—3,50
Träppgestein	2,780—3,021
Trippel	1,50—2,529
Tuffstein, Kalktuff (Travertino), „ vulkanischer (Posiliptuff, Pozzo= lana) Traß	2,324—2,675
Vitriol, Kupfer= (blauer oder cypri= scher, schwefelf. Kupferoxyd)	3,78—3,87
„ Eisen= (grüner, schwefsaures Eisenoxyd)	1,8—20
„ Zinkvitriol (weißer, schwefelf. Zinkoxyd, Gallizenstein)	2,0
Wachs, gelbes	0,965
„ weißes	0,969

Benennung der Substanzen.	Specifisches Gewicht.
	von — bis
Wacke, thonige, gemeine	2,535—2,98
Wallrath	0,943
Wasser, destillirtes	1,000
„ Meerwasser (vom todten Meer)	1,24
„ „ insgemein	1,026
Wasserblei (Molybbänglanz)	4,5—4,738
Weingeist, gemeiner	0,837
„ höchst rektificirter	0,792
Weinstein	1,849
Wetzschiefer (quarzreicher Thonsch.)	2,609—2,935
Wismuth, gediegen	9,020—9,73
„ geschmolzen	9,822
Zeolith (Faser- und Strahlzeolith)	2,035—2,25
Ziegel, gebrannt	1,410—2,215
Zink, Zinkblende	3,9—4,0
„ geschmolzen	7,191
Zinn, Zinnstein (Zinnerz, Zinngraupen)	6,30—6,96
„ englisches, gegossen	7,291
„ Banka-, „	7,216
„ Malakka-, „	6,1256
„ gehämmert	7,299—7,475
Zinnober	8,098—8,124

II. Tabelle
der specifischen Gewichte einiger tropfbarflüssigen Körper.

Benennung der Substanzen.	Specifisches Gewicht.
	von — bis
Bier	1,023—1,034
Buchecкерöl	0,9225
Copaivbalsam	0,95—0,966
Eiweiß	1,041
Essigsäure	1,063
Hanföl	0,929
Harn	1,011
Honig	1,45
Kohlenwasserstoff ($H^4 C^2$)	0,627
" " ($H C$)	0,85
Kreosot	1,037
Kümmelöl	0,96
Lavendelöl	0,877—0,948
Leberthran	0,945
Leindotteröl	0,925
Mandelöl	0,918—0,92
Milch	1,02—1,04
Mohnöl	0,924
Nußöl	0,926
Olivenöl	0,917—0,919
Quecksilber	10,568—13,59
Repsöl	0,914
Salpetersäure	1,521—1,522
Salzsäure	1,211
Schwefelkohlenstoff	1,272
" säure	1,845
" " nordhäuser	1,86

Benennung der Substanzen.	Specifisches Gewicht.
	von — bis
Schwefelwasserstoff (H^2 S)	0,9
„ „ (H S)	1,77
Spicköl	0,749—0,677
Steinkohlenöl	0,91
„ theeröl	0,77
Steinöl (Petroleum)	0,753—0,836
Talgsäure (Stearinsäure) bei 94° C.	0,854
Terpentinöl	0,792—0,891
Thran	0,918—0,937
Wasser	1,000
Wasserstoff-Ueberoxyd ($H O_2$)	1,453
Wein	0,99—1,04

III. Tabelle
der specifischen Gewichte einiger Gase und Dämpfe.

Benennung der Substanzen.	Specifisches Gewicht.
	von — bis
Atmosphärische Luft	1,000
Chlorgas	2,47
Kohlenoxydgas	0,973
Kohlensaures Gas	1,524
Kohlenwasserstoffgas	0,559
„ ölbildendes	0,978—0,985
Sauerstoffgas	1,103
Schwefelwasserstoffgas	1,19
Stickstoffgas	0,976
Wasserstoffgas	0,0688—0,069
Alkoholdampf	1,6
Wasserdampf bei 100° C.	0,6235

§. 4. Nutzanwendung der Tabellen I, II und III.

Ein preußischer (rheinländischer) Kubikfuß destillirten Wassers wiegt bei 50° R. 30668,94648 Gramme, wofür man 66 altpreußische (Berliner) Pfunde gesetzt hat. Diese betragen an Zollpfunden 61,7379 Pfund à 30 Loth. — Ein Kubikzoll destillirten Wassers wiegt bei der angegebenen Temperatur 1,22 ... Altloth = 1,07263 Neuloth (Zollloth).

§. 5. Bei dem französischen Grammengewicht (als Einheit) ist das Gewicht von 1 Kubikmeter destillirten Wassers von + 4° im luftleeren Raume gewogen.

Aus der französischen Grammeneinheit hat man wieder das Litre als Einheit für Hohlmaße abgeleitet; es ist nämlich das Gewicht des Wassers bei + 4° = 1 Kilogramme, oder in Bezug auf das Volum = 1 Millilitre = 1 Kubikcentimeter = 1 Gramm Wasser angeordnet worden, wodurch sich der ungemeine Vortheil ergiebt, daß z. B. das Gewicht des Wassers, welches ein Gefäß in Grammen oder Kilogrammen hält, sofort auch den Rauminhalt nach Kubikcentimetern oder Kubikdecimetern angiebt.

§. 6. Da das specifische Gewicht, oder die Dichtigkeit der Körper, das Verhältniß ausspricht, in welchem das Gewicht der Volumeinheit zum Gewicht derselben Volumeinheit des destillirten Wassers steht, so läßt sich leicht folgern, daß man dadurch einfach das wirkliche (absolute) Gewicht nach jedem landesüblichen Vorkommen zu finden vermag. Beiläufig bemerke man, daß Wasser seine größte Dichtigkeit bei einer Lufttemperatur von + 4° C. oder 3,2° R. besitzt, wobei man ohne Mißstand dieselbe = 1 setzen kann — wiewohl sie in unserm Klima nur = 0,9987 ist.

§. 7. Populär ausgedrückt, versteht man unter „specifischem Gewicht" insgemein: das Volum des Wassers, welches ein unbehindert eintauchender Körper aus der Stelle verdrängt. Senkt sich (z. B. ein Würfel) soweit ein, daß seine obere Fläche mit der des Wassers in einer Ebene liegt, dann ist die Dichtigkeit gleich der des Wassers; und tritt die Wasserebene und die untere Fläche des Körpers in einerlei Ebene, so schwimmt der Körper ohne im mindesten einzutauchen, und das specifische Gewicht ist dann 0, oder kleiner als 1. Sinkt daher der Würfelfuß zu seiner Hälfte ein, so verdrängt er die Hälfte seines Gewichts, nämlich $\frac{66}{2}$ = 33 Pfund Altgewicht an Wasser, und dessen specifisches Gewicht ist dann 0,5. Es ist dann das absolute Gewicht = 0,5 × 66 in Berliner Pfunden.

Beispiel. Das specifische Gewicht des Gußeisens ist 7,25; daher das absolute Gewicht von einem rheinischen Kubikfuß dieses Eisens = 7,25 × 66 = 178,5 Berliner Pfunde. Da nun 1 Berliner Pfund = 0,935923 Zollpfund, so hat man 7,25 × 0,9359.... = 6,765 Zollpfunde.

Anmerkung. Da dieselben Substanzen durch Boden, Kultur ꝛc. hinsichtlich ihres specifischen Gewichtes immer Abweichungen erliegen, so genügt es bei Berechnung des Zollgewichts gegen Altgewicht sich der Annäherungsbrüche zu bedienen.

Es ist nämlich
1 Zollpfd. annähernd $1\frac{4}{7}$, $1\frac{5}{8}$, $1\frac{1}{1}$, $1\frac{9}{7}$ Altpfd.
1 Altpfund „   = 0,936 oder 0,94 Zollpfd.
und es wiegt daher 1 rheinischer Kubikfuß Kalkstein von 176 Berliner Pfunden = 176 × 0,94 = 165,4 .. Zollpfund.

IV. Tabellen

über das berliner oder Altgewicht, französische, englische und Zollgewicht.

§. 8. A. Die preuß. (rheinländische) Werkruthe wird getheilt:

Preuß. Ruthe;   Fuß;   Zoll;   Linien;   Skrupel.
    1   12   144   1728   20736
               1   12   144   1728
                      1   12   144
                              1   12

1 rheinl. Fuß = 313,85..... Millimetr. = 1,02972...
    englische Fuß (Foot).
1 „ Ruthe = 3,76624 ... Mètres.
1 „ Quadr. Ruthe = 14,16459 Quadr. Mètres.
Preuß. Quadr. Ruthe; Quadr. F.; Quad. Z.; Quad. Lin.
      1   144   20736   2985984
                       1   144   20736
1 preuß. Kub. Fuß destill. Wasser (15° R.) = 66 Pfd.
1 „   Kub. Zoll   „   „   „   = 1⅜ Loth
preuß. Kub. Fuß;   Kub. Zoll;   Kub. Linien.
      1   1728   2985984
                     1   1728
1 Klafter (6 F. lang, 6 F. breit, 3 F. hoch) = 108 Kub. F.
1 Schachtruthe = 144 pr. Kub. Fuß.
1 preuß. Quart = 64 preuß. Kub. Zoll; = ¼ Metze;
  $\tfrac{1}{27}$ Kub. Fuß; = 1,145 Litre; = 0,252048⅟ engl.
  Imperial-Gallon. = 78⅜ pr. Loth destill. Wasser
  bei 15° R. = 73,1708 Neu-(Zoll-) Loth. 27 Quart
  = 1 rheinländ. (preuß.) Kub. Fuß.
1 berliner (preuß.) Pfund = dem Gewicht $\tfrac{1}{66}$ Kub. F.
destill. Wassers bei 15° R. im luftleeren Raum.
    = 467,711316 .... Grammes,
    = 1,031236 .... Avoirdupois Pound,
    = 1,258238 .... Troy Pound.
1 preuß. Mark = ½ preuß. Pfund = 16 preuß. Loth,
1 Centn. 110 Pfd. 220 Mark. 3520 Lth. 14080 Quent. 63360 Grän.
    1   2   32   128   576
            1   16   64   288
                    1   4   18
                             1   4½

1 preuß. Schiffslast = 4000 preuß. Pfund.

D. **Französ. Maße und Gewichte in Vergleichung mit preußischen; nach Eitelwein.**

1 Myriamètre = 10000 Mètr. = 2655,166 pr. Ruth.
1 Kilomètre = 1000 „ = 265,5166 „
1 Hectomètre = 100 „ = 26,55166 „
1 Decamètre = 10 „ = 31,86199 pr. Fuß
1 Mètre . . . . = 3,186199... „
= 0,265516 pr. Ruth.
= 38,234388 pr. Zoll
= 39,37062 engl. „
1 Décimètre = $\frac{1}{10}$ Mètre = 3,8234388 pr. Zoll
1 Centimètre = $\frac{1}{100}$ „ = 4,58813 pr. Linien
1 Millimètre = $\frac{1}{1000}$ „ = 0,4588 „
1 französ. Fuß (pied Français) = 1,062066 pr. Fuß
1 Toise = 2 Mètr. . . . = 6,372398
1 Kilomètre carré; = 1000000
Mètr. carré . . . . = 391,62296 pr. Morgen
1 Hectomtr. carré ob. Hectare
= 10000 Mètr. carrés = 3,9162296 „
1 Are = 1 Décam. carré
= 100 Mètr. carré . = 7,0492133 pr. Q. Ruth.
1 Mètre carré . . . = 10,151867231 pr. Q.Fuß
1 Stère = 1 Kilolitre
= 1 Mètr. cube . . = 32,345874273 pr. Kub.F.
1 Hectolitre = $\frac{1}{10}$ Mètr. cube = 1,619455428 pr. Scheffel
1 Décalitre = $\frac{1}{100}$ „ = 2,911129 pr. Metzen
1 Litre = 1 Décimètr. cube { = 8,733386 pr. Quart
{ = 0,8733386 „
1 Boisseau = $\frac{1}{8}$ Hectolitre = 3,63891 pr. Metzen
1 Myriagramme
= 10000 Grammes . = 21,38072384 pr. Pfund
1 Kilogramm = 1000 Grm. = 2,1380723841 „
1 Hectogramme = 100 „ = 6,84183 preuß. Loth
1 Decagramme = 10 „ = 2,7367 „ Quent.

1 Gramme *) . . . . = 0,068418272 pr. Loth
1 Décigramme = 1/10 Grm. = 1,641959 berlin. Gran
1 Centigramme = 1/100 „ = 0,16419 „ „
1 Milligramme = 1/1000 „ = 0,01642 „ „
1 Quintal métrique = 100
  Kilogr. . . . . . = 213,807... berlin. Pfd.
1 Livre (Pfd.) = ½ Kilogr. = 1,069 . . . „ „

C. Englische Maße und Gewichte.

1 Mile (Meile) = 1760
  Yards . . . . . = 427,3 rheinl. Ruthen
1 Furlong = ⅛ Mile . = 53,412 „
1 Imperial Yard . . = 2,9134 rheinl. Fuß
1 Foot (Fuß) . . . = 11,65368 rheinl. Zoll
1 Acre = 4840 Quadr.=
  Yards . . . . . = 285,29 rheinl. □. Ruth.
1 Quadr. Foot . . . = 135,8 rheinl. Quadr. Zoll
1 Cubic Foot . . . . = 1582,667 rheinl. Kub. Z.
1 Chaldron (Scheffel) . = 73138,7 „ „
1 Corn Quarter (Kornviertel) = 16253,05 „ „
1 Bushel (Scheffel) . . = 2031,63 „ „
1 Imperial Gallon (Kanne) = 253,954 „ „

Quarter.	Bushel.	Pecks **).	Gallons.	Quarts.	Pints.
1	8	32	64	256	512
	1	4	8	32	64
		1	2	8	16
			1	4	8
				1	2

1 Hundredweight = 112
  Pounds . . . . . = 108,563 berlin. Pfd.
1 Pound Avoirdupois =
  Ounces . . . . . = 31,018 „ Loth.
1 Dunce Avoirdupois =
  16 Drams . . . . = 1,94 „ „

*) Gleich dem Gewicht eines Centimetre cube destillirten Wassers bei + 3,5° R. Sie ist als Gewichtseinheit zu betrachten; ein Kilogramm = 2 Pfund Zollgewicht.
**) Viertel eines Scheffels.

§. 8a. V. Tabelle.

Absolutes Gewicht der am meisten vorkommenden Baumaterialien*).

Namen des Materials.	Specifisch. Gewicht.	Absolutes Gewicht eines rhein-länd. Cub. Fußes in Zollgewicht. berliner Gew.
Kalkstein, rüdersdorfer, roh	2,396 bis 2,7	158—178
„ „ körnig	2,707 — 2,86	176—188
„ aus Mähren, faserig	2,737	180
„ Karlsbad, wellenförmig	2,761	182
„ Thüringen (Roggenstein)	2,456 — 2,658	161—175
Sandstein, im Allgemeinen	1,933 — 2,699	127—128
„ Magdeburger	1,971 — 2,123	130—140
Mühlstein	2,490	164
Grauwacke	2,64 — 2,98	174—196
Thon- (Dach-) Schiefer	2,67 — 3,5	176—231
Granit	2,539 — 3,063	165—202
Feldstein, gemeiner	2,430 — 2,60	160—171
„ dichter	2,609 — 3,389	174—223
„ glasiger	2,518 — 3,0	166—198
Marmor, vom Harz (Elbingerode)	2,951	188
„ blauer schlesischer	2,711	178

*) Nach Eitelwein, Eimon u. A. Da die physische Beschaffenheit der untersuchten Substanzen stets in Wechselbeziehung mit dem (spec. Gew.) steht (siehe §. 6), so ist dieses hier beigesetzt, um Zweideutigkeiten zu vermeiden.

Marmor, grüner do.	2,7	178
" weiß	2,648	174
" grüner schwedischer	2,725	179
" böhmischer, weißgrau	2,722	179
Tropfstein (Kalksinter, Kalktuff)	2,324	152—172
Mergel, verhärteter	2,3	152—178
Basalt	2,011	132—2,16
Lava	2,346	155—1,9
Porphyr	2,395	158—164
Bimstein	0,0	0 —66
Feuerstein (gemeiner, dichter, Kiesel)	2,653	175—177
Speckstein (Seifenstein)	2,614	172—190
Luftziegel aus Lehm, naß	1,664	109
" " " trocken	1,516	100
Lehm, magerer, feucht	1,6	106
Pise, nach der Verdichtung	2,48	163
" ganz trocken	2,162	143
Mauerziegel, gebrannt	1,410	2,215	93—146
Terpentinöl	0,792	0,891	
Thran	0,916	0,937	
Wasser	1,000		
Eis	0,916		634
Wein	0,99	1,04	(653—666
Zucker, gewöhnlicher Rohzucker	1,6		105

VI. Tabelle.

Specifische Gewichte einiger Gasarten und Dämpfe.

Namen der Gase	Specifisch. Gewicht
Atmosphärische Luft	1,000
Kohlenoxydgas	0,96
Kohlenwasserstoffgas, leichtes (Sumpfgas, Grubengas, schlagende Wetter, feuriger Schwaden)	0,55
Kohlenwasserstoffgas, schweres (ölbildendes Gas)	0,978 — 0,985
Sauerstoffgas	1,105
Schwefelwasserstoffgas	1,19
Schwefel	2,0
Schwefligsaures Gas	2,2 — 1,247
Stickstoffgas (Nitrogen)	0,97
Wasserstoffgas (Hydrogen)	0,068
Wasserdampf bei 100° C.	0,6235

VII. Tabelle.

Ueber das absolute Gewicht verschiedener Körper in Kilogrammes und Zollgewicht*).

Benennung der Substanzen		Gewicht des Kubik-Metres.	Gewicht in Zollpfunden.
		Kilogramm.	Zollpfund.
Wasser	Destillirtes od. Regenwasser	1000	2000
	Flußwasser, ungetrübtes	1000	2000
	Brunnenwasser	1000—1014	2000—2028
	Meerwasser	1026—1042	2056—2084
Erde oder Steppensand		614— 643	1228—1286

*) Nach dem Französischen, von Genleys

Benennung der Substanzen.	Gewicht des Kubik-Metres.	Gewicht in Zollpfunden.
	Kilogramm.	Zollpfund.
Erde, Dünger= oder Garten=	828—857,4	1656—1704
Torf (Stechtorf), trockner	514	1028
„ „ nasser	785	1570
Pflanzenerde	1214—1285	2428—2560
Sehr steinige Erde	1357—1428	2714—2856
Schlamm	1642	3284
Lehm und Thon	1656—1756	3312—3512
Mergel	1571—1642	3142—3284
Sand ⎧ fein und trocken	1399—1428	2798—2856
⎪ „ „ naß	1900	3800
⎨ „ fossiler, thoniger	1713—1799	3426—3598
⎪ „ Kies=	1371—1485	2742—2970
⎩ Fluß=, nasser	1744—1856	3488—3712
Grobe Erde mit Sand u. Kies		3720
Erde mit kleinen Steinen unter= mengt	1860	3820
Fette Erde mit grobem Kies= sand gemengt	1910	4580
Thonerde mit Tuffstein unter= mischt	2290 1990	3980
Felsenbrocken (Gerölle)		3142
Mörtel von gebrannter Erde	1571—1713	
(rother Mörtel)	1171—1228	2342—2456
Schwammige (poröse) Schlacke	771—985	1542—1970
Glasige Schlacke	1428—1485	2856—2970
Hammerschlag	770—1000	1540—2000
Puzzolanerde aus Italien	1157—1228	2314—2456
„ aus der Bivarais	1085—1128	2170—2256
Straß von Holland oder Andernach	1071—1085	ꝛc. ꝛc.
Bimstein	557—928	
Kalk, gebrannter, frisch aus dem Ofen	800—857	

Benennung der Substanzen.	Gewicht des Kubik-Metres.	Gewicht in Zollpfunden.
	Kilogramm.	Zollpfund.
Kalk, gelöscht zu festem Teig	1328—1428	
Mörtel von Kalk und Sand	1856—2142	
„ „ Kalk und Cement	1656—1713	
„ „ „ und schwammiger Schlacke	1128—1214	
„ von Kalk und glasiger Schlacke	1856—1942	
Gebrannter (Mauer-) Stein	1000—1471	
Kreide	1214—1285	
Lias (weicher Bruchstein)	1142—2713	
Alabaster, Marmor, Breccie, Muschelmarmor, Brokatellmarmor	2199—2870	NB. Das Duplum der Kilogramme ist gleich den bezüglichen Zollpfunden.
Gyps ob. Alabastergyps, roher	1899—2299	
„ gebrannt und gestoßen	1199—1228	
„ „ und klar gesiebt	1242—1257	
Wasser zum Anrühren desselben	328—343	
Angemachter Gyps, feucht	1571—1599	
„ „ trocken	1399—1414	
Das verdampfte Wasser	171—186	
„ gebundene „	157	
Mauer, neue, von Bruchsteinen	2240	
„ „ von gebrannten Steinen	1870	
Schwerspath, Baryt	4284—4626	
Quarz, poröser Mühlstein	1242—1285	
„ , fester schieferiger Mühlstein	2485—2613	
Sandstein, sandiger Quarz (zu Mauern)	1928—2070	
„ sandiger Quarz (zu Pflastern)	2427—2613	
Pechstein (Fettstein)	2042—2656	

Benennung der Substanzen.	Gewicht des Kubik-Metres.	Gewicht in Zollpfunden.
	Kilogramm.	Zollpfund.
Feuerstein (Quarzart)	2540—2927	
Porphyr, Feldstein-, Thon-, Quarz- ob. Hornsteinporphyr, Glimmerporphyr	2756—2927	
Talk (auch Seifenstein, Speckstein)	2613—2784	
Serpentin	2770—2826	
Tropfstein (Kalksinter, Kalktuff)	2742—2856	
Granit, Syenit, Gneiß	2356—2956	
Glimmer (russisches Glas, Katzensilber)	2570—2927	
Asbest (Steinflachs, Amiant)	1556—1785	
Schiefer, roher Dachschiefer	2742—2856	
Lava, steinartige (Basalt)	2756—3056	
„ vom Vesuv	1313—2813	
Vulkanische Schlacken (poröse Lava)	785—885	
Steinkohle (durchschnittlich)	942—1328	
Kupfer, rothes gegossenes	7783	
„ Draht	8540	
Messing, gegossenes	12674	
„ Draht	8540	
Eisen, Guß-	7202	
„ geschmiedet	7783	
Stahl, ungehärtet	7829	
„ gehämmert und gehärtet	7813	
Zinn, reines von Kornwall, gegossen	7287	
„ gegossen, gehämmert	7307	
„ gewalzt, gegossenes	7915	
„ gegossenes (claire étoffe)	8439	
Zink, gegossen	7138	

Benennung der Substanzen.	Gewicht des Kubik-Meters.	Gewicht in 30Pfunden
	Kilogramm.	Zollpfund.
Quecksilber . . .	13560	
Erle, Eller . . .	543—800	
Birke, gemeine (betula lenta)	700—714	
Kastanie, wilde . .	685	
Eiche, Stein=, grün .	930—1220	
" " trocken	643—1015	
Ahorn, Berg= (acer pseudo-		
platanus) . . .	643	
Esche	765	
Buche, Roth= . . .	714—657	
Lerche	657	
Ulme	743—942	
Pappel, italienische . .	371—414	
Weißtanne . . .	524—557	
Rothtanne . . .	671	
Linde	557—600	
Fichte, nordische . .	814—828	
Weißtanne . . .	528—557	
Rothtanne . . .	671	

Bemerkungen über die Tragbarkeit der Seile und Taue.

§. 86. Da bei Mauerarbeiten Seile und Taue häufig in Anwendung kommen, so ist es nützlich folgende, durch Versuche festgestellte Regeln zu beachten:

1) Die Taue werden tragkräftiger, je feiner der Hanf gehechelt ist. Ein im Umkreis 3 Zoll rheinländ. starkes, aus grob gehecheltem Hanfe gefertigtes Tau zerriß bei einer Last von 5754 berlin. Pfunden (= 5352 Zollpf.); dagegen ein gleich starkes und schweres Tau

von fein gehecheltem Hanfe 6638 berlin. Pfd. (= 6173 Zollpf.) trug.

2) Je länger die Fäden nach dem Hecheln, desto kräftiger wird das Tau. Ein Tau von ziemlich langem Hanfe trug 6000 Pfd., während ein anderes jenem gleichförmiges aber kürzerfädiges kaum 5175 Pfd. trug.

3) Ein stärkeres Zusammendrehen schwächt ein starkes Tau; ein solches muß stets nach der entgegengesetzten Seite gedreht sein als die Litzen, indem diese wieder nachgeben oder locker werden. Bei gleicher Drehrichtung des Taues und seiner Litzen, riß das Tau bei 1190 Pfd. Belastung, das entgegengedrehte erst bei 1440 Pfd.

4) Das Theeren eines Taues schwächt seine Tragkraft. Ein Tau, das 4733 Pfd. trug, konnte nach dem Theeren nur 3316 Pfd. tragen.

5) Trockene Taue sind stärker als feuchte; der Unterschied der Tragkraft stand in dem Verhältniß von 5400 : 4000.

Nach Coulomb beträgt der Widerstand eines getheerten Seils nur ⅘ oder ⅚ von dem eines weißen Seils von derselben Anzahl Kabelgarnfäden; und nach Duhamel beträgt der Widerstand eines angenetzten Seils nur ⅘ von dem desselben trocknen Seils.

Der beste Hanf kommt aus Riga, ihm folgt der flandrische, dann der italienische, zuletzt der französische.

Der Widerstand gegen das Zerreißen (absolute Festigkeit) beträgt insgemein bei hanfenen gedrehten Seilen von ½ bis 1 Zoll Dicke 9000 berlin. Pfund; bei dergleichen 1—3 Zoll Dicke 7000 Pfd.; bei 3—5 Zoll Dicke 5500; bei 5—7 Zoll 5000 Pfd.

6) Ein, um eine Rolle oder Walze gebogenes Tau leistet weniger Widerstand, als ein gerade angespanntes. Ein Tau, welches der Länge nach gezogen 3664 Pfd. trug, konnte, nach einer schiefen Richtung um einen runden Körper gebogen, nicht mehr als 1828 Pfd. halten. Ein anderes trug, gerade ausgespannt, 5900 Pfd., und konnte schief gezogen nur 4000 Pfd. tragen.

7) Die Schwere der Taue von einerlei Materie wächst im Verhältniß ihrer Masse. — Es verhält sich nämlich ihre Schwere, bei gleicher Länge, wie die Quadrate der Durchmesser. Wenn z. B. ein Tau von 1 Zoll Durchm., 30 Pfd. wiegt, so wird ein anderes von gleicher Länge und Materie, 2 Zoll dick, 120 Pfd. wiegen.

Bei Verschiedenheit der Länge verhält sich die Schwere, wie das Quadrat der Durchmesser mal der resp. Länge.

Daher bei 1 Zoll Dicke und 8 Fuß Länge, im Gewicht 8 Pfd., gegen ein anderes von 2 Zoll Dicke und 16 Pfd. Schwere 64 Pfd. wiegen wird.

8) Um in der Praxis mit Sicherheit auf die Tragkraft eines Seils rechnen zu können, ist anzurathen: die Belastung nicht über den dritten Theil der berechneten absoluten Festigkeit zu steigern.

Praktische Bemerkungen über die in Tab. VII. angeführten Maurer- und Tünchermaterialien.

§. 9. Wir stellen im Folgenden eine kurze Uebersicht der verschiedenen Materialien auf, indem wir solche hauptsächlich von dem Standpunkte der praktischen Anwendbarkeit betrachten, und dabei vorzugsweise deren Benutzung in den deutschen und benachbarten Ländern ins Auge fassen.

1) a) **Verhalten der Steine gegen Wasser.** — Steinsalz, Gyps und Kalksteine aller Art werden allmälig durch Wasser aufgelöst; letztere jedoch nur durch kohlensäurehaltiges Wasser und zwar in sehr geringer Quantität, etwas leichter der Gyps. Man darf ihn daher bei Bauten nicht zu Wasserleitungen oder zu Mauern, die dem Regen ausgesetzt sind, verwenden. Die Eigenschaft, Feuchtigkeit aufzunehmen, besitzen die meisten körnigen, schieferigen und Trümmergesteine um so mehr, je weniger innig ihre Theile mit einander verbunden sind.

Die meisten Kalksteine, Klingsteine, viele Basalte, saugen gar keine Feuchtigkeit ein: quarzige viel weniger als thonige und kalkige oder locker verbundene, wie Kalktuff, vulkanische Trümmergesteine ꝛc.

Die Eigenschaft, an der Oberfläche mit Wassertröpfchen, Reif ꝛc. zu beschlagen, kommt — als besseren Wärmeleitern — vorzüglich sehr dichten, harten Gesteinen zu; sie schwitzen, machen die Tapeten mißfarbig und geben zu Wänden gemauert äußerst ungesunde Wohn- und Schlafzimmer. Die meisten dichten Kalksteine und viele Sandsteine sind damit behaftet, daher vor der Anwendung sorgfältig zu prüfen, daß man sie, etwa bei 40° R. völlig austrocknet und genau wägt, dann 12 bis 24 Stunden in Wasser legt, mit einem Tuche abreibt und sofort wieder wägt, wenn er an der Luft etwas übertrocknet ist. Man erfährt dann sofort, wie viel der Stein Wasser einsaugt und durch Beachtung der Zeit und Wärme, beim vollständigen Wiederaustrocknen, die Feuchtigkeit haltende Kraft desselben.

b) Verhalten der Steine gegen die Atmosphäre — (Auswitterung). Baue, die für die Dauer langer Zeiten erhalten bleiben sollen, verlangen vorzugsweise möglichst gleichförmig gemengte Granite von mittlerem oder kleinem Korn, worin der Feldspath frischen Glanz besitzt, desgleichen quarzige Sandsteine von kleinem, engverbundenem Korn; ferner Feldstein- und Hornsteinporphyre, wenn sie keine Zerklüftung zeigen, so wie manche dichte Kalksteine. Abtrennungs- (Lager-) Flächen der Bänke, anders gefärbte Schnüre und Flecken müssen sorgfältig vermieden werden, weil die Steine, die mit solchen behaftet sind, gewöhnlich bald auswittern. Unter den Tropen, in der warmen Zone und in den Polarländern verwittern die Gesteine weit langsamer, als unter der gemäßigten Zone, weil in ihnen weniger atmosphärische Abwechselung herrscht.

2) Garten- oder Ackererde (Dammerde) ist zu sehr aufgelockert und enthält eine große Menge Salze, so daß sie unfähig ist, selbst die leichtesten Gebäude zu

tragen. Sie muß sonach bis auf festen Boden aus=
gegraben werden.

3) Der kleinkörnige Sand (Steppensand,
Triebsand) kann, wenn er nicht zu flach, sondern
mächtig steht und man dem Fundament eine starke
Breite in der Sohle giebt, bedeutende Gebäude tragen.
Nur ist sehr zu beachten, daß er bei steigendem Wasser
nicht unterwaschen wird.

4) Moor= oder Torfgrund erfordert, wenn er
8 bis 10 Fuß mächtig steht, nur eine Ausgrabung von
einigen Fußen und einen liegenden Rost. Moor= oder
Torferde aus zu gemischten Theilen taugen nicht zu
einem Baugrunde.

5) Baugrund von sehr steinigen oder auf=
gefüllten Erd= und Steinarten (Brandschutt)
ist zum Bauen untauglich.

6) Lehm, gelber, giebt den besten Baugrund,
eben auch wenn der blätterige Lehm mit festem Sande
oder Kies vermischt ist. Dagegen macht der rothe
Flußlehm schon eine kostspielige Anlage und Ausgrabung
nöthig.

7) Thon=, Letten= und Mergelgrund verlan=
gen eine umsichtige Untersuchung und meistens einen
Schwellrost.

Der Mergel ist ein inniges Gemenge von kohlen=
saurem Kalk und Thon und geringen Beimischungen.

Er variirt in Saugkalk oder kiesligen Mergel,
Stein oder verhärteten Mergel, Mergelerde, Stinkmergel,
Mergelschiefer, dolomitischen Mergel.

Merglige Kalksteine zum Häuserbau geben feuchte
Wände (schwitzen), liefern aber einen vortrefflichen hy=
draulischen Kalk.

8) Sand, grober, kiesiger oder stehender giebt
einen sehr guten Baugrund ab; macht eine, nur wenig
Fuß tiefe Grundmauer nöthig, die nach Umständen
dossirt oder abgesetzt werden muß.

9) Schlacke a) (poröse Lava), ein vulkanisches
Produkt. Die dichteren Abänderungen lassen sich zu

Bausteinen benutzen, die porösen und harten als Mühl=
steine verwenden.

b) glasige Schlacke, eine dichte oder porphyr=
artige Lava. Die Schlacken der Hohöfen und Kupfer=
hütten werden in Nähe von dergleichen Anlagen häufig
zu Beschotterung von Chausseen und Straßen verwen=
det, auch wohl im flüssigen Zustande zu Bausteinen von
Quaderform ausgestochen.

Die Eisenschlacken haben den Vorzug größerer
Dauer, beide aber den Uebelstand, daß sie einen dicken
schwarzen Staub absetzen, welcher nachtheilig auf die
Augen und die Athmungsorgane wirkt.

c) Der Hammerschlag (Zunder, Glühspan, Eisen=
sinter), ein Eisenoxyd, welches beim Glühen des Eisens
durch Verbindung mit dem Sauerstoff der Luft entsteht,
und beim Schmieden in Schuppenform abspringt. Der
Hammerschlag eignet sich besser noch als Eisenschlacke zu
Befestigung der Oberfläche kleiner Wege.

10) Puzzuolanerde (Pozzolana), eine Abände=
rung des vulkanischen Tuffs aus den Umgebungen Roms
und Neapels; besonders wichtig zu Bereitung hydrauli=
scher Mörtel, worin sie, nebst dem Traß und ähnlichem
Trachyt und Bimssteinbreccien, alle übrige Gesteine
übertrifft.

Die Puzzolanerde vom Fuße des Vesuvs und um
Neapel wird weithin von Civita vecchia aus versendet.
Man braucht sie, wegen hohen Preises, meistens nur zu
Wasserbauten. Diese Puzzolane ist braun, gelblich und
schwarz, erstere die gemeinste. Man findet dergleichen
Erde aber auch in Frankreich, überhaupt in allen Län=
dern, wo man Spuren von Vulkanen trifft.

11) Bimsstein findet sich in den Auswürfen neue=
rer als älterer Vulkane. Dient zum Schleifen und
Poliren des Holzes, lackirter Gegenstände von Marmor,
Alabaster und verschiedenen metallenen Arbeiten. Ge=
pulvert und mit gelöschtem Kalk vermischt, liefert er
einen vortrefflichen Mörtel.

Beim Schleifen greifen die porösern Arten kräftiger an; auch kann man sich dazu des gepulverten und gesiebten Bimssteins bedienen.

12) **Kalk.** Seine Grundlage macht die Kalkerde oder das Kalciumoxyd, durchgängig mit irgend einer Säure verbunden. Die Gattungen „Kohlensaurer Kalk" und „Schwefelsaurer Kalk" haben in der Baupraxis vor allen den Vorrang. Der erstere kommt in folgenden Abänderungen vor:

a) **Kalkspath** (spätiger Kalk) findet sich in allen Gebirgsformationen und dient hauptsächlich zu Darstellung des reinen Aetzkalks.

b) **Faserkalk** (faseriger Kalksinter) wird meist in Gängen und Höhlen des Flöz= und Urgebirgs gefunden.

c) **Körniger Kalk** (Marmor, Urkalk). Derselbe wird, wo er rein, feinkörnig, weiß und in beträchtlichen Massen bricht, zu Bildhauerarbeiten und Ornamenten verwendet. Je gleichförmiger und feiner das Korn ist, destomehr wird er geschätzt — der Marmor von Carrara und Paros. — Krystall=blätterige Abänderungen verwittern leicht an der Luft.

d) **Dichter Kalkstein** (dichter Kalk, Marmor). Derb und dicht; von splittrigem Bruch; verschieden=farbig; bisweilen von bituminösen Theilen durchdrungen, Stückkalk, Stinkstein; mit Muschelüberresten erfüllt, Muschelmarmor. Der dichte Kalk findet sich als integrirendes Glied in allen Flözformationen, im Uebergangsgebirge als Uebergangskalk, in der Kohlenformation als Bergkalk, in der Kupferschieferformation als Zechstein; zwischen dem bunten Sandstein und Keuper als Muschelkalk. Die über dem Keuper gelagerte Schicht heißt Liaskalk, über ihr liegt der Oolith, dann der Jurakalk. Der über dem Grünsand gelagerte Kalk heißt Plänerkalk und Kreide. Den Kalk der Braunkohlenformation oder Molasse nennt man Grobkalk, über ihm folgen dann die verschiede=

nen Süßwasserkalke. Ueber „künstlichen Marmor" sehe man §. 87.

Den besten gebrannten Kalk liefern die reinern derben Schichten des Muschel- und Jurakalks, den reinsten der Marmor von Carrara. Kalke, die einige Procente Thon und Bittererde enthalten, geben einen magern Kalk, der sich zu Wasser-, desto weniger zu Luftmauern eignet.

Alle härtern Kalksteine dienen zum Straßenpflaster und zum Chausséebeschlag — ausgenommen, welche eine schiefrige Absonderung zeigen, zerklüften und leicht verwittern, oder sehr thonreich sind. —

Plattenförmige Kalksteine geben Fußbodenbelege; die feinkörnigen, dichten und reinen (von Solenhofen) dienen zur Lithographie.

e) Die Kreide, ein erdiger Kalk, liefert gebrannt einen guten Kalk. Als Baustein verträgt sie keinen erheblichen Druck, noch Nässe. Sie dient zur Entwickelung von Kohlensäure, als Zusatz mit geronnener Milch gemischt liefert der gebrannte Kalk einen vortrefflichen Kitt zum Fügen der Fußbodentafeln, für zerbrochenes Glas, Porzellan u. dergl.

f) Lias (Gryphitenkalk). Der Liaskalk gehört zu der Gruppe der Muschelkalkformation, ist meist dicht von splitterigem Bruch, mehr oder weniger durch Thon verunreinigt. Die Bänke sind selten über 18 Zoll mächtig und lagern auf einem kalkigen Sandstein (Liassandstein, Buchstein). Dieser widersteht der atmosphärischen Einwirkung meist sehr gut und eignet sich daher zur Mauerung aller Art, nur ziehen manche Abänderungen gerne Feuchtigkeit an. Die härteren Abänderungen des Liaskalkes eignen sich gut zu Straßen- und Pflastermaterial, wie auch zu inneren Mauern und Wänden; geschliffen zu Tischplatten und Gesimsen ec.; die thonreichern geben einen guten hydraulischen Mörtel.

13) Gyps, schwefelsaurer Kalk. Man unterscheidet:

Gypsspath (blätteriger Gyps, Fraueneis, Marienglas, Selenit).

Fasergyps (Federweiß).

Körniger Gyps (Alabaster). Bei verbundenen bituminösen Theilen, Stinkgyps.

Erdiger Gyps (Gypserde, mehliger Gyps). Der gebrannte Gyps wird zu Stuckatur, als Mörtel (fälschlich Sparkalk), zum Tünchen, zu Abgüssen, zum künstlichen Marmor, zum Gießen von Fußböden (Gypsestrich) verwendet.

14) **Schwerspath**, Baryt, den schwefelsauren Mineralien zugehörig. — Der Baryt liefert eine weiße Malerfarbe, die zwar weniger als Bleiweiß deckt, aber dem Bleiweiß weit vorzuziehen ist, weil sie durch Mangel an Licht oder schweflige Dämpfe nicht schwärzt.

15) **Quarz** (Kiesel). Derber, unreiner Quarz, Quarzfels sind ein vortreffliches Straßenbaumaterial, besonders zu Grundlage der Hochstraßen.

Zu Straßenpflaster muß die breite Fläche zu oben gesetzt werden. Zum Hochbau ist er zu schwer zu bearbeiten und hat zu geringe Kohäsion mit dem Mörtel. — Der Quarzsand dient vorzugsweise als Zuschlag zum Mörtel, wozu der reine eckige Grubensand geeigneter ist, als der abgerollte Flußsand; zu Bereitung der Smalte, des Glases ꝛc.

16) **Sandstein** gehört der Steinkohlenformation an und zeigt folgende Abänderungen:

a) **Rother Sandstein**, ein Trümmergestein aus Bruchstücken von Ur- und Uebergangsgebirgsarten, namentlich aus Quarzgerölle, Thon- und Kieselschiefer, Feldspathkörnern und Glimmerblättchen, bisweilen durch eisenschüssigen rothen Thon verbunden. Von fremden Einmengungen findet man Nieren oder kleine Lager von Kalkstein.

b) **Kohlensandstein**, ein klein-, mittel- oder grobkörniger Sandstein aus Quarzkörnern, Feldspaththeilchen und Glimmerblättchen bestehend, und durch ein schieferthonartiges Bindemittel verbunden.

Er ist in der Regel weich und zerreiblich, widersteht daher den Atmosphärilien nur wenig und läßt sich daher seltener als Baustein verwenden als andere Sandsteine.

c) Das Roth- und Weißtodtliegende; ein grob-, mittel- oder feinkörniger Sandstein aus Urgebirgstrümmern, Quarzkörnern, Porphyrbrocken, Eisenoxyd und eisenschüssigem Thon zusammengesetzt. Je nach der Zusammensetzung lassen sich die festeren und härteren Abänderungen wie die besten Sandsteine zu Bauten aller Art verwenden. Die weichern und lockern Abänderungen taugen dagegen, wegen ihrer leichten Zersetzbarkeit, desto weniger zum Bauen.

d) Bunter Sandstein (Vogesensandstein), ein fein- oder grobkörniger, durch Eisenoxyd roth gefärbter Sandstein, bald durch eisenschüssigen Thon, bald durch quarziges Bindemittel verkittet; zuweilen Rollstücke von 1 Kubikzoll und darüber aus dichtem Quarz ꝛc. einschließend. Der, welcher große Gerölle enthält, verwittert leicht an der Luft, ebenso die thonigen, glimmerreichen und porösen Abänderungen; dagegen sind die mittel- und feinkörnigen, quarzigen Sandsteine sehr dauerhaft und trotzen der Witterung oft so gut, wie die härtesten Porphyre. Der bunte Sandstein liefert in seinen mittlern und obern Schichten Quadern, Säulen ꝛc. zu den Hochbauten, Platten zu Fußböden; die massigern Bänke von mittlerem Korn und mittlerer Härte geben gute Mühlsteine, die quarzreichen eignen sich selbst zum Straßen- und Pflasterbau.

17) Porphyr. Grundmasse dichter Feldstein, welcher Körner von Feldspath und Quarz einschließt, zuweilen auch von Glimmer oder Hornblende. Das Muttergestein ist in der Regel dicht, bald auch von feinkörnigem, bald von feinkörnigem, bald von erdigem Bruch. Die härtern Abänderungen sind bisweilen muschelig oder feinsplitterig, auch wohl porös oder zellig, und nähert sich den Mandelsteinen.

Je nach der vorherrschenden Masse unterscheidet man: Feldsteinporphyr, Thonporphyr, Quarz-

oder Hornsteinporphyr. Bei überwiegenden Theilen des Glimmers, Feldspaths und Quarzes entstehen die granitartigen Porphyre oder auch die Glimmerporphyre.

Durch seine dichte, meist glatte Bruchfläche ist der Porphyr eines der dauerhaftesten und härtesten Gesteine und trotzt Jahrhunderte hindurch dem Zahne der Zeit; weniger dauerhaft sind die thonigen und mandelsteinartigen und die viel Glimmer enthaltenden. Er ist eines der ausgezeichnetsten Materialien zum Straßen= und Pflasterbau, Fundamenten, Strebepfeilern ꝛc. Die dichten Abänderungen nässen jedoch gerne. Letztere nehmen eine ausgezeichnete Politur an.

16) Feuerstein, findet sich in allen Kalkgebirgen, namentlich in der Kreide, derb, kugelig oder nierenförmig. Nächst seinem Gebrauch zum Feueranschlagen, wurde er sonst zu Flintensteinen gespalten. Er dient noch zum Glasschneiden, zu Polirsteinen, Mörsern und Reibsteinen.

19) Speckstein (Seifenstein, spanische oder briançoner Kreide), zur Talkerde zählend. Dient u. a. zum Poliren des Alabasters, zum Ersatz der Maschinenschmiere, Zeichnen auf Geweben.

20) Serpentin, Serpentinfels, gemeiner Serpentin (Lawezstein); in der Grundmasse von eigentlichem Serpentin liegen meist Magneteisenkörner, häufig enthält es auch Schillerspath, Glimmer, Talk, Asbest, Hornblende u. a. m.

Das Gestein ist von splitterigem oder höchst feinkörnigem Bruch, ins Ebene und Muschlige; verschiedenartig gefärbt.

Der Serpentin ist ein weiches Gestein, was sich auf der Drehbank leicht behandeln läßt und eine ziemliche Politur annimmt. Außer einer Menge von Geräthschaften wird er auch zu Bauornamenten viel verbraucht. Zu Fußbodenplatten, zum Straßenbau ist er zu weich. Zu gemeinem, nicht belastetem Mauerwerk, Brandmauern, Ofenplatten, kann er mit Vortheil be=

nutzt werden; auch widersteht er den Einflüssen der Luft sehr lange.

21) **Granit** (Heidestein, Brockenstein, Urgebirge, Eurit). Ein krystallinisch-körniges Gemenge von Feldspath, Quarz und Glimmer ohne Ordnung verbunden und von verschiedener Größe und Färbung. Man unterscheidet nach der Größe dieser verschiedenen Gemengtheile **großkörnigen**, **grob-** oder **mittelkörnigen**, **klein-** und **feinkörnigen** Granit. Der Granit von mittlerm Korn ist am meisten verbreitet und macht die Felsart des Urgebirgs aus. Durch parallele Lage der Glimmerblättchen geht der Granit in sogenannten **Granit-Gneiß**, durch Aufnahme von Hornblende und Abnahme des Glimmers allmälig in **Syenit** und **Diorit** über.

Der Granit giebt, mittel- und feinkörnig, einen guten Baustein zu Grundmauern; zum Steinsatz für Kunststraßen und zum Chausseebeschlag passen alle Arten von Granit; solche Straßen sind sehr dauerhaft, wenig schmutzig und trocknen schnell ab. Auch dient er zum Straßenpflaster. Ueberall, wo Gesteine einen bedeutenden Druck auszuhalten haben, wie bei Juttermauern, Brücken- und Strebepfeilern ꝛc. paßt der Granit vorzüglich wegen seiner ausgezeichneten Festigkeit; dagegen ist der grobkörnige oft sehr der Verwitterung ausgesetzt und muß bei solchen Bauten vermieden werden. Der Granit von mittlerm Korn liefert ferner sehr dauerhafte Mühlsteine.

22) **Schiefer**, Thonschiefer, Uebergangsthonschiefer. Er erscheint als **Zeichnenschiefer**, weich, abfärbend, von erdigem Bruche; **Wetzschiefer**, ein mit feinen Quarzkörnern untermengter Thonschiefer; **Dachschiefer**, eine sehr quarzreiche, fein- und gerabschiefrige Abänderung; **Griffelschiefer** zu Griffeln und Schreibtafeln verwendet. Der dickschieferige, feste und harte dient zum Belegen von Fußböden, Treppen, zu Tischplatten. Der Dachschiefer darf keinen Schwefelkies ent-

halten; auch stark gekohlte, sehr schwarze Schiefer eignen sich weniger dazu; der beste ist bläulichgrau, hellklingend.

Der Zeichnenschiefer geht auch unter dem Namen schwarze Kreide.

23) Steinkohle (Schwarzkohle). Man unterscheidet folgende Abänderungen:

a) Blätterkohle (Schiefer-, Schichten-, Schürbelkohle), derb, äußerlich glas-, innerlich fettglänzend, von ausgezeichnetem blätterigem bis schieferigem Gefüge, muschligem Bruch. Spec. Gew. $= 1{,}27-1{,}34$.

b) Grobkohle, derb, gräulich- bis pechschwarz, wenig glänzend, unebener Bruch, von dickschieferiger bisweilen grobkörniger Absonderung. Spec. Gewicht $= 1{,}45-1{,}60$.

c) Kännelkohle (Fackelkohle). Gräulich-, sammetschwarz, matt oder schwach fettglänzend; von flachmuschliger Textur, ebenem Bruche und grobschieferiger Absonderung, leicht in würflige Bruchstücke springend. Spec. Gewicht $= 1{,}21-1{,}27$. Brennt mit helllobernder Flamme.

d) Rußkohle (Löschkohle; Staubkohle; Faserkohle). Eisen- oder gräulichschwarz; erdiger Bruch.

Am meisten verbreitet ist die Blätterkohle. Kännelkohle findet sich nur in England und Schottland. In Oefen oder Meilern abgeschwefelte Steinkohlen heißen Koks (coaks). Lockere aufgeblähte Koks heißen Backkoks; festere Sinterkoks; bröckelige Koks, die nicht zusammensintern, nennt man Sandkoks.

23 a.) Schließlich nennen wir noch den Zeolith, obgleich derselbe mehr zu kleinern Gerathschaften, Nippsachen, Tisch- und Fußbodenplatten verarbeitet wird, weil manche Arten desselben hydraulischen Kalk liefern. Insbesondere sind hieher diejenigen Arten zu rechnen, welche in Salzsäure gelöst eine Kieselgallerte geben.

§. 10. Die hier bemerkenswerthern Harze und Gummiharze.

Die Ausschwitzung des Saftes unserer Pinusarten (Fichten) liefert den Terpentin, der trübe und sehr dickflüssig ist und als gemeiner Terpentin im Handel ist. Der aus Lerchenbäumen geschwitzte, der durchsichtiger und feiner ist, nennt man venetianischen Terpentin. — Der aus Pin. maritima im südlichen Frankreich gewonnene geht unter dem Namen französischer Terpentin. Er ist dünnflüssiger als der gemeine, blaßgelblich, klärt sich durch Ablagern. — Elsasser (Straßburger) Terpentin von der Weißtanne (Pin. picea); sehr flüssig, hellgelb und von angenehmem Geruch. — Kanadischer Terpentin (Kanadabalsam), von Pin. balsamea; sehr dickflüssig, farblos oder blaßgelblich, klar, gewürzig riechend. Aus Nordamerika.

Der Terpentin wird zum Weichmachen harziger Mischungen, namentlich zu Kitt, Siegellack, Harzseifen, zu Darstellung des Terpentinöls und des Kolophon gebraucht. — Das karpathische und ungarische Terpentin entstammt der Pin. cembra (Zirbelnußkiefer) und Pin. mago (Krummholzbaum). — Gemeiner Terpentin wird viel auf dem Franken-, Thüringer- und Schwarzwalde gewonnen.

§. 11. Die Harze können nach ihrem Zustande bei der Luftwärme in flüssige oder Balsame und in feste oder eigentliche Harze abgetheilt werden. Von den wichtigern folgen hier einige aus beiden Abtheilungen.

1) Balsame; sind Gemenge von Harz mit flüchtigem Oel.

   a) Terpentin (siehe vorigen §.).
   b) Kopaivbalsam; fließt aus Einschnitten der Copaifera officinalis (Südamerika); ölartig flüssig, allmälig sich verdickend, blaßgelb, klar, von bitterscharfem Geschmack. — Wird zu Lackfirnissen, transparentem Papier benutzt. Unter den Produkten der trockenen Destillation schließen sich hier Theer und Bergtheer an.

2) **Feste Harze;** sie sind bei der gewöhnlichen Lufttemperatur fest.

a) **Fichtenharz** entsteht durch das allmälige Erhärten des Terpentins an der Luft (Galipot, weißes Harz) oder wird aus diesem nach Abdestillirung des Terpentins dargestellt (gekochter Terpentin, Kolophon, burgundisches Harz, weißes und schwarzes Pech). Fichtenharz wird zu Heilpflastern, Kitten, Dachbedeckungen, Harzseifen 2c. vielfach angewandt.

b) **Gummilack** fließt aus mehreren ostindischen Bäumen, wie Ficus religiosa, Ficus indica, Croton lacciferum, durch den Stich der Lackschildlaus aus.

Man unterscheidet:
1) **Stocklack,** die abgeschnittenen, mit dunkelbraunrothem Gummilack überzogenen Zweige;
2) **Körnerlack,** erhalten durch Abklopfen des Gummilacks von den Zweigen und Auslaugen des Farbestoffs mit lauem Wasser;
3) **Schellack** (Gummilack in Tafeln) durch Ausschmelzen von Körnerlack bis zum Flüssigwerden in einem schmalen und langen, dichten Sacke über Feuer, dann den Sack auswringt und das Ausfließende auf Stein-Metalltafeln 2c. erkalten läßt.

§. 12. **Den Schellack zu bleichen,** setzt man 10 Pfd. desselben einer kochenden Auflösung von 4 Pfd. krystallisirtem kohlensaurem Natron nach und nach bis zur völligen Auflösung bei, seiht durch und versetzt dies mit folgender heißen Bleichflüssigkeit: 1 Theil Chlorkalk wird in 6 Theile heißem Wasser gelöst, mit 2 Theilen krystallisirtem schwefelsaurem Natron niedergeschlagen und nach dem Absetzen mit $\frac{1}{12}$ krystallisirtem kohlensaurem Natron vermischt. Aus der so gebleichten Schellackauflösung schlägt man durch zehnfach verdünnte Schwefelsäure am andern Tage das Harz nieder, wäscht es mit Wasser so lange aus, als dieses noch sauer reagirt; bringt dann den Harzniederschlag in kochendes Wasser zum Erweichen, knetet ihn zusammen und wirft ihn dann in kaltes Wasser oder läßt ihn auf einem polirten Steine hart werden.

Außer dem Gebrauche zu Siegellack benutzt man den Gummilack zu Kitt für — nicht zu erwärmende — Geschirre von Glas und Porcellan; zu Weingeistfirnissen, Tischler- und Drechslerpolitur u. s. w.

c) Mastix und Sandarach, ersterer aus Pistacia Lentiscus auf den griechischen Inseln; gelbliche, durchscheinende, spröde Körner, die zwischen den Zähnen erweichen; letzterer aus der in Nordafrika wachsenden Thuja articulata. — Beide werden zu Lackfirnissen gebraucht.

d) Elemi, aus Amyris elemifera, ein Harz, das als Zusatz zum Weingeistfirniß dessen Sprödigkeit vermindert.

Einen gleichen Gebrauch findet: Gummi Anime, von Hymenea Courbaril in Brasilien und Benzoë von Styrax Benzoin auf den Sundainseln.

e) Drachenblut, fließt aus Dracaena Draco auf den kanarischen Inseln und aus mehreren andern Gewächsen in Südamerika und Ostindien; löst sich mit rother Farbe leicht in Alkohol, Aether, flüchtigen und fetten Oelen auf und dient zur Färbung für Lackfirnisse und Tischlerpolitur. Rothbraun (in eiförmigen oder walzenförmigen, in Schilf eingewickelten Stücken), undurchsichtig, matt, spröde, zerreiblich.

f) Dammarharz, von Agathis loranthifolia und Sharea robusta in Ostindien. Gelbliche, durchsichtige, äußerlich bestaubte Stücke. Erweicht schon in der warmen Hand, leicht schmelzbar. In absolutem Alkohol ist es nur theilweise, besser in Aether löslich, vollständig aber in Terpentin- und fettem Oel. Wird zu einem farblosen durchsichtigen Firniß für Gemälde, Holzrahmen ꝛc. benutzt. Am besten wendet man dazu ein Gemisch auf 3½ Gewichtstheile Dammar von 4 Terpentinöl und 2 absolutem Alkohol an und sucht dazu die hellen, durchsichtigen Stücke aus, indem er gewöhnlich mit den milchweißen, bernsteingelben oder braunen Stücken des neuseeländischen Dammar= oder Cowder=harz vermengt ist, welcher untauglich zu Lackfirnissen ist, und von Agathis australis stammt.

g) Kopal, von Rhus copalinum in Westindien, Elaeocarpus copalifer in Ostindien und im Sande gegraben an der Küste von Guinea. Blaßgelb, durchsichtig, hart, glänzender Bruch, spröde. Die kugeligen, rauhen Stücke (westindischer Kopal) lösen sich leichter, als die eckigen, äußerlich runzligen Stücke (ostindischer Kopal) in einem Gemisch von Terpentinöl und absolutem Alkohol auf. Dieser Firniß wird am häufigsten zur Verfertigung lackirter Waaren angewandt. — Um Kopal zu lösen (wozu der kugelförmige westindische sich am besten eignet), schmilzt man ihn in erbsengroße Stücke zerschlagen bei gelinder Wärme in einem Glaskolben, so daß er sich nicht bräunt und vermischt ihn unter stetem Umrühren mit warmem Mohnöl und dann mit gleich erwärmtem Terpentinöl, die man in kleinen Mengen nach und nach zusetzt.

h) Bernstein ist das fossile Harz einer untergegangenen Pflanzengattung. Der meiste wird an der Ostküste Preußens angespült und gesammelt, doch auch in der Nähe des Meeres aus dem Sande gegraben. Die eingeschlossenen Insekten zeugen von seinem anfänglich flüssigen Zustande.

Er ist gewöhnlich von klarem Gelb, selten weiß und undurchsichtig; zuweilen auch röthlich und bräunlichgelb. Oberfläche rauh und matt. Bei 290° C. schmilzt er unter Zersetzung, giebt flüssiges brenzliges Oel (Bernsteinöl), Bernsteinsäure und saures Wasser, und hinterläßt das braune Bernsteinkolophon, welches, unter Hinterlassung einer dunkelbraunen, durchscheinenden Harzmasse (in einer Retorte erhitzt) viel brenzliches Oel und endlich nur wenig Kohle giebt.

Es ist im geschmolzenen Zustande der Hauptbestandtheil des Bernsteinkolophons, das sich unter Hinter=

lassung einer gelben, durchscheinenden und elastischen Masse, am vollständigsten in Terpentinöl und fetten Oelen (Leinöl) lösen läßt und damit den zum Lackiren von Holz= sachen häufig benutzten braunen Bernsteinfirniß liefert.

Zu dieser Bereitung werden nur kleine Stücke und Abfälle benutzt; die größern reinern Stücke werden zu mancherlei Luxusgegenständen verarbeitet. — Von

i) **Gummiharze** erwähnen wir hier nur das **Gummigutt** Hebradendron cambogioides auf Ceylon und in Siam. — Wird als Wasserfarbe und Farbstoff der Firnisse gebraucht.

k) **Das Kautschuk**; der gewöhnliche Handelsar= tikel ist der eingetrocknete Milchsaft der Siphonia ela- stica in Guyana. Auch hat man diesen flüssig in ver= schlossenen Flaschen (doch selten) aus Amerika einge= führt. Den ausgequollenen Milchsaft streicht man dort nach dem Auffangen aus dem eingeschnittenen Baum auf Körper von lufttrocknem Thon, welche die Form bilden und trocknet nach jedesmaligem Ueberstreichen den nassen Ueberzug über Feuer, wodurch man beliebige Gegenstände von jeder Dicke, durchscheinend und braun, häufig aber auch undurchsichtig und schwarz erhält, wenn die Flamme rußig war.

Der auf Thonplatten in dickern Schichten getrock= nete und dann geräucherte heißt **Gummispeck**.

In der Wärme ist er weich und elastisch, in der Kälte hart und steif. In Wasser, Alkohol und Säuren ist das Kautschuk völlig unlöslich, wird auch durch Gase gar nicht angegriffen; in Aether und Kautschuköl löst es sich auch leicht auf und bleibt nach dem Verdunsten mit unveränderten Eigenschaften zurück. Das mit völlig harzfreiem Terpentinöl, welches vorher mit etwa drei Procent Schwefel aufgekocht worden, aufgelöste Kaut= schuk schlägt sich durch starken Weingeist gallertartig nieder und wird in dieser Form sehr leicht von reinem Aether zu einer schnell trocknenden Auflösung aufge= nommen. Man nennt diese „geschwefelten oder vulka= nisirten Kautschuk."

Anderweitige Bereitungsarten von Kautschukgegen=
ständen müssen wir hier übergehen. Einen guten wasser=
dichten Anstrich auf Sandstein und Steinfugen findet
man später.

**Eigenschaften der verschiedenen Kalke
im Allgemeinen.**

§. 13. Der rohe Kalk verliert bei einer gehörigen
Temperatur im Ofen seine Kohlensäure und liefert den
gebrannten Kalk (Aetzkalk). In Bezug auf die Menge
Wassers, die erforderlich ist, um diesen zum Teige zu
machen (abzulöschen), unterscheidet man:
1) Fetten Kalk, nennt man denjenigen, der
durch das Ablöschen wenigstens um $\frac{1}{4}$ und oft um $\frac{1}{3}$
an Masse zunimmt. Man sagt dann: er wachse,
gedeihe um dieses Quantum.
Dieser Kalk ist der ergiebigste für den Bauunter=
nehmer, indem er sich mit einer größten Menge Sand
verbinden läßt und wird zu Luftmauern verwendet.
2) Magern Kalk; dieser behält beim Löschen un=
gefähr denselben Umfang bei; er bildet entweder hy=
draulischen Kalk oder diesen nicht, je nach seinen
Bestandtheilen; liefert weniger Mörtel und wird an
der Luft ziemlich schnell hart. Der Gebrauch ist ziem=
lich derselbe wie von Nr. 1, nur viel weniger vortheil=
haft für den Unternehmer.

§. 14. Die Kohlensäure der Luft ist erste Be=
dingung des Erhärtens von Luftmörtel. Während je=
doch dieses Erhärten sehr allmälig geschieht, indem das
überschüssige Wasser fortgeht und sich krystallinisch koh=
lensaurer Kalk aus dem feuchten Kalkbrei bildet, der
seine Festigkeit bedingt, würden die Kalktheile sich an
der rauhen Oberfläche fest anlegen, untereinander aber
großentheils ihren Zusammenhang einbüßen, so daß der
Kalkbrei für sich in den gewöhnlichen Fugen nicht bin=
den würde, wenn man ihm nicht Sand — gleichviel

ob Kiesel= oder Kalksand, nur eckig oder scharf im Korn — zusetzte. Dieser macht zugleich den Mörtel poröser für das Eindringen der Luft und deren Kohlensäure und befördert sonach auch die Erhärtung bis zur Stein=härte, wiewohl nach längerer Zeit.

§. 15. Manche Kalkmörtel schwitzen sogenannten Maurersalpeter aus, der aus Natron= und Kali=salzen in den Kalksteinen vorhanden war. Beim Löschen mit kochsalzhaltigem Wasser geschieht ein ähnlicher Pro=ceß, wodurch das erzeugte sehr zerfließliche Chlorkalcium die Mauern feucht hält.

Hydraulischer Kalk.

§. 16. Es dient als Norm, daß
1) Kalksteine, welche fetten Kalk liefern, weniger als $\frac{1}{10}$ fremde Bestandtheile enthalten;
2) daß bei mehr als $\frac{1}{10}$ Thongehalt dieselben einen um so mehr mageren Kalk geben, je größer dieser Be=standtheil im Verhältniß des Kalkgehalts war;
3) daß die hydraulische Eigenschaft einem durch das Feuer erzeugten Thonsilikate zu verdanken ist; daß aber diese Verbindung nur durch Kieselerde und dann stattfindet, wenn die Kieselerde sich im gallertartigen oder aufgeschlossenen Zustande in einer fein zertheilten Verbindung mit dem kohlensauren Kalk befand.

Verhalten der verschiedenen Kalkarten, wenn sie als Teig mit oder ohne Sand in Wasser gebracht werden.

§. 17. 1) Der fette Kalk verbindet sich, in Wasser getaucht, schnell mit ohngefähr 0,22 seines eigenen Ge=wichts. Herausgenommen braust er in der Luft unter Wärmeentwickelung auf und zerfällt in ein feines Pul=ver, Staubkalk, zerfallener Kalk (Kalkhydrat). Dieses Pulver kann noch eine große Menge Wasser absorbiren, ohne daß eine Wärmeentwickelung stattfindet. Der aus dem Staubkalk bereitete Mörtel bleibt bei Abschluß der Luft oder Kohlensäure weich.

2) Der fette Kalk gestaltet sich bei fortdauernder Anziehung von Kohlensäure zu einer Verbindung von kohlensaurem und wasserhaltigem Kalk und wird fest, wobei 100 Theile festen Kalkes 74 Theile Kohlensäure verschlucken und 17 Theile Wasser ungebunden behalten.

3) Der hydraulische Kalk. — Die Arten des Kalksteins, welche einen Mörtel geben, der unter Wasser erhärtet, zeichnen sich von dem gemeinen Kalkstein aus, daß sein Gehalt an Kieselerde, Thon- und Bittererde, Eisen- und Manganoxyd 2c. überwiegend ist, so daß die Kieselerde nicht den Hauptbestandtheil ausmacht.

Jemehr der Gehalt eines Kalksteins an fremdartigen Beimengungen 15 Procent übersteigt, umsomehr wird er sich zu hydraulischem Mörtel eignen; am vortheilhaftesten rechnet man 20—30 Procent.

Die wesentlichsten Beimengungen sind zunächst die Kieselerde, dann die Thon- und Bittererde; unwesentlicher sind die Oxyde des Eisen und Mangans.

Die Kieselerde an sich ist in ihrer Sauerstoffverbindung, d. i. aufgeschlossen (3 Gewichtstheile Sauerstoff, 1 Gewichtstheil Kieselerde) als sogenannte „Kieselsäure" das Hauptagens.

§. 17a. Von den Kalkfossilen, welche obigen Bedingungen genügen, nennen wir

1) die Zeolithe; wie schon bemerkt, ist für sie charakteristisch, daß sie sich in Säuren lösen, wobei die Kieselerde sich als Kieselgallerte abscheidet.

Man findet sie theils in basaltischen Gebirgen, theils in Mandelsteinen, theils im Syenit, in Tyrol, am Gotthardt, in Savoyen, Kärnthen 2c., zu Reichenbach bei Oberstein, an der Seiseralp im Fassathale, zu Andreasberg am Harz, am Aetna 2c. Gattungen des Zeoliths, die hier in Beziehung treten, sind: der Analzin, Natrolith, Prehnit und der Stilbit.

§. 17b. Wenn in den thonartigen Kalken der Thon in größerer Quantität auftritt, pflegt man sie „Mergel" zu nennen, und man unterscheidet Thonmergel, Kalkmergel und dolomitische Mergel. Zu erstern rechnet man die, welche 50 — 75 Procent Thon enthalten; zu den Kalkmergeln die mit 25 — 50 Proc. Thon. Beträgt die Bittererde an 30 Procent, dann gehören sie den dolomitischen Mergeln an.

§. 17c. Die thonhaltigen Kalke und Mergelarten gehören zu den am meisten verbreiteten Fossilen. Beim Forschen darnach hat man hauptsächlich sich zu den Brüchen zu wenden, wo Thon- und Kalkschichten abwechseln, wenn sie nämlich einerlei Formation angehören. — Thon und magnesiahaltige Kalksteine insbesondere bilden die jurasische Formation, und der Lias, aus welchem Zug der ganze des schweizer Jura, der schwäbischen Alp, des schwäbischen Landrückens, der Weserkette und des Teutoburger Waldes besteht, ferner die tiefern Schichten der jüngern Kreideformation ꝛc. bieten solche in Menge dar. Mergel in nicht minderer Menge kommt ebenfalls in der im südlichen und nordwestlichen Deutschland sehr verbreiteten Keuper- oder bunten Mergelformation vor. Letzterer zieht vom südöstlichen Abfalle des Schwarzwaldes längs des Muschelkalks, den sie in Osten bedeckt und überlagert, durch das schwäbische Unterland, erfüllt das Becken zwischen dem Schwarzwalde und dem Odenwalde, bildet die Höhenzüge des Stromberges, der Heilbronner und Löwensteiner Gegend und setzt durch den Welzheimer Wald in das Erlanger Gebiet, durch Franken nach Koburg, Würzburg und Thüringen fort; füllt das Becken von Erfurt und Gotha aus, erscheint dann wieder bei Göttingen, am Fuße des Harzes und im Magdeburgischen ꝛc. Ueber die theilweise Brauchbarkeit müssen Versuche entscheiden.

§. 17d. Nicht der Thon, sondern nur die in diesem enthaltene Kieselsäure macht den Kalk hydraulisch, d. h. giebt diesem die Fähigkeit mit Wasser in kurzer Zeit zu erhärten. Es wird nämlich durch die auflösende Kraft des Wassers die innigere Berührung des Kalks und des Thonsilikats vermittelt; es wird auch während des Erhärtens das Wasser den aufgelösten Kalk unaufhörlich fortsetzen. Die Erhärtung ist sonach wesentlich die **Bildung eines hydralisirten Silikats in einem einzigen Proceß.** —

Die weitere Ausführung dieses Thema's müssen wir systematischen chemischen Lehrbüchern überlassen; unser Zweck ist durch das hier Vorgetragene genügend erreicht.

Empfehlenswerth ist in dieser Beziehung die Schrift: „**Die Cemente, ihre Bereitung 2c. von Heinr. von Gerstenbergk, Weimar 1865, bei B. F. Voigt;**" nebst noch mancher anderen aus diesem Verlag, mit dessen Beihülfe das fragliche Objekt weiter verfolgt werden kann.

Von dem Portland- und dem Roman-Cement insbesondere.

§. 17 e. Der **Portland-Cement** besteht im Wesentlichen aus einer Mischung von kohlensaurem Kalk und einem geeigneten Thon, und zwar so, daß in 100 Gewichtstheilen 75 Procent kohlensaurer Kalk und 25 Procent Thon enthalten sind.

Das Wesentliche, welches zur Fabrikation des Portland-Cements dient, ist Kreide (kohlensaurer Kalk) und Alluvialthon, wie er zur Fluthzeit durch das von Salzen geschwängerte Meerwasser in den Mündungen der Flüsse abgesetzt wird.

Der kohlensaure Kalk oder die Kreide wird entweder in trockenem Zustande, unter stehenden Mühlsteinen, zu einem feinen Pulver gemahlen, welches man dem frisch ausgestochenen Thonschlamm zusetzt, oder auch unter Wasser in sogenannten Blockmühlen zu feinem Pulver zerkleint und mit dem frischen Thonschlamm mengt.

Man formt dann kleine Ballen oder Ziegel, trocknet sie und brennt sie dann mit Steinkohlen in trichterförmigen Oefen mit ununterbrochenem Gange. Zuweilen mengt man auch Kohlen- (Koks-) klein bei, um das Brennen gleichmäßiger zu bewirken.

Mergel, welcher 25 Procent Thon besitzt, ist ebenfalls zu Herstellung eines solchen Cements geeignet, wenn der Thon eine ausreichende Quantität Kieselerde besitzt und zu den fetten Thonen gehört.

Die Portland-Cementfabrik in Stettin liefert jetzt einen Cement, welcher allgemeine Anerkennung findet, und nach amtlichen Gutachten dem besten englischen Portland-Cement an Güte vollkommen gleichstehen soll.

§. 17f. Roman-Cement. Dieser Cement ging früher unter der Benennung „Parker's Cement." Das dazu verwendete Fossil sind Kalksteinnieren, die sich in den Thonmergelschichten des Londonthons eingelagert finden, Rollstücke von gedrückt kugeliger Gestalt, die vorzüglich in den Thonschichten vorkommen, welche mit den Kalksteinbänken der Dolithformation wechseln, und in der Thonschicht, die über der Kreide liegt und der eigentliche Londonclay ist.

Diese Nieren sind Konkretionen in einer sehr harten Schichtenmasse. Sie werden — aus den steilen Ufern vom Wellenschlag ausgespült — vorzüglich von der Insel Sheppey an der Themsenmündung, den Inseln Whigt, Thanet, sowie von den Küsten von Kent, Yorkshire, Derbyshire unter dem Namen „Sheppeysteine" bezogen, finden sich aber auch an den gegenüberliegenden Küsten Frankreichs (galets de Boulogne).

Diese Konkretionen enthalten nahezu alle 23—26 Procent Thon und 4 Procent Eisenoxyd, 1—2 Procent Manganoxyd.

Aehnliche Nieren kommen bei Neustadt-Eberswalde, auf Rügen, am Abhange bei Altona, im Thone bei

Antwerpen eingelagert, in Bayern bei Altdorf, Kulmbach vor. Sie sind von Faust- bis Kopfgröße, braun mit Adern von Kalkspath durchzogen, oft hohl und drusenartig mit Kalkspathkrystallen ausgefüllt, häufig einen Ammoniten enthaltend.

Das Portland-Cement ist unter allen bisher bekannt gewordenen das anerkannt beste.

Ferner ist bekannt, daß selbst der beste Mörtel, wenn er rasch, z. B. in der Wärme getrocknet wird, gar nicht hart wird, sondern zerreiblich und trocken bleibt.

Es würden aber zerkleinte Steine in Sandform, die das Wasser schnell absorbiren, auf gleiche Weise wirken und dem Kalke das Wasser entziehen, welches ihm zur Anziehung der Kohlensäure und zu der allmäligen Krystallbildung unentbehrlich ist. Der Kiesel ist aber dasjenige Mineral, welches soviel wie kein Wasser aufnimmt, weshalb der Quarzsand der geeignetste Zusatz zum Mörtel ist. In allen Fällen, wo man es mit einem magern, nicht reinem Quarzsande zu thun hat, der das Wasser leicht verschluckt, ist es zweckmäßig, denselben vor dem Zuschlage zum Kalke stark anzufeuchten, auch wohl auszuwaschen, welches denselben Erfolg hat, wie das Annässen der Steine bei dem Vermauern.

Die Größe des Korns richtet sich nach den Umständen; bei rauhen Steinen muß der Sand ein grober oder Grand sein, um in den großen Zwischenräumen der Steine mehr feste Masse zu gewinnen. Grober Sand bildet selbst aber zu viel leere Räume, daher muß die Einmengung eines feinern Sandes dienen, auch diese zu verringern.

Nur bei reingearbeiteten Lagerflächen darf ein feinerer Sand verwendet werden, der feinste, aber staubfreie bleibt zu dem glatten Putz der Mauern und Wände. Je eckiger, also je weniger abgerundet der Sand ist, desto besser. Man nennt einen solchen „scharfen Sand." Der Grubensand ist immer schärfer, als der

Flußsand, aber mehr mit erdigen, vegetabilen und animalen Theilen gemengt.

§. 18. **Ueber das Verhältniß des Sandes im Mörtel.** — Von großer Wichtigkeit ist das richtige Verhältniß des Sandes in den Mörteln. Es kann durch ein verfehltes der Mörtel zu mager oder zu fett werden, beides beeinträchtigt die Festigkeit desselben. Praktische Uebung kann wohl helfen, daß das Gemenge nicht zu weit von dem passenden Verhältniß abweiche, sie bleibt aber immer schwankend, und Fehler gegen das richtige Mischverhältniß werden auch durch die Nachhülfe der Zeit nicht verbessert.

Es soll der Kalk hinreichend sein, alle Sandkörner unter sich, sowie mit den Steinflächen zu verkitten, dabei aber auf die möglichst kleinste Masse beschränkt bleiben. Dieses wird nicht durch eine dickere Lage zwischen je zwei Flächen erreicht; je dünner die Zwischenlage, desto fester die Verkittung.

Haben wir nun die Zwischenräume eines zweckmäßig gemengten Sandes in Erfahrung gebracht, so kennen wir auch das Kalkvolumen, welches sie auszufüllen vermag, und wir dürfen nur einen geringen Ueberschuß beigeben, um einen guten Mörtel zu erhalten.

In der Ausübung pflegt man auf 1 Kubikfuß steifen Kalkbrei, 3 bis 4 Kubikfuß Sand (ungefähr 6 Gewichtstheile) zuzusetzen, wenn der Kalk fett oder sehr fett ist; magerer Kalk, den man gewissermaßen als schon mit einer Quantität Sand versetzt betrachten kann, verträgt nur 1 bis 2¼ Kubikfuß Sand. Erfordert demnach 1 Kubikfuß Kalk durchschnittlich das Zwei- bis Dreifache an Sand, so kann man wohl viermal und mehr Sand zugeben, als der Kalk an Volumen einnimmt, ohne der Güte des Mörtels zu schaden, wenn man einen sehr fetten Kalk zu verarbeiten hat. Man setze jedoch nicht sofort die große Menge Sand zu, sondern gebe dem Normalquantum nach und nach mehr zu, bis der Mörtel die gebotene Eigenschaft erhalten hat, welches ein geübtes Auge leicht erkennen wird und sich schon in dem Verhalten auf der Kelle ausspricht.

§. 19. Raucourt giebt folgende Verhältnisse für gemischte Sandmörtel an:

Erprobte Zusammensetzung.		Raumtheile.	
		Sand.	Kalk ob. Cement.
Béton oder mit Steinen vermengter Mörtel	Rollsteine . 20 / Grober Sand 1 / Mittler Sand 2 / Feiner Sand 4	27	6 *)
Mörtel aus Kiessand	Kies . . . 20 / Mittler Sand 2 / Feiner Sand 4	26	6 *)
Mörtel aus grobem Sand	Grober Sand 20 / Feiner Sand 5	25	7
Mörtel aus mittlem Sande	Mittler Sand 20 / Feiner Sand 5	25	7

§. 20. Wenn auch der Luftmörtel schon nach einigen Tagen so weit gebunden ist, um einer Mauer Widerstand gegen Druck und andere dynamische Einwirkungen zu verleihen, so schreitet doch dessen völlige Erhärtung so sehr langsam und so allmälig fort, daß sie ihren Höhenpunkt — wo die Mauer sich wie ein gewachsenes Steinstück verhält, — nicht nach Jahren, sondern erst nach Jahrhunderten erreicht. Die scheinbar so überwiegende Güte des Mörtels der alten Bauten gegen den der neuern, beruht lediglich in dem beträcht=

---

*) Nebst einer Kalkzugabe, die gleich der Hälfte der Raumvermehrung der Mischung ist.
Bei dem feinen Sande fügt man, wenn die Mischung an Raum zunimmt, ein Raumtheil Kalk, gleich dem der Vermehrung, hinzu.

lichen Vorsprung an Erhärtungszeit zu Gunsten der ersteren; ein wesentlicher Unterschied in der Mischung und in den Bestandtheilen hat nie aufgefunden werden können.

Dabei darf man nicht vergessen, daß nur eben das Feste und Dauerhafte der Zeit getrotzt hat, während das Schwache, Unhaltbare, nachlässig Aufgeführte längst untergegangen ist, oder täglich verfällt. Ebenso wahrscheinlich ist es, daß unsere regelmäßig ausgeführten Baue in einer spätern Zukunft gerade so der Bewunderung theilhaftig sein werden, als es die solidern Bauten des Mittelalters und der Griechen und Römer für unsere Zeit sind.

Zum Beleg, wie sehr verschieden auch unsere Voreltern bauten, kann folgende Thatsache dienen: Auf der Domäne Artern an der Unstrut mußten Ueberreste alter Burgmauern beseitigt werden. Alle Bemühungen, diese Mauern durch Keile, Brechstangen ꝛc. abzubrechen, waren von keinem andern Erfolg, als wie man bei hartem, gewachsenem Fels erfährt. Es mußte zu dem Sprengen durch Pulver geschritten werden, und da zeigte sich, daß die Sprengrisse immer den vollen Stein und die Mörtelfugen durchsetzten, ohne den letztern nachzugehen. Einige Stunden davon liegt dagegen die Ruine der Sachsenburg, von ziemlich gleichzeitigem Ursprunge, mit einem Mörtel aufgeführt, der sich ohne Mühe auskratzen läßt, so daß nur die Stabilität der sehr dicken Mauern deren Vererbung auf unsere Zeit bedingt haben kann.

§. 21. Man bemerkt oft alte Baue, wo die Kopfseite der Steine, zumal an der Wetterseite, $1-\frac{1}{4}$ Zoll und mehr ausgewittert ist, die Kalkfugen aber steinhart, wie ein darübergespanntes Netz, um ebensoviel vorstehen; andere, wo der Kalk in dem Innern noch kaustisch, d. i. frei von Kohlensäure ist. So hat Petzold dieses bei den 300 Jahren alten Festungsmauern Dresdens beobachtet, wo also der Mörtel seine Regeneration noch nicht beendet hatte. Nach Demselben ergaben die Analysen alter Mörtel nachstehende Resultate:

	300jähriger Mörtel.	100jähriger Mörtel.
Sand (in Salzsäure ungelöst bleibend)	69,1	79,8
Kieselerde (Gallerte bildend)	6,2	2,1
Thonerde	0,4	0,016
Eisenoxyd	1,4	0,16
Kalk	4,2	4,3
Wasser und Kohlensäure	18,7	13,6

Es ergiebt sich aus ihnen, daß das Verhältniß des Kalkes zum Sande dasselbe war, wie heut zu Tage, denn 4,2 Kalk entsprechen 14 Gewichtstheilen Kalkbrei, auf welche in dem ältern Mörtel 69 Sand, d. i. das Fünffache, im jüngern 79,8 Sand, d. i. das 5⅓fache des Kalks, kommen. Dagegen enthalten die obigen Zahlen das Maß für eine andere chemische Thätigkeit, der die Mitwirkung auf das Festwerden des Mörtels nicht abgesprochen werden kann. Es ist das Vorhandensein der gallertartigen Kieselerde, d. i. einer Kalksilikatbildung auf nassem Wege im Mörtel. Dafür spricht schon der Umstand, daß in dem 300jährigen Mörtel dreimal mehr lösliche Kieselerde, als in dem 100jährigen vorhanden ist. Vergleichende Versuche mit Kalk aus den Brüchen, welche von jeher den Kalk für Dresden geliefert haben und noch liefern, bestätigen, daß dieser dergleichen Silikate nicht enthält. Dies gab zu folgenden Versuchen die Veranlassung: es wurde vollkommen kaustischer reiner Kalk mit kieseligem Sande zu Mörtel angemacht und sich selbst überlassen. Die fünf Versuche ergaben:

	Nr. 1	Nr. 2	Nr. 3	Nr. 4	Nr. 5
Procent lösliche Kieselerde in einer 8 Tage gestandenen Probe	0,586	0,039	0,058	0,020	0,118
in einer 5 Wochen gestandenen Probe	4,40	0,60	0,66	0,31	0,25

Der Betrag der löslichen Kieselerde hatte sich also nach 5 Wochen verdoppelt bis verfünfzehnfacht, wodurch der Beweis geführt ist. Diese Bildung hat allerdings mit Theil an der Erhärtung, ist aber nicht allein Veranlassung, da anderer, als Quarzsand, gleichfalls tauglich ist. Es scheint die Kalksilikatbildung und die Krystallisation das fortschreitende Festwerden und Versteinern, die Anziehung der Kohlensäure dagegen das schnelle Erstarren zu bewirken.

Rein abgeschlossen von der atmosphärischen Luft und der in ihr enthaltenen Kohlensäure erhärtet der Mörtel nicht. Es ließe sich vielleicht daraus folgern, daß bei sehr dicken Mauern, wo die Kohlensäure so gut wie abgesperrt von dem Innern ist, oder doch nur in geringem Maße und langsam zubringen kann, dagegen die kaustische Wirkung des Kalks eine länger anhaltende auf die Kiesel ist, in dem verschlossenen Innern der Proceß der Silikatbildung der vorwaltende zur Erhärtung sei.

Ist dessen Bestimmung, eine Mauer zu verbinden, welche frei zu Tage steht, oder doch der fortgesetzten Einwirkung des Wassers nicht ausgesetzt ist, so nennt man den dazu zweckdienlich gemischten Mörtel „Luftmörtel". Soll aber eine Verbindung der Steine hervorgebracht werden, die der steten Einwirkung des Wassers Widerstand leisten muß, dann muß die Mischung des Mörtels eine andere, eigenthümliche sein und heißt „Wasser oder hydraulischer Mörtel".

Der Wassermörtel muß die Eigenschaft besitzen, unterm Wasser ohne Zutritt der Luft zu erhärten und Steinhärte anzunehmen. In der Luft ausgetrocknet, geht ihm diese Eigenschaft großentheils verloren und seine Bindekraft ist dann nur die eines geringen magern Mörtels.

Nicht die Güte des Kalks, des Wassers, des Sandes und anderer Gemengtheile und das richtige Mengenverhältniß allein bewirken die Tüchtigkeit eines Mörtels, sie hängt zugleich mit von der innigen Mischung der Theile ab.

Man nimmt gewöhnlich an, daß diese eine vollkommene sei, wenn man beim Abstechen mit der Schaufel keine einzelnen Kalktheile, noch kalkige Streifen bemerkt; ist der Mörtel im Abstich von einerlei Farbe und Dichtheit, so ist die Bereitung vollkommen; dagegen wechselnde Streifen von Kalk und Sand, Klümpchen von unzertheiltem Kalk, feuchtere und trocknere Stellen, untrügliche Merkmale eines schlecht bereiteten Mörtels sind.

§. 21a. Bevor wir aber zu der speciellen Bereitung des Mörtels gehen, muß noch Einiges über das Verhalten der Mörtel in verschiedenen Zuständen gesagt werden, wobei wir zuerst nur die gemeinen Mörtel im Auge behalten.

Der Kalk bindet während des Löschens eine gewisse Quantität Wasser — je im Verhältniß seiner Reinheit — und nimmt, der Luft ausgesetzt, Kohlensäure auf; und zwar absorbiren (nach Vicat) 100 Theile fetten Kalks 74 Th. Kohlensäure und binden 17 Th. Wasser.

Bloßer Kalkbrei, ohne allen Zusatz, würde zwar austrocknen, aber nur zu einer mürben Masse erhärten, von geringem Zusammenhang und unfähig die Steine zu einem Ganzen zu verbinden; wenn nicht — was selten der Fall — die Lagerflächen ganz glatt gearbeitet wären, so daß die Kalkschicht sehr dünn ist und mehr die Friktion als die Kohäsion befördert.

Man muß den Kalk verhindern, irgendwie Massen von einiger Dicke zu bilden, was nur durch Einmengung einer körnigen Substanz, Sand, Steinpulver geschehen kann, in dessen Zwischenräume der Kalk sich gleichmäßig vertheilt und an dessen Flächen so fest haftet, als an den Steinen selbst.

Demnach muß das Steinpulver, derjenige Sand der zweckdienlichste sein, dessen Partikel die meisten berührende Flächen und sonach die kleinsten Zwischenräume bieten. Dem eckigen (scharfen) Sande gebührt in dieser Beziehung immer der Vorzug vor dem rundlichen (abgerollten); dem Grubensand vor dem Flußsand. Kein Sandzuschlag darf irgend eine animalische Beimengung enthalten; diese hindert stets das Festwerden der Verbindung, indem sich eine lösbare Seife bildet. Nur dieser Umstand kann zuweilen dem Flußsand einen Vorzug vor dem Gruben- oder Steinbruchsande geben.

Von den Mörteln insbesondere.

§. 22. Man theilt die Mörtel ein: in gemeine oder Luftmörtel und in hydraulische oder Wassermörtel, wohin auch die Cementmörtel gehören.

I. Luftmörtel.

1) **Grober Mörtel von Kalk und Sand.** — Man setzt den groben Mörtel für Grundbaue und alle Arten rauhe (Bruchstein-) Mauer aus 1 Theil gelöschtem Kalk und 2 Th. Sand zusammen. In Bezug auf das Korn des Sandes ist bereits oben das Nöthige mitgetheilt worden.

Die Mischung wird mit sehr wenig Wasser durch Handlanger, mittelst eiserner Krücken (Kalkhaken) auf einer festgeschlagenen, besser gebielten Tenne durcharbeitet, bis der Sand in der Mischung nicht mehr unterschieden werden kann, d. i. bis jedes Sandkorn von dem Kalk umhüllt ist und der Mörtel eine gleiche Farbe angenommen hat.

Man verwendet ihn baldmöglichst nach der Bereitung; wo nicht, muß man ihn auf einen Haufen bringen, derb schlagen und nach Befinden mit Sand beschütten, den man vor dem Gebrauche wieder beseitigt. Sollte er nach dem Stehen etwas fest geworden sein, so muß man ihm durch Stoßen und Umarbeiten wieder die nöthige Geschmeidigkeit geben, jedoch ohne Wasser beizuschütten.

2) **Feiner Mörtel von Kalk und Sand zu Werkstücken.** — Der feine Mörtel zum Versetzen der Werkstücke wird aus 3 Theilen scharfem Sand, der fein, trocken und rein sein und durch ein passendes Sieb getrieben werden muß, und 2 Theilen gelöschtem Kalk bereitet. Dieser Mörtel verlangt eine noch sorgfältigere Durcharbeitung als der vorige. Er dient sowohl beim Versetzen, als auch zum Berapp der Mauern von gebrannten Steinen, zum Ausstechen der Fugen ꝛc.

3) **Feinster Mörtel mit mehr Kalk.** — Zu diesem nimmt man gleiche Theile steifgelöschten Kalkbrei und Sand vom feinsten Korn. Die Bearbeitung ist wie bei den vorigen.

Man braucht ihn bei Aufführung der Essen und Kamine zum Glattputzen der innern Flächen, zum Putz auf Mauern und Wänden im Innern der Gemächer ꝛc., zum Vergießen der Fugen.

4) **Bastardmörtel** (in manchen Gegenden Sparkalk genannt). — Dieser wird aus gleichen Theilen gewöhnlichen Mörtels und pulverisirten gebrannten Gypses mit dem nöthigen Wasserzusatz gemischt. Er darf nur kurz vor dem Gebrauche angefertigt werden und steht nicht im Freien.

Dieser Mörtel ist nur in manchen Gegenden im Gebrauch, wo der Kalk theuer, der Gyps dagegen wohlfeil ist, um eine Ersparniß zu machen. Daher man ihm den Namen „Sparkalk" beigelegt hat, der indeß von Vielen auch auf den Gyps fälschlich bezogen wird.

Zu Arbeiten, die den atmosphärischen Einflüssen ausgesetzt sind, ist er ebenso untauglich als der Gypsmörtel; beide verlieren an der Luft und durch Feuchtigkeit allmälig ihre Härte, blättern ab und werden bröckelig.

§. 23. Unter die Luftmörtel sind noch folgende minder gewöhnliche Mörtel zu rechnen:

5) Wenn man dem gewöhnlichen Mörtel noch ⅓ frischen, ungelöschten, aber pulverisirten gebrannten Kalk zusetzt, so erhält man einen schnell erhärtenden, daher

sofort zu verbrauchenden Mörtel. Der vorher gemischte gewöhnliche Mörtel muß etwas dünner angemacht werden.

6) Zum Hintermauern der Quader bei massiven Schleußen, Brückenpfeilern ꝛc., erhält man einen kräftigen Mörtel aus ⅓ gelöschtem, ⅓ ungelöschtem zerkleintem Kalk und ⅓ gestoßenem Kalkstein oder Mehl von scharf gebrannten Ziegeln (rother Mörtel).

7) 2 Theile Kalk, 3 Th. gemischter Sand, mit einer schicklichen Menge aufgelockerter und gebrühter Kuh-, Kälber- oder Rehhaare vermischt und mit weichem Flußwasser angemacht, giebt einen guten Mörtel zum Verstreichen der Ziegeldächer, zum Berapp gerohrter Decken oder Wände.

Dergleichen Mörtel wird auch zum Putz der Decken verwendet, wenn es an Gyps mangelt, oder man eine größere Adhäsion der Schichten beabsichtigt. Man untermengt den Kalkbrei nach und nach mit aufgezupften und klar gepeitschten Haaren bis er die nöthige Mörtelkonsistenz erhalten hat. Am besten dazu ist Scheerwolle, dann Kälberhaar, wie auch Rehhaar.

8) Einen vorzüglichen Mörtel fertigt man auf folgende Weise: Man bereitet in einem hinlänglich großen Gefäße eine Kalkmilch, mischt 2 Th. Aetzkalk, 2 Th. grobes Ziegelmehl und 3 Th. Sand trocken, bis die Farbe der Mischung vollkommen gleichartig ist, feuchtet dann dieselbe mit der Kalkmilch an und arbeitet Alles so lange durch, bis es die Steifigkeit des Mörtels angenommen hat.

9) Claudel giebt folgende Mischungen eines Kubikmeters Mörtel an:

a) Fetter Kalkbrei 0,37 Kubikm., Sand 0,95 Met. zu Umfassungs- und Grundmauern.

b) Gering-hydraulischer Kalk 0,34 Kubikm., Ziegelmehl 0,82 Kubikm. zum Pflastern der Höfe mit Klinkern ꝛc. Dieser nähert sich schon dem hydraulischen Mörtel.

c) Sehr magerer Kalk 0,1 Kubikm., Sand 0,1 Kubikm., den Kalk zu Kalkmilch bis auf 0,31 Kubikm. verdünnt.

Diesen Mörtel hat man auf eine Dicke von 0,3 bis 0,4 Meter bei einem zweifelhaften Grund vor Legung des Fundaments gegossen und guten Erfolg beobachtet. Das Wasserbassin in der Straße des Amandiers ruht auf einer 0,5 Meter dicken Schicht dieses Mörtels, der eine große Festigkeit erlangt hat.

10) Mörtel mit gekleintem, kohlensaurem Kalkstein, anstatt des Quarzsandes. In Ungarn, in der Gomörer Gespannschaft, erhebt sich über dem Muranger Alpengebirge eine Kalksteinkuppe Uebergangsgebirge, auf welcher eine alte Ruine seit Jahrhunderten der Zeit widersteht. Dieses Gebäude ist aus dem örtlichen Kalkstein aufgeführt, mit einem Mörtel aus kleinkörnigem Kalksand und gebranntem, gelöschtem Kalk. Dieser jeder atmosphärischen Einwirkung ausgesetzte Mörtel hat mit dem Mauerstein gleiche Härte angenommen.

Auch in den Neckargegenden und auf dem Odenwalde bedient man sich seit langer Zeit eines ähnlichen Mörtels.

Es wird an den Orten, wo Mangel an Sand ist, der Chausseestaub, der ziemlich reiner kohlensaurer Kalk ist, sorgfältig gesammelt, mit Kalkbrei zu Mörtel angerührt und zum Mauern benutzt. Man zieht dort diesen Zuschlag dem Sand um Vieles vor.

Man darf dabei nicht unberücksichtigt lassen, daß dieser Zuschlag nicht auch vegetabile Theile enthalten möchte.

II. Hydraulische Mörtel.

§. 24. Es ist bereits oben der Hergang der Erhärtung unter Wasser des hydraulischen Mörtels besprochen und dabei bemerkt worden, daß die Stärke und die Schnelligkeit dieser erhärtenden Kraft und die Konſiſtenz des Mörtels vor Allem in Rechnung zu bringen und die erſte Bedingung eines Waſſermörtels iſt. Es kommen bei dem Waſſerbau Fälle vor, wo die ſchnellſte Erhärtung bedingt iſt, aber auch viele andere, wo dieſe mehr in den Hintergrund tritt und, bei beliebig langſamer Erhärtung, der Widerſtand gegen die Einwirkung des Waſſers vorantritt, welcher übrigens bei allen hydrauliſchen Mörteln vorausgeſetzt werden muß.

Es richten ſich daher die Miſchungen hydrauliſcher Mörtel nach dem eben vorliegenden Zweck und können deshalb ſehr verſchieden ſein.

Bei allen dieſen Zuſammenſetzungen hat der Grad der Hydraulicität des Kalks oder Cements entſchiedenen Einfluß; deshalb ſind ſie aber auch bei dieſen und bei allen andern Mörteln dringend geboten.

§. 25. Vicat ſchreibt folgende Regeln vor:

Wenn der hydrauliſche Mörtel anhaltenden atmoſphäriſchen Einflüſſen ausgeſetzt iſt, ſo ſoll das Korn des Sandes zwiſchen 15 bis 7 Millimeter groß ſein und der Kalk gleiches Volumenverhältniß mit dem Sande haben. Das beſte Verhältniß iſt 1,6 Sand auf 1,0 Kalk in Teigform.

Wenn unter gleichen Umſtänden der Kalk im Mittel zu $1\frac{1}{4}$ wächſt, ſo bleibt die Kalkmenge dieſelbe, die des Sandes wird aber 1,8, und wird auf 2,0 erhöht, wenn der Kalk beim Löſchen auf 1,5 gedeihet.

Es kommt im Ganzen wenig darauf an, ob der Sand ein quarziger, kalkiger oder gemiſchter ſei, nur muß er rein, nicht erdig und ſtaubig, ſondern ſcharfkörnig ſein und das Waſſer nicht bemerklich abſorbiren.

— Die Grundmörtel (Bétons), die in eine ſtets friſche, feuchte Erde kommen, können in verſchiedenem Verhältniß gemiſcht werden, ohne daß ein Unterſchied an Feſtigkeit wahrzunehmen iſt. Man nimmt 1,00—2,40 Sand auf 1,00 Kalkbrei und hält ſich, der Oekonomie wegen, möglichſt nahe der letzten Grenze, zumal, wenn der Mörtel mit Steinschlag in Kastenmauerung geworfen und gestampft wird.

Bei gewöhnlicher Mauerung aber muß der Mörtel konsistenter sein und nicht von der Kelle fließen.

— Bei Mörtel, der tief unter Wasser zu stehen kommt, wo es wichtig ist, durch mühsame Bereitung eine möglich haltbare und bindende Mischung zu erhalten, kann man füglich nur 1,5 Sand auf 1,0 Kalkbrei rechnen.

— In dem einzigen Falle, wenn der Mörtel zu Fundamenten verwendet wird, die dem unmittelbaren Wasserzutritte nicht ausgesetzt sind, gestattet man sich, den hydraulischen Mörtel in der gewöhnlichen Konsistenz des Luftmörtels anzumachen. Unter allen Umständen aber wird er bei einer verdünntern Konsistenz $\frac{1}{10}$ seiner größten Widerstandsfähigkeit einbüßen, die er bei stärkerer Konsistenz erlangt haben würde.

Dem gelöschten, den Tag nach dem Löschen verwendeten Kalke muß seine Geschmeidigkeit ohne Zusatz von Wasser, durch einen Stößel oder mittelst der Maschine von Léger wiedergegeben werden; durch bloßes Rühren mit der Krücke ist er nicht zu gewältigen.

Schlägt man ihn aber mit eisernen platten, an einem Stiele befestigten Schlägeln, oder quetscht ihn unter den Rädern der Maschine, so wird alsbald das Wasser austreten, welches so zu sagen latent geworden war, und der Kalk wieder in einen geschmeidigen Teig verwandelt werden, der weich genug zur Aufnahme des Sandes ist, wenn man diese durch den Stößel oder die Maschine damit vermengt.

Dieses Vermischen muß bei eintretender nasser Witterung unter Bedachung vorgenommen werden. Man bringt nur etwa die Hälfte des Kalkteiges auf und setzt, zur Ausgleichung, durch Eintauchen gewonnenes Kalkpulver zu, um das Wasser von dem Annässen des Sandes zu absorbiren. Bei trockener und heiterer Witterung ist es zuweilen nicht zu umgehen, Wasser nachzugeben; dies darf jedoch nur sehr allmälig und mit größtem Rückhalt geschehen; am besten ist dazu Kalk= wasser. Außer dem angeführten Falle muß die Kon= sistenz des Mörtels — und dies streng genommen — so stark sein, daß eine Kugel von 7 bis 8 Centimeter (2¼ bis 3 Zoll) Durchmesser, auf eine ebene Fläche ge= legt, auf derselben liegen bleibt, ohne sich an der Be= rührungsstelle um mehr als 4 bis 5 Millimeter platt= zudrücken.

§. 26. Man könnte glauben, daß es indifferent sei, ob man den Kalk weich oder steif anmache und den festern dann bei der Mörtelbereitung stoße, um ihn geschmeidi= ger zu machen, oder den weichern durch Verdunsten erst zu der gehörigen Konsistenz kommen lasse: dies ist indeß ein großer Irrthum, und es muß der hydraulische Kalk und Mörtel gleich anfangs zu der erforderlichen Steife angemacht werden.

Zusätze von Rindsblut und andern thierischen Stoffen können nie bewirken, daß ein Mörtel hydrauli= sche Eigenschaften annehme. Der Kalk verbindet sich mit den beiwohnenden Fetttheilen zu einer Seife, die nicht allein das Erhärten des Mörtels verhindert, son= dern ihn auch dem Auslaugen aussetzt.

§. 27. Claudel giebt folgende Zusammensetzun= gen eines Kubikmeters hydraulischen Mörtels als er= probt an:

Arten der Kalke.	Volumen, Kubikmeter.			
	Kalk.	Flußsand.	Traß oder Puzzol.	
Wenig hydraul. Kalk	0,250	0,940	0,200	zu Bassins u. dergl.
Sehr stark hydraul. Kalk	0,360	1,000	0,040	zu Bauten unter Wasser.
Gewöhnlicher hydraul. Kalk	0,333	1,020	*)	bei Wasser= und Kanalbauten zu Paris angewendet.
desgl.	0,370	0,950		von der Schifffahrt= und Brücken= kommission in Paris.
desgl.	0,360	1,020		(Grubensand); bei dem Bau des Forts Charenton gebraucht.
desgl.	0,440	1,000		(den Kalk durch Eintauchen ge= löscht); zu Berappen bei vor= gedachtem Bau.

*) Die Mauern der Reservoirs, welche die Wasser der Brunnen von Grenelle aufnehmen, auf dem Plaz de l'Esplanade, sind mit diesem Mörtel ausgeschlagen worden; ebenso ist er zu allen Arbeiten an den Wasser= leitungen und Abzuchten in Paris angewendet worden.

Von den Cementen.

§. 28. Cemente nennt man insgemein die an Thon gebundenen Kalkarten, in denen der Thon mehr als 0,90 Theile übersteigt. An sich ist der gewöhnliche Cement unthätig unter Wasser und brauſt nicht auf (er kocht nicht), mit diesem in Berührung gebracht, wie es der fette Kalk thut. Er erlangt aber hydraulische Eigenschaften, d. i. er erhärtet im Wasser, in dem Verhältniß als sein Kalkgehalt steigt.

Der Cement ist sonach ein durch Kalcination von thonreichem Kalkstein erhaltenes Produkt, eine kieselsaure Verbindung, welche, durch Kalkhydrat zerlegt, mit diesem mehr oder weniger steinharte Verbindungen eingeht.

§. 29. Schon die alten Römerbauten zeigen, daß die Erbauer Cemente benutzten, um dem Kalkmörtel eine größere Dauer und Bestehen unter Wasser zu geben. Zuerst bedienten sie sich der Puzzolane, einer erdigen Masse aus der Nähe von Baja und vom Vesuv.

Diese meist bimssteinartige Breccie nannte man nach dem Orte Puzzuoli; sie findet sich vorzüglich in der Gegend von Neapel und Rom.

§. 29a. Von der Puzzolane finden sich folgende Hauptgattungen:

1) die dichte bröckliche, basaltähnliche Puzzolane, die aus harter und fester Lava und Basalt besteht und in kleine Splitter und bröckliche Fragmente zerfallen ist;

2) die poröse Puzzolane, eine aus schwammiger, zerreiblicher, zu Staubmehl und kleinen irregulären Körnern verwandelte Lava. Sie ist die gewöhnliche in Italien sich findende;

3) die Puzzolane, die ihren Ursprung hauptsächlich vom Bimsstein herschreibt;

4) die thonige Puzzolane von röthlicher, gelbgrauer Farbe, dichter, weißer Masse, welche Körner und kleine Krystalle von schwarzem Schörl, auch Nester

von vulkanischem Chrysolith einschließt und meistens an erloschenen, zusammengefallenen Kratern getroffen wird;

5) Puzzolane, wo durch den Zutritt von Wasser bei Lavaströmen die Masse zersetzt, mit fortgerissen und mit allerlei fremdartigen Theilen gemengt wurde. Dergleichen Ablagerungen sind gleichsam aus allen übrigen Puzzolanen zusammengesetzt. —

Noch ist hier die Santorinerde zu bemerken, die, auch ein vulkanisches Produkt, aus verschiedenen zersetzten Kieselfossilien bestehendes Gemenge ist. Sie findet sich auf der Insel „Santorin" im griechischen Archipel, und bietet ein treffliches Material zur Darstellung künstlicher hydraulischer Mörtel. Sie ähnelt dem Traß des Brohlthales, verlangt aber einen fortwährenden Stand unter Wasser, im Gegenfall sie sich zu einer zerrelblichen Masse auflöst. Für Wasserbauten setzt man 7 Theilen Santorinerde 2 Theile mit Meerwasser gelöschten Kalk zu. —

§. 30. Ein diesem Mineral nah verwandtes erkannte man später in Mitten der längst erloschenen Vulkane des Niederrheins im Brohlthale, in der Gegend des Laacher-Sees massenhaft abgelagert, und nannte es Traß. Dieser wird noch jetzt in großer Masse ausgebeutet und bei Wasserbauen verwendet; findet aber Nebenbuhler an dem Portland- und Romancement, die ursprünglich in England und Frankreich künstlich bereitet wurden.

Von dem Portland-, Roman- und einigen anderen Cementen.

§. 31. 1) Portlandcement. — Das Portlandcement enthält 75 Gew. Th. kohlensauren Kalk und 25 Gew. Th. Thon und hat seinen Namen von der Aehnlichkeit im Aeußern mit dem Portlandstein. Es ist eine Mischung von Kreide und Alluvialthon im Medwayflusse und an der Küste des Londoner Beckens. Dieser

Schlamm ist schon so fein zertheilt, daß er ohne weitere Vorbereitung benutzt werden kann.

Aus der innigen Mengung dieses Schlammes mit fein zertheiltem kohlensaurem Kalk (Kreide) formt man kleine Ballen oder Ziegel, trocknet sie und brennt sie mit Steinkohlen in Oefen mit ununterbrochenem Gang, wobei denn die Kieselerde aufgeschlossen wird und sich mit dem Kalk chemisch bindet. Nach dem Brennen ist die Masse porös, von grünlicher Farbe und bimssteinartig. Das feingemahlene, in Fässer verpackte Cement besteht aus lauter kleinen Blättchen, was dafür charakteristisch ist. — Das echte Portland-Cement ist unter allen bekannten das anerkannt beste; bei Vergleichung mit anderen Zusammensetzungen dient es zur Norm. Mehr oder weniger gelungene Nachahmungen des echten Portland-Cements müssen häufig zu Ersatzmitteln dienen, erreichen aber den Zweck großentheils nur unvollkommen. Eines der besten liefert die Fabrik von Bleibtreu in Stettin.

2) Roman-Cement (früher Parkers Cement). In Frankreich auch unter dem Namen „Platre-Ciment" obgleich der Gyps dabei keine Rolle spielt. — Das dazu verwendete Fossil sind Kalksteinnieren, eingelagert in den Thonmergelschichten des Londonthons, Rollstücke von gedrückt kugeliger Gestalt. Sie werden vorzüglich von der Insel Sheppey an der Themsenmündung, den Inseln Wight und Thanet, sowie von den Küsten von Kent, Sommersetshire, Derbyshire bezogen. Sie werden aus den steilen Ufern der Küste vom Meer ausgewaschen und zur Zeit der Ebbe gesammelt. Sie enthalten insgemein 23 bis 26 Procent Thon, 4 Eisen-, 1 bis 2 Manganoxyd.

Aehnliche Nieren kommen bei Neustadt-Eberswalde, auf Rügen, am Abhange bei Arkona; im Thone bei Antwerpen, wo sie gegraben; in Bayern bei Altdorf, Kulmbach vor. Sie sind faustgroß bis zur Größe eines

Menschenkopfs, gelblichgrau, braun mit Adern von Kalk=
spath durchzogen, oft hohl und drusenartig mit Kalk=
spathkrystallen ausgefüllt.

An der gegenüberliegenden Küste Frankreichs kommen
sie in losen Geschieben vor und heißen dort Galets de
Boulogne. Sie haben eine unregelmäßige, längliche, zu=
weilen plattgedrückte Gestalt, sind sehr hart. Gebrannt
und fein gemahlen fühlt das Pulver sich milde, selbst
etwas fettig an und ist von Farbe grau mit leichtem
Gelb gemischt, wird aber beim Anfeuchten rostbraun.
Zu längerer Aufbewahrung wird es in luftdichte Fässer
verpackt.

3) Cement von Vassy. Derselbe wird in Frank=
reich dem Roman=Cement um Vieles vorgezogen. Die
Behandlung ist dem Roman=Cement gleich; die Ver=
packung geschieht in ausgepichte Fässer, worin er sich,
geschützt gegen Feuchtigkeit und Sonnenwärme, über ein
Jahr halten kann.

4) Cement von Joachimsthal wird daselbst
aus 3 Theilen kohlensaurem Mergelkalk, 2 Theilen un=
geschlemmter, jedoch gut durchwitterter Thonerde und
einer geringen Menge fein gepulvertem Eisenocker scharf
gebrannt. Dann fein gemahlen und in Säcken oder
Tonnen versendet.

Das mit Wasser anzurührende Pulver muß man
sofort verbrauchen; bei einem Anfrischen nach dem sehr
bald erfolgten Binden mit Wasser würde die Festigkeit
verlieren. Zusatz von Sand oder Ziegelmehl verträgt
dieses Cement nicht.

5) Auch das von Fuchs entdeckte Wasserglas
(Kieselgallerte), welches in verdünntem Zustande Kohlen=
säure bindet, kann dazu dienen, den Kalk hydraulisch
zu machen.

Wenn man nämlich mit Wasser gelöschten fetten Kalk
mit einer Auflösung des Kali= oder Natronwasserglases

zusammenbringt, so wird das Kali oder Natron ausgeschieden, und die Kieselerde tritt, indem sie sich mit dem Kalk verbindet, an die Stelle eines Theils des Wassers, das ihn sättigte, und bildet mit ihm einen Teig, der fähig ist, sich in der Flüssigkeit unendlich zu vertheilen.

Der dadurch gewonnene plastische Stoff, welcher in Wasser gelegt dasselbe nicht mehr trübt, verkittet alle Theilchen des Kalks und macht ihn, bei Einwirkung der Kohlensäure, zu einer steinartig verhärtenden Masse.

§. 32. **Mörtel mit Cementen.** — Wird der Roman-Cement mit Sand gemischt, dann ist es ebenso nöthig, wie bei dem gemeinen Mörtel, daß der Cement die Zwischenräume des Sandes vollkommen ausfülle. Der Franzose nennt diesen Zustand mortier plein. Man beachte dabei, daß derselbe beim Anmachen zusammensinkt und 1 Kubikmeter (960 Kilogr.) dem Fasse entnommen, nur 0,830 Kubikmeter Teig giebt.

Nachstehende Tabelle giebt ein Anhalten bei der Zusammensetzung von Cementmörteln, die man leicht nach dem gewünschten Grade von Energie und Undurchdringlichkeit modificiren kann. Die Tabelle bezieht sich auf den Cement von Vassy, kann aber mit weniger Abänderung auch für den von Pouilly, Molèmes und andere gelten.

Tabelle

der Zusammensetzung eines Kubikmeter von einigen Cementmörteln, nach St. Léger.

Nr.	Volumen-Verhältniß.		Volumen des Sandes.	Gewicht des Cements, incl. Verlust.	
	Cement.	Sand.		Nettogewicht.	Bruttogewicht (50).
			Kubikmeter.	Kilogr.	Kilogr.
1	1	0	0,00	1204	1336
2	3	1	0,35	928	1030
3	2	1	0,46	813	906
4	3	2	0,55	771	856
5	1	1	0,70	651	723
6	2	3	0,84	530	588

Der Cement Nr. 1, ohne Sandbeischlag, wird vorzugsweise bei dem Verstopfen von Quellen und Wasseradern verwendet, wozu ihn seine Undurchdringlichkeit und fast momentane Erhärtung sehr geeignet machen.

Die Cemente 2, 3 und 4 braucht man zum Ausmauern und Auskleiden von Leitungen, Cisternen, Wasserbehältern ꝛc., bei welchen Gegenständen das feste Haften und die Undurchdringlichkeit gefordert werden.

Die gebräuchlichsten Cemente sind Nr. 5 und 6. Man wendet sie mit großem Vortheil bei Mauern von Bruch- und Sandsteinen, Ziegeln an, um alle Arten von Fugen, Bedeckungen von Bögen und neuen oder alten Berapp zu fertigen; desgleichen bei Untermauerungen von Unterbauen, überhaupt bei Gegenständen, die immer der Witterung ausgesetzt sind, indem sie dieser vollkommen Widerstand leisten.

Die Cementmörtel, worin das Verhältniß der Cements geringer ist, als in Nr. 6, werden zu mager und

beginnen stufenweis ihre Vorzüge hinsichtlich der Festig=
keit, sowie der Undurchdringlichkeit zu verlieren.

§. 37. Von dem Anmachen des Cement=
mörtels. — So geringfügig diese Operation auch
scheinen mag, soviel kommt zu Erzielung eines tüch=
tigen Mörtels darauf an.

Das Anmachen geschieht mittels einer schwachen
stählernen oder eisernen Kelle mit langem Hefte, Fi=
gur 6, auf einem Kalktische mit rechtwinkeliger Tafel,
die auf drei Seiten mit aufrechtstehenden Leisten einge=
faßt, an der vierten Seite aber offen ist, Fig. 7. Dieser
Tisch reicht dem Arbeiter bis zur Hüfte. Der Arbeiter
mißt die Zuthaten nach hölzernen Mulden gestrichen
und schüttet ungefähr eine Masse von 1—6 Liter auf
den Tisch, mengt sie trocken zur gleichförmigen Masse und
bildet damit einen kleinen Damm vor der offenen Seite.
Hinter diesem wird das erforderliche Wasser auf einmal
aufgegossen und durch einige Züge mit der Kelle in die
Mischung schnell eingerührt, wobei das Wasser sofort
absorbirt wird.

Ist dieses Gemenge vorläufig gemacht, so wird es
zur Seite geschoben und in kleinen Partieen weiter zum
Mörtel behandelt, indem es der Arbeiter mit der fla=
chen Kelle kräftig zerdrückt und zerstreicht, dieses aber
nach verschiedenen Richtungen so lange fortsetzt, bis die
Masse ein innig gemengter Teig wird. So arbeitet er
nach und nach partienweise die ganze Masse durch,
schiebt sie auf der andern Seite des Tisches zusammen
und wiederholt das Verfahren in gleicher Weise zum
zweitenmal nach der jenseitigen Leiste des Tisches hin.
Ist der Arbeiter nicht recht geübt in dieser Opera=
tion, so muß sie wohl drei= bis viermal vorgenommen
werden.

Die Geschmeidigkeit des Mörtels darf blos durch
dieses Durcharbeiten — nie durch Verdünnen mit
Wasser — erlangt werden. Die anfängliche Steifigkeit
läßt kaum vermuthen, daß eine solche Geschmeidigkeit erreicht werden könne und verlockt nur zu leicht zum Zu=

gießen von Wasser, wodurch aber der Mörtel unbedingt verdorben würde.

Ist die Mischung tüchtig ausgeführt, ihr Ansehen beim Durchschneiden völlig gleichartig und die Masse auf einen Haufen zusammengestrichen, so muß deren Oberfläche glänzend und speckig sehen und dann ist sie zum Verbrauche geschickt. Zu dieser Arbeit sind nach Umständen wohl einige Tage nöthig.

2) **Bastardmörtel** heißen eigentlich die Mischungen von fettem Kalk mit einer gewissen Menge Cement in Pulver, um ihren Widerstand zu verstärken und ihre Erhärtung zu befördern.

Sie lassen sich vortheilhaft bei vielen Arbeiten anwenden. Man kann dem fetten Kalk ungefähr ⅛ Cement zusetzen.

(Zuweilen wird unter Bastardmörtel ein Gemisch von gewöhnlichem Mörtel mit Gyps verstanden; siehe unter dem Artikel „Luftmörtel".)

a) Mörtel von hydraulischem Kalk, Cement und Sand. 7 Theile Kalk, als Teig gemessen, 4 Theile gepülverten Cement, 4 Theile Sand.

b) Desgleichen: 1 Theil lebendiger Kalk in Pulverform, 1 Theil Thoncement (gepülverter Ziegel), 1 Theil feiner Sand, 2 Theile Wasser.

Der Mörtel von hydraulischem Kalk, Cement von St. Léger und Sand bindet so schnell, daß man genöthigt ist, die Stoffe in einer Gelte, wie den Gyps, und in kleiner Menge, in dem Augenblick anzumachen, wo er verbraucht werden soll, wenn man sich seiner zum Ausschlagen von Cisternen, zu Bedeckungen ꝛc., bedienen will. Man breitet ihn in einer einzigen Lage aus und reibt ihn 4 oder 5 Stunden nachher glatt. Es sind mit diesem Mörtel verschiedene Versuche an großen Bassins gemacht worden und sie sind 24 Stunden nachher vollkommen wasserdicht gewesen, ohne Spuren von Rissen zu zeigen.

3) **Mörtel mit Traß.** Zu diesem Mörtel nimmt man 2 Theile des gemeinen fetten Kalks, der durch Eintauchen zerfallen ist und 1 Theil Traß.

Er muß mit viel Sorgfalt in einer Schlag= (Wall= oder Knete=) Maschine und mit möglichst geringem Wasserzusatze wiederholt durcharbeitet werden, bis er einen völlig gleichartigen Teig giebt. Soll derselbe zu Luftmörtel benutzt werden, so verbraucht man ihn so= fort, weshalb er nur in kleinen Quantitäten bereitet werden darf, als Wassermörtel hingegen setzt man ihn eine kurze Zeit der Luft aus (man läßt ihn **aufgehen**), bevor man ihn verarbeitet.

Der Traßmörtel ist namentlich in Holland und am Rhein gebräuchlich und wird vorzugsweise zu Wasser= bauten genommen, da er unter Wasser eine große Härte erlangt. Dieser Mörtel bildet, nach obigem Verhältniß zusammengesetzt, unter Wasser einen guten Béton; es scheint aber, daß man die Menge des Trasses verringern könne, ohne der Festigkeit zu schaden; dann muß die Mischung aber noch mehr geschlagen und mit dem Stö= ßel bearbeitet werden.

Die Mischung ist sonach verschiedener Modifika= tionen fähig, und man nimmt

4) zu dem sogenannten **starken Cement** Kalk und Traß zu gleichen Theilen, wie in Amsterdam und andern Orten Hollands geschieht, oder

5) 2 Theile Traß und 3 Theile Kalk, ebendaselbst zu Brückengewölben.

6) Den **Bastard=** (unächten Traß=) oder schwa= chen Mörtel mischt man in Holland mit:

3 Th. Kalk, 2 Th. Traß und 2 Th. Sand, oder
3 " " 1 " " 1 " "
3 " " 1 " " " noch weniger Sand,
2 " " 1 " " 1 Th. Sand.

Nach **Smeaton** giebt Kalk mit Traß in der Luft keinen so festen Mörtel, als mit reinem Sande. Selbst der unter Wasser erhärtete wurde an der Luft wieder weicher und zerreiblich. Die verschiedenen angegebenen

Zusammensetzungen hängen zum Theil von der Eigenschaft des Kalks ab, und es ist daher nicht genug zu empfehlen, sich jedesmal durch Versuche von dem besten Verhältniß zu unterrichten.

Einige ziehen zu dem Traßcement trocken gelöschten, Andere eingesumpften Kalk vor.

7) **Mörtel von vulkanischer Puzzolane.** Man nehme 2 Theile durch Eintauchen gelöschten Kalk, in Pulver gemessen und 3 Theile Puzzolane. Der Mörtel wird, wie bei dem Traß oder ad 1 angegeben, tüchtig durcharbeitet und gleich verbraucht, da er nicht wieder aufgefrischt werden kann. Dieser Mörtel wird vorzugsweise in den mittäglichen Ländern angewendet, wo die Herbeischaffung der Puzzolane minder kostspielig ist. Manche legen ihm einen größern Erhärtungsgrad bei, als dem mit rheinischem Traß.

Wir wollen noch einige dergleichen Zusammensetzungen mittheilen:

8) **Mörtel aus Puzzolane, Kalk, Sand und Steinbrocken zu Bétons.** — Man bereitet frischgebrannten Kalk, soviel man ohne Unterbrechung zu verarbeiten denkt, in runder Fläche aus und umgiebt ihn mit einem kreisförmigen Bord von Puzzolane, zur Fassung des Löschwassers. Auf den Kalk gießt man sehr allmälig soviel Wasser, daß er sich zu Pulver löscht, worauf man ihn durch Zuthat von mehr Wasser in breiige Konsistenz verwandelt. Jetzt muß die Puzzolane damit vermengt werden, wobei einige Arbeiter abwechselnd Puzzolane und groben Sand auf den Haufen werfen, während andere die Masse sorgfältig durcharbeiten. Hierauf wird der Mörtel zum zweitenmal portionsweise durcharbeitet und zuletzt die kleingeschlagenen Steinstücke unterarbeitet, nöthigenfalls etwas Wasser nachgegossen. Aus der Masse bildet man einen geschlossenen Haufen, den man 6 Stunden lang sich überläßt, wonach er verbraucht werden kann.

9) **Mörtel von hydraulischem Kalk, Puzzolane und Sand.** — 2 Theile hydraulischen Kalk,

der durch Eintauchen gelöscht worden, als Pulver gemessen, 1 Theil Puzzolane und 1 Theil Sand.

10) **Mörtel von Cendrée aus Nismes** (Steinkohlenasche). — Zu Anfertigung dieses Mörtels breitet man die Cendrée auf einer harten, geebneten Fläche, Dielenboden, Tenne, aus und gießt so viel Wasser darauf, daß sie eingeweicht wird. Sodann schlägt man sie durch ein feines Sieb, um die gröbern Theile abzuscheiden. Sie wird nun mittels einer Krücke, wie jeder andere Mörtel, mit Kalk durcharbeitet und nach vier - bis fünfmaliger Wiederholung dieser Operation sofort verbraucht. Man wendet diesen Mörtel vorzüglich im südlichen Frankreich an und hat ihn vortrefflich zu Wasserbauten gefunden.

In dem nördlichen Frankreich verwendet man mehr Sorgfalt auf dessen Bereitung und verfährt dabei folgendermaßen: Man nimmt auf 3 Theile lebendigen Kalk 2 Theile gute reine Cendrée, die von Kohlenstücken gereinigt und gesiebt werden.

Der Kalk wird entweder durch Einsumpfen oder durch Eintauchen gelöscht, wie es nach vorhergegangenen Proben besser scheint. Die Mischung geschieht im ersten Fall ohne Wasserzuthat in einem Bassin, wo man sie in mehreren Sätzen und mehrere Tage hindurch mit einer Keule stößt, die, beschlagen, 15 bis 17 Kilogr. schwer ist, bis sie zu einem gut fetten und sehr feinen Teig geworden ist.

Wenn dieser Mörtel nicht sofort verbraucht wird, muß man ihn, damit er an Güte nicht verliere, gegen die Einflüsse der Luft und der Sonne schützen, sei es durch Strohmatten, durch Aufschütten in einen gutgeschlossenen Raum oder durch Ueberschütten mit trocknem Sande. Will man ihn dann in Gebrauch nehmen, so wird er zu fest erscheinen und sich nicht mit der Kelle behandeln lassen; ein wiederholtes Stoßen mit der Keule ohne Wasserzusatz macht ihn aber wieder geschmeidig. Dieser Cementmörtel verdient vor dem aus Traß den Vorzug bei Mauerwerk, welches abwechselnd trocken und feucht liegt, steht ihm jedoch nach bei Mauern, die immer unter Wasser stehen. Bevor man ihn in äußere Berührung mit Wasser bringt, muß er vollkommen ausgetrocknet sein.

11) **Mörtel von hydraulischem Kalk, Cendrée und Sand.** — Man mischt 3 Theile Kalkbrei, 2 Theile Cendrée und 1 Theil Sand und arbeitet diese Mischung, wie gewöhnlich, tüchtig zusammen.

12) **Mörtel nach Fleuret.** — Dieser Mörtel besteht aus 2 Theilen Cement vom ersten Brande in Pulver, 4 Theile feinem Sand und 3 Theile frisch gebranntem Kalk, den man durch Eintauchen zum Zerfallen vorbereitet. Zur ferneren Bereitung bedeckt man den Kalk mit einem innigen Gemenge von Sand und Cement und läßt ihn unter dieser Decke vollends zu Staub zerfallen. Hierauf durcharbeitet man die Masse trocken und fügt ihr ganz allmälig soviel Wasser zu, daß sie denjenigen Grad von Feuchtigkeit annimmt, den frischgegrabene Erde in ungefähr 1 Meter Tiefe besitzt.

In diesem Zustande wird die Masse in einen kleinen Behälter geworfen und mittels Stößeln so lange bearbeitet, bis sie die zur Verwendung nöthige Festigkeit besitzt, was sich am Anhängen an dem Stößel erkennen läßt.

Der Mörtel Fleuret's ist desto besser, je hydraulischer der Kalk war; man kann ihn zu Estrichen anwenden, die damit sehr hart werden; man schlägt mit ihm Wasserreservoirs aus und formt selbst Wasserleitungsrinnen damit.

Um seine Festigkeit noch zu steigern, kann man $\frac{1}{10}$ Hammerschlag, fein gesiebt, beisetzen.

13) **Mörtel von Steinkohlenasche**, aus 5 Theilen Kalk, durch Eintauchen gelöscht und 3 Theile reiner Steinkohlenasche, die von Kohlen gereinigt und gesiebt worden, bestehend.

Die Bereitung gleicht der des Cendréemörtels. Der beschriebene Mörtel ist nicht besonders vortheilhaft zur

Anwendung unter Wasser; vorzüglich dagegen bei Luft=
mauern, und da, wo Feuchtigkeit vor dem völligen Er=
härten keinen Zutritt haben kann.

14) **Mörtel von Cement und Hammer=
schlag (Eisenoxyduloxyd).** — Man bereitet ihn aus
8 Theilen durch Eintauchen gelöschten Kalks (in Pulver
gemessen), 3 Theile Cement und 3 Theile Hammer=
schlag, der fein gepulvert worden. Dessen Bereitung
erfordert dieselbe Sorgfalt, wie der Mörtel aus
Cendrée.

15) **Mörtel mit metallischem Sand oder
Schlacke.** Man hat in London durch langjährige Ver=
suche einen Mörtel erprobt, der aus blauem Liaskalk
und einem Zuschlag von Kupferschlacken besteht. Diese
Schlacke enthält viel Eisenoxyd, dann Kieselerde, Zink=
oxyd und etwas Arsen. Man stellt ihn daselbst dem
Mörtel mit Puzzolane gleich.

16) Der sogenannte Loriot'sche Mörtel besteht
aus 4 Theilen gewöhnlichem gutem Mörtel, der frisch
und etwas dünn angemacht ist und einem Theile zer=
fallenem (trocken gelöschtem) Kalk. Er darf nur portions=
weise bereitet und muß sofort verbraucht werden.

17) Ein anderer, von Loriot angegebener, besteht
aus 3 Theilen Quarzsand, 3 Theilen gepulverter Ziegel,
2 Theilen eingesumpftem Kalk und 2 Theilen unter Sand=
hülle oder durch Eintauchen zerfallenem Kalk. Der Mörtel
bindet sofort, verliert aber mit der Zeit etwas seiner
Bindekraft.

Ein Hauptvorzug dieses Mörtels ist das Binden
zur Stelle. Man muß dieses ohne Zweifel der schnellen
Absorption des Wassers in der Mischung durch den
lebendigen Kalk, zugleich aber dem Silikat des Ziegel=
mehls zuschreiben.

Rondelet will aber aus Beobachtungen erkannt
haben, daß der Mörtel nach Verlauf einer gewissen Zeit
an dem Vorzug, den er anfangs zeigte, verliert, wäh=
rend bei dem gewöhnlichen Mörtel die Festigkeit und
Dauer mit dem Alter wächst. Demnach thut man besser,

ihn nur da zu verwenden, wo ein rasches Binden erforderlich ist, ohne daß große Festigkeit berücksichtigt werden darf.

18) Guyton de Morveau hat, in Betracht, daß das Pulvern des lebendigen Kalks eine lästige, selbst der Gesundheit gefährliche Arbeit ist, vorgeschlagen, den Kalk durch Eintauchen oder unter Sandhülle zerfallen zu lassen, ihn dann in einem kleinen Ofen von Neuem zu brennen und noch heiß zum Mörtel zu mengen.

19) Das tauglichste Wasser zum Kalklöschen und zum Mörtel ist das Regen- oder Schneewasser. Man bereitet sich aber auch zu diesem Behuf selbst ein vorzügliches Wasser, indem man ein Gefäß mit Regen- oder Flußwasser nimmt, löst darin lebendigen Kalk auf und läßt dieses so lange stehen, bis es sich abgesetzt hat. Auf der Oberfläche wird sich ein ganz dünnes Häutchen bilden, welches man nicht zerstören darf, indem es das Eindringen neuer Kohlensäure abhält. Dieses abgelassene Wasser erweist sich sehr vortheilhaft zum Kalklöschen, zum Annetzen der Mauersteine, überhaupt jeder Mauer, ehe man neuen Putz darauf setzt, indem es die Verbindung sehr befördert.

20) Mörtel mit blauem, kalcinirtem Schiefer, besteht aus 2 Theilen durch Eintauchen zerfallenem Kalk und 3 Theilen pulverisirtem, gebranntem Schiefer; er findet viel Anwendung in der Nähe von großen Schieferbrüchen.

21) Mörtel mit kalcinirtem Basalt. — 2 Theile durch Eintauchen gelöschten Kalks, 3 Theile kalcinirten Basalts in Pulver. Um sich die Zerkleinerung des (harten) Basalts zu erleichtern, darf man nur die roth- oder höher glühenden Stücke in kaltem Wasser abschrecken, wodurch sie sofort zerfallen.

22) Mörtel von eisenschüssigem, kalcinirtem Sandstein. — 3 Theile des zerfallenen Kalks und 4 Theile des eisenschüssigen Sandsteins in erster Stufe des Brandes.

23) **Cement aus den Rückständen der Salpeterfabriken.** — In einigen Fabriken wird die Bereitung der Salpetersäure noch nach dem ältern Verfahren betrieben. Man mengt nämlich 1 Theil Salpeter mit 2 bis 3 Theilen Thon und destillirt aus irdenen Retorten, die in einem Galerenofen gelagert sind, in gläserne oder irdene Vorlagen.

Die Kiesel- und Thonerde verbinden sich mit dem Kali des Salpeters und die Säure geht über.

Der Rückstand dieser Destillation ist in Frankreich unter dem Namen Ciment d'eau forte bekannt, wird zur Fabrikation des Alauns benutzt, demnächst aber auch als kräftiger Cement sehr gesucht. Man benutzt dabei zugleich die zerschlagenen und gepulverten, untauglichen, gebrauchten Retorten.

Nach Versuchen, die in Paris mit diesem Cement angestellt worden, übertrifft derselbe alle andern bekannten an Kraft, ist aber wegen der geringen Erzeugungsquantität zu theuer, als daß er im Großen benutzt werden könnte. Kann man dergleichen erlangen, so spare man ihn zu außerordentlichen Fällen, da er durch Alter nicht verliert.

Die Masse ist zerreiblich, aufgetrieben und fast glasig, eine Verbindung von Eisenthon und einigen Alkalien, mit aufgeschlossener Kieselerde. Man hat viele alte Mauerreste in dem Departement Hérault, wo diese Fabrikation seit langer Zeit im Schwung ist, gefunden, die mit dergleichen Cement gemauert sind; sie zeigen eine Härte, die den härtesten Sandstein übertrifft.

Wir führen hier noch verschiedene Mörtel an, die in einzelnen Fällen ihre Dienste thun können:

24) **Ofenkitt.** — Eine Quantität guten rothen Thons wird mit Kalkmörtel gemischt, in den Pferdemist und Eisenrost tüchtig eingearbeitet ist; hierauf setzt man noch zu 4 Theilen dieser Mischung 1 Theil Kalk. Ziegel, mit diesem Mörtel vermauert, werden nicht

allein fest verbunden, sondern es werden auch die Fugen durch die Wirkung des Feuers nicht getrennt.

Setzt man diesem Mörtel noch den 6. Theil gebrannte Knochen zu, so wird er im Feuer noch besser stehen.

25) **Venetianischer Mörtel (Kitt).** Dieser Mörtel oder Cement wird als großes Geheimniß betrachtet, ist aber nichts, als eine Zusammensetzung von Gyps und Harz, Pech oder beiden zusammen. Die Verbindung ist annäherungsweise folgende:

Man erhitze gepülverten Gyps in einem Kessel, bis er das Ansehen vom Aufwallen erhält; dann setze man auf 1 Pfund Gyps ½ Pfund Harz, ¼ Pfund Pech und 2 Unzen Schwefel zu. Zu dieser Mischung gebe man noch ⅛ Pfund gepülverte Austerschalen, und rühre sie noch heiß mit der hinreichenden Quantität Weinessig oder Wasser zu geeigneter Konsistenz an. Dieser Kitt muß beim Verbrauch heiß aufgetragen werden.

26) **Feiner Cement für angeriebene Fugen.** Das Weiße von 20 und mehr Eiern wird geschlagen und soviel ungelöschter Kalk zugesetzt, daß ein dünner Brei entsteht. Man muß ihn sogleich nach dem Vermischen verbrauchen; er verbindet die Steine sehr fest.

Bemerkung. Dieser Cement ist zu den meisten Arbeiten zu kostbar, bei einigen Gelegenheiten aber, wo besondere Nettigkeit erfordert wird, ist er sehr nützlich, namentlich bei engen, zusammengeschliffenen Fugen.

27) **Quarkkitt.** Man bereite eine hinreichende Menge Quark aus saurer Milch und reibe damit soviel lebendigen Kalk an, als die Konsistenz des Mörtels verlangt. Da derselbe sehr hart und dauerhaft wird und auch der Feuchtigkeit widersteht, so wird er von dem Maurer oft benutzt, um Metall und Stein zusammenzukitten; auch ist er viel in Gebrauch bei feinem Fugen oder Grottenwerk.

Von den Tischlern wird er häufig gebraucht, um gefugte Breter zu Tafeln zu leimen, indem er der Feuch=

tigfeit beſſer widerſteht als der Leim (Man vergleiche „Ziegerkitt".)

28) Cement für Ziegelmauerung bei Waſſeranlagen, Ciſternen ꝛc.

Soviel gelöſchter Kalk, als man zu dem Zwecke für nöthig erachtet, wird mit Leinöl angeknetet, bis die Miſchung eine Konſiſtenz erhält, wie ſie zur Verarbeitung mit der Kelle erforderlich iſt; dazu mengt man eine Portion gehackter Wolle oder Werg, miſcht Alles innig zuſammen und verarbeitet es wie gemeinen Mörtel. Es iſt nöthig, daß die Ziegel vollkommen trocken ſeien, indem der Kitt nicht gehörig haftet, wenn Feuchtigkeit vorhanden iſt. Man kann den Behälter auf der ganzen innern Seite mit dem Kitt ausſtreichen; er wird ſehr hart, hält das Waſſer und iſt dauerhaft.

29) Römiſcher Cement oder Mörtel zum äußeren Berapp von Ziegelmauer. Man nehme 84 Pfund feinen Flußſand, 12 Pfund ungelöſchten Kalk und 4 Pfund magern Käſe, der auf dem Reibeiſen gerieben worden.

Bei dem Miſchen ſetze man warmes (jedoch nicht kochendes) Waſſer bei und gebe damit der Maſſe die nöthige Konſiſtenz, indeß man ſie tüchtig durcharbeitet. Der Berapp erfordert eine gute und glatte Mauerung. Eine Gelte von dieſem Mörtel giebt Material zu einer großen Mauerfläche, da er nur in einem dünnflüſſigen Ueberzug aufgetragen zu werden braucht, ohne daß die kleinſte Lücke unbedeckt bleibt. Die Wände von Lattenwerk müſſen zuvor mit einem Haarkalkmörtel berappt werden und vollkommen ausgetrocknet ſein. Ein dergleichen Putz war ſchon den Alten bekannt und iſt noch jetzt viel im Gebrauch.

30) Ein Cement zur Konſervirung des Holzes und der gebrannten Steine. Derſelbe wird aus folgendem Material bereitet:

Mineral- oder Steinkohlentheer, pulveriſirte Kohle, am beſten Holzkohle und gut gelöſchter Kalk. Die Kohle und der Kalk werden im Verhältniß von 54 Theilen

Kohle und 51 Theilen Kalk gemischt; der Theer wird erhitzt und heiß mit dem Kohlen- und Kalkgemenge zu einer dicken Masse gemischt, bis sie so hart wird, daß sie sich leicht auf einer Bretfläche verbreitet, so lange sie warm ist, ohne abzulaufen.

Terpentin oder Pech kann den Theer, und Gyps den Kalk vertreten. Diese Materialien werden dann auf gleiche Weise und in demselben Verhältniß angewandt.

Der Cement muß warm verbraucht werden und wird beim Gebrauche leicht mit einer Kelle aufgetragen.

35) Bemerkung. Noch andere Cemente und Mörtel findet man unter dem Artikel „von der Mauerung", deren mehrere auf die Mauer von gewachsenen, wie von gebrannten Steinen Anwendung finden.

Bei den hier angeführten hydraulischen Mörteln ist nicht allemal vorausgesetzt, daß der Kalk ein gemeiner oder nur schwach hydraulischer sei; auch ist bei deren Aufstellung eine Folge hinsichtlich ihrer kräftigen Eigenschaft nicht beobachtet worden, weil diese von zu vielen Nebenumständen abhängt; so hängt der Vorzug, den der eine oder andere Cement beanspruchen kann, ungemein von den Eigenschaften des Kalkzuschlags und der Bereitung beim Anmachen ab, daher ohne Versuche eine Gewißheit nicht zu erlangen ist.

Die von Bicat aufgestellten Grundsätze, die derselbe aus zahlreichen Erfahrungen abgeleitet hat, sind bereits oben mitgetheilt. Smeaton spricht sich über einen speciellen Fall, wie folgt, aus:

Er betrachtet nämlich die Beimischung von Sand zu den Mörteln von Puzzolane und hydraulischen Kalken von Aberthaw deshalb als vortheilhaft, weil sie das Gemisch härter mache, zugleich aber kostensparend sei, indem sie das Gemisch im Volumen durch einen Beisatz vermehre, der weniger koste als Kalk und Puzzolane.

Treuſſart zieht die mit Kalk, Sand und Traß bereiteten Mörtel denen mit Kalk und Traß allein gemischten deshalb vor, weil, jemehr man den Traß im

Mörtel von hydraulischem Kalk vermehre, desto geringer der Mörtel werde; daß aber das Gegentheil eintrete wenn man fette Kalke dazu nimmt. Als Unterstützung dieser Meinung ist die Komposition des Mörtels aus hydraulischem Kalk, Cement von gebranntem Thon und Sand, deren Verhältnisse St. Léger nach vielen Versuchen bestimmt hat, anzusehen.

Wenn diesen Grundsätzen durch einzelne Thatsachen widersprochen wird, so ist der Grund in den unpassenden Mischungsverhältnissen zu suchen; denn der Ueberschuß von Kalk in den hydraulischen Stoffen verzögert immer die Bildung des Kalksilikats und die Verhältnisse, wodurch diese beschleunigt wird, geben auch stets die festesten Mörtel.

Da dieser Punkt einer der wesentlichsten ist, so möge hier angeführt werden, was Vicat in Beziehung auf eigene Untersuchung sagt, ohne jedoch seinem Ausspruch Unfehlbarkeit beizulegen. (Siehe auch §. 75.)

§. 34. **Cement, der undurchdringlich vom Wasser und unangreifbar vom Frost ist.** Dieser Cement kann das Pflaster mit Steinplatten ersetzen und auch mit Erfolg im Innern der Gebäude angewendet werden. Man fertigt ihn aus zwei Maßeinheiten gut gewaschener Flußkiesel oder Bruchstücken von Ziegeln in der Größe einer Haselnuß, 2 Maß Dachziegelmehl und grobgestoßener Schmiedeschlacken, 1 Maß reinen Flußsandes und 1 Maß frisch gebrannten und gestoßenen Kalks.

Bei dem Zusammenmengen bildet man mit Sand einen Kreis, schüttet innerhalb den Kalk, den man löscht und mit der Krücke gut durcharbeitet. Nachdem der Kalk zergangen ist, läßt man ihn 3 Stunden stehen, damit sich alle Theile löschen, und mischt dann nach und nach die Kiesel, den Hammerschlag und die Ziegelstücke nebst Sand bei, welches Alles eine halbe Stunde derb durchgearbeitet wird, damit kein Kiesel oder Ziegelstück uneingehüllt vom Kalk bleibe.

Auf diese Mischung wirft man gegen 13 Liter gemahlenen lebendigen Kalk und gießt, da er dadurch schwer umzuarbeiten wird, 3 bis 4 Liter Kalkmilch zu, welche sich bald mit dem Uebrigen vermischt und den Cement zum Gebrauch fertig macht.

Bei der Verwendung breitet man die Masse in der Dicke von 6—9 Linien auf ein Pflaster von rauhen oder mit der Zweispitze gerauheten Ziegeln, wirft größere, vielleicht vortretende Kiesel aus und füllt die Löcher durch Hammerschlag oder kleine Ziegelstücke, schlägt den Auftrag und glättet ihn, wie bei gewöhnlichem Gypsanstrich.

Nun läßt man 4 Wochen lang trocknen, überstreicht ihn dann mit flüssigem, heißgemachtem Theer und macht ihn so undurchdringlich für Wasser. Der Fußboden läßt sich nach Befinden fliesenartig malen. Uebrigens kann man, um dem Uebelstande zu begegnen, daß der Theer bei Sommerhitze klebrig und weich werde, Kalkpulver darüber sieben. Dieses verbindet sich mit dem Theer und bildet damit eine neue Cementdecke, ähnlich der Masse, welche die Römer Maltha nennen (welches eigentlich den Bergtheer, dort aber einen Asphaltbeschlag bezeichnet). Auch läßt sich der erhitzte Theer mit einer rothen oder gelben Ockerfarbe mischen und ihm eine gefälligere, als seine natürliche, Farbe geben.

Dieser Cement wird jedoch durch den Asphalt vollkommen vertreten.

In dünnen Schichten der Luft ausgesetzt, verliert jeder Cement in wenigen Wochen seine Eigenschaft, unter Wasser zu erhärten; in grossen Massen, wie in Fässern, wird höchstens die obere Schicht verändert und schützt die darunter liegende gegen den fernern nachtheiligen Einfluß auf lange Zeit. Indessen kommt selbst in England manchmal durch langes Liegen verdorbener Cement in den Handel, und man muß deshalb beim Einkauf von Cement auf seiner Hut sein.

Zuweilen läßt sich abgestandener Cement durch nochmaliges Brennen wieder herstellen.

§. 35. Pasley giebt folgende praktische Vorsichtsmaßregeln beim Einkauf von Cementen an:

1) Das Pulver soll ein unfühlbares sein; je feiner dasselbe ist, desto größer ist seine Wirkung. Wird es

mit dem nöthigen Waſſer angemacht und einzöllige Ballen daraus geformt, ſo werden die einzelnen Ballen warm und erreichen ihren höchſten Temperaturgrad innerhalb 7—12 Minuten nach dem Anfeuchten. Wird die Maſſe ſo heiß, daß ſie ein brennendes Gefühl in der Hand erregt und zieht dabei zu raſch an, ſo hat der Cement zuviel Kalk; wird ſie hingegen nicht fühlbar warm und zieht nur ſehr langſam an, ſo hat er zuviel Thon beigemiſcht.

2) Miſcht man Cement mit ſo viel Waſſer, daß ſich Kugeln daraus formen laſſen und legt die einzölligen Kugeln nach dem Erkalten in Waſſer, ſo müſſen ſie nach 24 oder 48 Stunden innen und außen ſehr hart geworden ſein, was ebenfalls bei den nicht unter Waſſer geſetzten der Fall ſein muß.

Wenn dieſe Härte nur gering iſt oder nicht durch und durch eintritt, ſo kann der Cement abgeſtanden oder auch in der Fabrikation verfehlt ſein und darf nicht verwendet werden.

3) Die beſte Methode, die Adhäſionskraft verſchiedener Cemente zu prüfen, iſt nach Pasley, wenn man zwei kubiſche Steinſtücke mit Cement zuſammenkittet und dann die Kraft erforſcht, welche die zwei Steine auseinander zu reißen vermag. Man darf ſich hierzu nicht der Ziegel bedienen, denn dieſe brechen in der Regel eher als der Cement nachgiebt. Pasley nahm zu dieſen Verſuchen dichten Kalkſtein.

§. 36. Aus deſſen Verſuchen ergaben ſich folgende wichtige Reſultate:

a) Daß ein reiner — nicht mit Sand gemengter — Cement an allen Flächen, ſelbſt an polirtem Granit, nahezu mit gleicher Kraft haftete.

b) Daß der Cement die Steinflächen in einem Zeitraume von 11 Tagen mit einer fünfmal größern Kraft zuſammenhält, als gewöhnlicher Mörtel nach 30 Jahren. Das Erhärten des Cements in den Fugen geht weit langſamer vor ſich, als in der Luft, oder frei unter Waſſer.

c) Daß Steinflächen, selbst, wenn sie sehr groß sind, durch Cement mit demselben Vortheil zusammengekittet werden, als Ziegelsteine und kleinere Steinflächen. Zwei große Beamleysallsteine von 39 bis 29 Zoll Flächenseite hingen mit solcher Kraft zusammen, daß die Masse des Steins selbst nachgab und die Fuge unversehrt blieb, obgleich sich nachher fand, daß der Cement im Innern der Fuge noch nicht vollkommen hart geworden war.

Dies widerlegt die bisherige Meinung, daß man große Bausteine durch Cement nicht vereinigen könne, weil der hydraulische Kalk viel zu schnell anziehe, als daß man Zeit hätte, die Steine vor dem Anziehen aufeinander zu richten.

Der Cement, im Großen angewendet, bedarf 15 bis 20 Minuten zum Erhärten, eine Zeit, in der sich aufgepaßte Steine mit Cement bequem speisen und durch einen Flaschenzug aufbringen lassen.

d) Man pflegt auch die Cemente mit Sand zu vermengen. Nach den sorgfältigsten Versuchen von Pasley verringert aber jede Beimischung von Sand die adhäsive Kraft des Cements, und es ist die in London gebräuchliche Mischung von gleichen Maßtheilen Sand und Cement mehr als viermal schwächer, als reiner Cement.

Bei Wasserbauten, die keine außerordentliche Festigkeit verlangen, wie Schiffswerfte, Schleußen 2c., kann man jedoch die gewöhnliche Mischung von Sand anwenden, ohne daß die hydraulische Eigenschaft verliert, der Mörtel aber dennoch fester ist, als gewöhnlicher Kalkmörtel. Bei dem Gebrauche zum Anwurfe (Stukko) muß sogar der Cement mit Sand gemengt werden, um Risse zu vermeiden.

Das beste Verhältniß ist 1 Maßtheil scharfen, nicht zu feinen, reinen Sandes auf 2 Theile Cement, welches man bis zu gleichen Maßtheilen ohne Schaden steigern kann. Je gröber und schärfer der Sand ist, desto besser. Der Anwurf darf nicht lose angeworfen werden, sondem muß, ehe er anzieht, mit der Kelle angedrückt werden.

Eine zweite Schicht kann nur aufgetragen werden, bevor die erste vollkommen angezogen hat, sonst findet nur eine schwache Vereinigung beider Schichten und wohl auch Trennung statt.

e) Wenn die Fuge durchaus trocken geworden ist, rechnet Pasley 125 Pfd. absolute Festigkeit auf den Quadratzoll, und kam zu dem Resultate, daß der Portlandcement dem besten Romancement aus Francis' und White's Fabrik völlig gleichkomme, wenn er denselben nicht in manchen Fällen übertreffe.

Uebrigens verhält sich bei allen Cementen die abhäsive Kraft jeder Steinfuge gerade wie das Alter der Speisung und umgekehrt wie die Oberfläche der Fuge.

§. 37. Wir haben für nöthig erachtet, die Lehre von den Mörteln und Cementen ausführlich und wissenschaftlicher zu behandeln, als sie vielleicht in den gemessenen Raum dieser Schrift gehören möchte. Sie ist die wichtigste für den praktischen Maurer, da er gleichsam der Nachwelt Rechnung tragen muß von der Wahl seiner Verbindungsstoffe, von denen großentheils die Festigkeit und Dauer seiner Arbeiten abhängig wird, wenn der entwerfende Baumeister das Seinige redlich gethan hat.

Was noch über Mörtel, Cemente und Kitte in Folge dieser Schrift gesagt wird, findet seine Begründung in dem Obigen.

Von der Mauerung in Beziehung auf den Verband und die Legung der Steine.

§. 38. Wo zwei Steine einander berühren, entsteht eine Fuge; diese muß stets so schmal, wie möglich, sein, weil die Trennung in der Regel leichter in der Speisung, als in dem massigen Stein erfolgt.

Der vermauerte Stein hat sein **Lager**, wo er auf einem untern aufliegt; der **Kopf**, das **Haupt** ist die Fläche, die zu Tage steht, und die Fläche, die mit dem nebenstehenden eine senkrechte Fuge bildet, ist die **Stoßfläche**. Davon leiten sich auch die Benennungen **Lager-** und **Stoßfuge** ab.

Das Lager muß horizontal sein und bei rauhen Steinen dazu die größte Fläche gewählt werden.

Verband heißt diejenige Anordnung der Steine, daß die senkrechten Fugen einer Schicht stets auf das Massive eines Steines der oberen und unteren Schicht, nie über einander treffen.

Bei rauhen Mauern kann der Verband nur unvollkommen sein, ihm muß jedoch in der obigen Hauptbedingung möglichst nachgekommen werden; die Lagerfugen müssen im Ganzen genommen eine wagerechte Linie bilden und die Fugen auf das Kleinste beschränkt werden. Man nennt dies letztere **scharf mauern**. Die unregelmäßigen Fugen sind mit kleinen Steinen gut auszuzwicken und das Innere der Mauer darf nicht mit vielem Kalk ausgegossen, sondern muß sorgfältig mit Steinen in Mörtel gesetzt werden, die ebenfalls in einem gewissen Verbande mit den äußern Steinen stehen.

Gebrannte Steine können vor Allen verschiedene, vollkommen regelmäßige Verbände bilden, die sich meistens nach der Dicke der Mauern richten. Die Richtungen der Steine neben einander in der Mauer heißen **Schichten**. Fällt die Länge der Steine mit der Länge der Mauer zusammen, so ist es eine **Laufschicht**, Fig. 1, und die einzelnen Steine heißen **Läufer**; laufen die Steine nach der Dicke der Mauer, so bilden sie eine **Streckschicht**, Fig. 2, und stehen die Steine mit ihrer Länge aneinander, aber auf der hohen Kante, so bildet sich eine **Rollschicht**, Fig. 3; die einzelnen Steine einer Streckschicht heißen **Strecker** oder **Binder**. Auf den Verband der Mauern von gebrannten Steinen werden wir später zurückkommen.

Was hier in Bezug auf gebrannte Steine gesagt worden, gilt auch in der Hauptsache für Werkstücke, vorzüglich aber für Quader (Schocksteine).

Verband von Quadermauern.

§. 39. Eine Mauer von Werkstücken, welche so dick sein soll, als diese breit sind, wird aus lauter Laufschichten gebildet, so daß die Stoßfugen stets auf die Mitte der oberen und unteren Steine, oder wenigstens 9 bis 12 Zoll rechts oder links von einer darüber oder darunter stehenden Stoßfuge treffen.

Bei dickeren Mauern legt man zwei Läufer neben einander nach der Mauerdicke und darauf eine Bindelage. Immer müssen die Stoßfugen der Läufer von Bindern überdeckt sein, und umgekehrt.

Stärkere Mauern werden blos mit Werkstücken im polnischen Verbande verkleidet und im Innern mit rauhen Steinen oder gebrannten Steinen ausgemauert. Es müssen dabei eine genügende Anzahl Strecker eingelegt werden, die weit in die Füllmauer eingreifen (Ankersteine).

Die Verbindung der Werkstücke nach der Breite und Länge unter einander wird, wenn besondere Festigkeit erforderlich ist, durch eiserne Klammern bewirkt, Lage auf Lage aber durch senkrechte eiserne Bolzen, die halb in die untere, halb in die obere versenkt werden. Die rechtwinklig umgebogenen Füße der Klammern werden stark aufgehauen, damit sie in dem Bleieingusse festsitzen; dieser aber wird dadurch gehalten, daß die Steinlöcher unten weiter, als oben, eingemeißelt werden.

Um den Rost (die Oxydation) abzuhalten, überzieht man die heißgemachten Klammern mit Pech oder einer andern, der Feuchtigkeit widerstehenden Substanz.

Beimischung von Kohle ist ein vorzügliches Mittel, den Rost abzuhalten. Schwefel, Gyps, Cement taugen zum Eingießen nicht, weil sie auf Oxydation hinwirken.

§. 40. Noch andere Verfestigungen der Steine unter sich sind folgende:

1) Werden in die Stoßflächen der Quadern 6—9" ins Gevierte große Rinnen ausgearbeitet und diese mit einpassenden harten Steinen in Mörtel ausgelegt, so nennt man diese **Dollen.** Aehnliches hat man bei Bretern (eingeschobener Spund).

2) Die Steine können auch, wie Fig. 4, mit angearbeitetem Spund und Nuth versetzt werden und sichern so gegen Schub von den Fronten her.

Die Läufer werden nach Fig. 4 unter sich und die Binder nach Fig. 5 mit den Läufern verbunden.

Zu den Klammern ist das Kupfer dem Eisen wegen der Oxydation vorzuziehen. Die größeren Kosten können bei wichtigen Bauten nicht in Betracht kommen. Je geschmeidiger und zäher das Eisen ist, welches man zu den Klammern verwendet, destomehr widersteht es dem Temperaturwechsel, der oft das Sprengen der Klammern verursacht.

3) Anstatt der Klammern legt man auch Einsatzstücke ein, welche schwalbenschwanzförmig in beide anstoßende Steine eingreifen. Die Einsatzstücke können von Eisen, Stein oder auch Holz sein.

Gesetzt AB, Fig. 8, seien zwei anstoßende Gewölbsteine, welche man zu 3 Fuß Länge und 18 Zoll Breite annehmen kann. Man meißele an den anliegenden Seiten zwei Höhlungen in Schwalbenschwanzform, 4" tief, mit einer gleich breiten Oeffnung in a und b, 5—6" lang und dasselbe in der Breite.

Diese Höhlung dient zur Aufnahme eines doppelten Hakens von Gußeisen oder gemeinem Schmiedeeisen, welches noch sicherer ist, da es weniger Sprödigkeit hat.

Diese beiden Wölbsteine müssen so aneinander gefügt werden, daß sie nicht getrennt werden können, ohne daß der Haken an dem eingehenden Winkel bricht.

Da aber die Dicke an dieser Stelle gegen 4" beträgt, so ist leicht einzusehen, daß eine gewaltige Kraft dazu gehören würde, um diese Wirkung hervorzubringen. Wie groß diese sein müsse, lehren Versuche an Eisenstangen, wo 4500 Pfd. nur vermochten, eine Stange

Hammereisen zu brechen, die nicht stärker als 1 Zoll im Quadrat war, bei einem Hebelarm von 6"; folglich gehören 288,000 Pfd. dazu, um eine Stange von 16 □." zu brechen.

Aus diesem kann man schließen, daß diese Wölbsteine durch eine Kraft von 28,800 Pfd. verbunden sind; daß eine solche Kraft aber nie darauf einwirken wird, ist augenscheinlich; man kann beide Steine zusammen daher füglich als ein Solidum ansehen.

Dieser Widerstand wird in hohem Grade verstärkt, wenn man die Höhen der Einsätze verdoppelt und zur Hälfte in die obere Lage eingreifen läßt. Der Einsatz kann dann nur brechen, wenn der obere Wölbstein an dem Brechen Theil nimmt.

4) Eine andere Art von Verbindung durch Einsätze, von dem Mittheiler, Dynamave "joggles" geheißen, beschreiben wir in Nachstehendem:

Es seien A und B, Fig. 9, zwei anstoßende Gewölbsteine, und C, Fig. 10, der (umgekehrte) Gewölbstein oder die untere Ansicht des Steins, der in der nächstoberen Schicht die Fuge AB deckt; auf dessen Mittellinien der letztgenannten Steine, der Breite nach, werden in a, b, c und d halbkugelförmige Vertiefungen eingebohrt, mit denen gleiche in den Wölbsteinen der oberen Schicht korrespondiren. Legt man nun in diese kugelförmigen Höhlungen Kugeln von hartem Marmor, welche sie ausfüllen, so entsteht dadurch eine, jedem Seitenschub trotzende, Verbindung, und die beiden Lagen können nur durch eine Kraft getrennt werden, die entweder den Stein zermalmt oder die Marmorkugel spaltet. Eine solche Kraft ist aber in dieser Richtung nicht denkbar, und man kann füglich das so verbundene Gewölbe als ein solides Ganze annehmen, in welchem ein Seitendruck sich nicht denken läßt.

Daß Marmorkugeln empfohlen werden, geschieht in dem Betracht, weil Eisen oder anderes Metall dem Rost oder dem Verderben unterworfen sind. Außerdem würde man die Eisenkugeln vor dem Einsetzen in die

Höhlung in Pech (Guttapercha) tauchen müssen, welches allerdings einige Sicherung gegen Rost gewähren würde, wenn man zumal beachtet, daß sie in den Stein so gut wie luftdicht verschlossen sind, daher eine dergleichen Wirkung auf das eingelagerte Metall nur sehr gering sein kann. Wir wollen noch bemerken, daß die würfelförmige oder eine andere Form der Metalleinlagen der Praxis mehr genügen kann, als die Kugelform und zu gleicher Zeit die Einsetzung erleichtern wird.

Es spricht dagegen für die eisernen Kugeln, daß deren Anschaffung sehr leicht ist, wo in einer Eisengießerei Munition gegossen wird, diese auch nicht eben kostspielig sind.

Man hat, bei dem Sandstein vor Allem, genau darauf zu sehen, daß der Stein die Lagerfläche, die er in dem Bruche hatte, auch in der Mauer erhalte; vernachlässigt man diese Vorsicht, so ist der Stein der Zersplitterung durch den Druck und der Einwirkung der Feuchtigkeit ausgesetzt. Diese Fläche ist leicht an der Lage der Splitter und Blättchen zu erkennen, sie hat auch stets ein mehr glattes Ansehen, als die Stoßfläche, die mehr körnig erscheint.

Noch sind nachstehende Bemerkungen zu beachten: Die Steine jeder Schicht müssen gleich hoch sein, dagegen können die Schichten übereinander im Ganzen genommen verschiedene Höhe haben.

In den gewöhnlichen Fällen soll die Breite oder Dicke eines Läufers bei Verkleidungen wenigstens 1 Fuß, die Länge eines Binders mindestens 2—3 Fuß betragen.

Der Theil der Binder, der in die Hintermauerung eingreift, bleibt rauh, sowie das Hinterhaupt der Läufer.

Gußmauern, wo die äußeren oder Verkleidungssteine gleichsam einen Kasten bilden, in den Steinbrocken ohne Auswahl und Ordnung eingeworfen und schichtenweise mit Kalk ausgegossen werden, sind, wegen des vielen Kalkverbrauchs, nicht zu empfehlen; sie waren in älteren Zeiten sehr gebräuchlich.

Mauerung mit gebrannten Steinen.

§. 41. Die Aufführung von Mauern mit gebrannten Steinen (Mauerziegeln, Backsteinen, Barnsteinen) erfordert eine genauere Kenntniß dieses Materials und Beurtheilung von der Eigenschaft dieses verschiedenartigen Erzeugnisses.

1) **Kennzeichen guter Ziegel.** — Die Beurtheilung nach der Farbe ist trügerisch; weder die dunkelrothe, blaßrothe und gelblichweiße Farbe, noch der helle Klang kann dabei entscheidend sein. Sind aber die Ziegel nicht zu schwer, geben sie nicht zuviel Stücke und Brocken beim Behauen mit dem Hammer; ist der Bruch ziemlich glatt und nicht grobkörnig und zeigt er kein Gemisch von Kieseln, und noch weniger Kalkklümpchen; erweichen sie nicht beim Aussetzen von abwechselnd nasser Witterung und Frost; und erhalten sie — nach Durchglühen im Feuer und darauf erfolgtem Abschrecken im Wasser — keine Risse oder Sprünge, so kann man von ihrer Güte versichert sein.

§. 42. 2) **Formen der Mauerziegel.** — Die absolute Größe der Mauerziegel kommt weniger in Betracht, als das Verhältniß der Dimensionen; man pflegt jedoch die Stärke selten größer als 2½ Zoll anzunehmen, wobei das leichtere Ausbrennen in Betracht gezogen ist. Gesetzlichen Bestimmungen nach ist bei den Berliner Bauten die mittle Größe auf 10 Zoll Länge, 4⅛ Zoll Breite und 2⅛ Zoll Stärke angeordnet.

Bei Ziegelsteinen kleiner Größe ist das Verhältniß auf 9½ Zoll Länge, 4½ Zoll Breite und 2¼ Zoll Stärke gesetzt.

Im Allgemeinen sollen die Mauerziegel folgende Dimensionen haben:

Länge = 2 mal der Breite + einer Fuge;
Breite = 2 mal der Dicke + einer Fuge.

Das Brennen der Ziegel geschieht in verschiedentlich konstruirten, theils überwölbten, theils offenen Oefen, wohl auch in Meilern und ist Sache des Zieglers.

§. 43. In den deutschen Ziegeleien werden die am härtesten gebrannten Steine ausgesucht und als Klinker verkauft. Sie sind nicht zu verwechseln mit den sogenannten Mundziegeln*) an den Mundlöchern der Brennöfen, die — außen verglast — spröde und ganz untauglich zu Mauerwerk sind. Die eigentlichen Klinker werden in Holland mit großer Sorgfalt zu hydraulischen Bauten verfertigt und auch viel versendet. In England gehen sie unter den Namen „dutch-bricks, flemish bricks.

§. 44. Die Engländer unterscheiden ihre Mauersteine in marles, stocks und place-bricks, deren hauptsächliche Verschiedenheit theils in der verschiedenen Qualität oder Natur des Thons, woraus sie geformt sind, in der verschiedenen Weise, sie zu streichen und zu arbeiten, theils auch in dem Verfahren beim Brennen begründet ist.

Die feinste Art der marles wird zu solchen Gegenständen verwendet, welche eine saubere Arbeit verlangen, wie die Bögen über Thore und Fenster, und werden auf einem Stück Stein von ihrer eigenen Masse eben gerieben **).

Stocks sind von geringerer Farbe, als die erstgenannten und werden im Allgemeinen zu den Umfassungsmauern genommen, da sie eine gleichmäßige Färbung und ebene Textur besitzen.

Place bricks (Ausschußsteine) sind die, welche nach dem Aussuchen der marles übrig bleiben und solche, die nicht gleichmäßig gebrannt, daher von geringerer Qualität sind.

§. 45. Manche Ziegel saugen Nässe begierig ein, während sie bei andern nur an der Oberfläche verbleibt. Die letzteren sind vorzuziehen, indem sie den atmosphärischen Einflüssen besser widerstehen, während die letzte=

---

*) Engl. window-bricks, von window Fenster, Oeffnung.
**) In Deutschland giebt man sich diese Mühe leider nicht.

ren die Nässe anhalten, vom Froste leicht angegriffen und im Laufe weniger Jahre zerstört werden.

§. 46. Beim Vermauern ist auf die Lufttemperatur und Jahreszeit zu achten.

Zur Sommerzeit und bei trocknem Wetter müssen die Ziegel durch Eintauchen in Wasser angenäßt werden. Im Winter dagegen bei Frost oder Regen sind sie möglichst trocken zu verlegen. In dem ersten Falle verbindet sich der Mörtel fester und dringt in die Poren des Steins; im zweiten Falle, wenn sie naß verlegt werden, veranlaßt der Frost sowohl das Ablrennen des Mörtels in den Fugen, wie auch das Zerspringen des Steins, wodurch die Festigkeit des Baues wesentlich leidet.

§. 47. Was die Arten von gebrannten Steinen zu ornamentalen Zwecken betrifft, so benennt man sie ihrer Gestalt nach: dreieckige, Quadrat-, runde ꝛc. Formsteine; sie werden nach Angabe des Baumeisters nach Schablonen, zuweilen auch aus freier Hand gefertigt und gleich andern Ziegeln gebrannt. —

§. 48. Wir müssen noch der feuerfesten Ziegel gedenken, die zum Auskleiden von Schmelz- und Glühöfen dienen, und als Chamottesteine bekannt sind. Sie werden in die Masse mit einem Zusatz von gemahlenen, feuerfesten Thonscherben gemengt. Beim Brennen ist es von besonderer Wichtigkeit, daß sie vor der Anwendung schon den ganzen Härtegrad besitzen, und schon die ganze Schwindung erlitten haben, dem sie bei den Oefen Widerstand leisten müssen.

§. 49. Auch die leichten oder schwimmenden Ziegel kommen viel in Anwendung. Sie werden aus lockerer Kieselerde, der etwas gewöhnlicher Thon als Bindemittel zugesetzt wird, geformt.

Dergleichen Steine wiegen nur gegen $\frac{1}{3} - \frac{1}{4}$ der gewöhnlichen Mauerziegel, sind unschmelzbar und ungemein schlechte Wärmeleiter. Wo es also auf Leichtigkeit (Gewölbsteine), Sicherung gegen Feuer (Archive ꝛc.) oder Feuerbeständigkeit ankommt, können solche Steine ein sehr schätzbares Baumaterial abgeben.

Der unter Berlin liegende Infusorienthon, der sehr geeignet zu dergleichen schwimmenden Ziegeln ist, giebt auch statt Sand einen vortrefflichen Cement zu Thon.

Von den Oelen und Oelfirnissen.

§. 50. Wir begnügen uns hier eine allgemeine Uebersicht derjenigen Oele zu geben, welche zuweilen von den Stubenmalern und zum Anstrich gebraucht werden, jedoch in so geringer Quantität, daß deren Bereitung und Reinigung zu kostbar wäre, als daß man nicht vorziehen sollte, sie vom Händler zu erlangen, wobei man noch den Vortheil hat, abgelagerte Waare zu erlangen.

Alle drei Naturreiche liefern Oele, die meisten aber das Pflanzengeschlecht. Sie werden insgemein in zwei Klassen getheilt, in fette und ätherische Oele; eine weitere Unterscheidung machen: die trocknenden (erhärtenden) und die nichttrocknenden (Schmieröle).

I. Fette Oele.

§. 51. Die aus Samenkörnern gepreßten Oele sind fast alle bei einer Temperatur von 12 bis 15° flüssig, obschon sie bei niederer Temperatur ihr wasserhelles Ansehen verlieren. Die Frierpunkte derselben sind verschieden; so ist derselbe beim Leinöl = — 20° C., bei Mohnöl = — 18°, beim Terpentinöl = — 11°, beim Rüböl = — 3°; sie erstarren dabei jedoch nicht vollkommen zu einem festen Eis.

§. 52. Alle fetten Oele haben ein geringeres specifisches Gewicht als Wasser, die meisten 0,92 bis 0,93. Lange in Berührung der Luft gebracht, verbinden sie sich mit Sauerstoff, werden anfangs ranzig, später mehrere fette Oele dick und harzig (Leinöl, Hanföl, Nußöl), man nennt dergleichen „trocknende Oele". Durch Kochen mit Blei- oder Zinkoxyden wird diese Eigen-

schaft gesteigert und die Oele zu Bereitung der Oelfarben und Firnisse sehr geeignet.

II. Aetherische (wesentliche, flüchtige) Oele.

§. 53 Die ätherischen Oele unterscheiden sich von
obigen schon durch ihren scharfen Geschmack und durch-
dringenden Geruch, außerdem durch ihre Flüchtigkeit.
Zu ihnen gehören: das Terpentinöl, Kienöl, Lavendelöl.

Am häufigsten finden wir die flüchtigen Oele in
den Blumen, außerdem aber auch in den Stengeln und
Blättern, seltner in den Wurzeln. Sie werden fast ohne
Ausnahme durch Destillation der Pflanzentheile mit
Wasser gewonnen. Aus den Blüthen erhält man u. a.
das Lavendel- oder Spieköl; aus Blättern und Zweigen das Terpentinöl, Kienöl, den Kampher.

III. Brenzliche Oele (empyreumatische).

§. 54. Bei der trockenen Destillation von Holze
gewinnt man ferner das Holztheeröl; aus den Steinkohlen das Steinkohlentheeröl. Aehnlicher Art ist auch
das Steinöl (Petreoleum), welches an vielen Orten aus
der Erde quillt, oder auf der Oberfläche von Landseen
schwimmt. —

§. 54a. Oelproben. Wenn man auf eine, auf
weißes Papier gelegte Glasplatte, oder auf einen weißen Porzellanteller, 10 bis 15 Tropfen Oel thut und
ohne Umrühren einen kleinen Tropfen Schwefelsäure
von 60° zutröpfelt, so ist: a) bei Mohnöl die Färbung
zeisiggrün und später mattgelb; b) bei Leinöl entsteht
ein schönes dunkelrothbraunes Gewebe, welches allmälig
in schwarzbraun übergeht. Rührt man aber gleich um,
so nimmt das Oliven- und Mohnöl eine gelbe Farbe
an, mehr oder weniger schmuziggrau. Leinöl gerinnt
zu einer schwarzbraunen Gallerte. —

Die meisten der ätherischen Oele sind theuer und
werden daher oft verfälscht, indem man sie mit Wein-

geist, mit fetten Oelen oder mit rektificirtem Terpentinöle versetzt. —

Nach Artus soll sich eine Mischung von 7 Thl. Photogen mit 1 Gew. Th. Kolophon zusammengeschmolzen als Surrogat für Terpentinöl zu Farben= und Lackbereitung empfehlen. Ebenso kann Solaröl dazu verwendet werden, wobei man auf 10 Gew. Th. desselben 1—1½ Gew. Th. Kolophon durch Zusammenschmelzen mischt. —

Das gereinigte Petroleum läßt sich zur Grundirfarbe auf Blechartikel verwenden.

§. 55. Die am meisten in Anwendung kommenden Nichttrocknenden Oele sind:

1) Oliven= oder Baumöl, aus Frankreich, Italien ꝛc. Dasselbe ist zuweilen mit Mohnöl oder Rüböl verfälscht;

2) Rüböl (Repsöl), aus den Samen der weißen und Kohlrübe, des Rapses;

3) Mandelöl, aus den trocknen süßen und bittern Mandeln;

Trocknende Oele. Diese absorbiren den Sauerstoff weit leichter und verlieren dabei ihre Flüssigkeit vollständig. Das am meisten in Gebrauch kommende ist:

1) das Leinöl. Es dient u. a. zu Malerfarben, zu Kitten;

2) das Nußöl, aus den Kernen der welschen Nüsse; wird ebenfalls zu Farben gebraucht;

3) das Mohnöl, aus den Samen des Mohns. Gebrauch zu Oelfarben;

4) in diese Klasse läßt sich noch der Thran rechnen; ein Fett aus der Haut der Wall= und Pottfische, der Robben.

Trockenöl und Oelfirniß.

§. 56. Es ist zwar schwierig die Bereitung dieser Oele und Firnisse selbst zu übernehmen; da man indeß im Handel nie ganz sicher ist, daß das käufliche Mate=

rial zu gehöriger Härte auftrocknet und nicht einen Zustand von Klebrigkeit behält: so wollen wir hier einige Vorschriften mittheilen.

1) **Trockenöl.** — Man trage in einen, gegen Einschlagen der hellen Flamme gesicherten eisernen Kessel 110 Pfd. abgelagertes Leinöl, so daß derselbe zu ⅔ damit angefüllt ist. Lasse es bei mäßigem Feuer sieden, welches im Verlauf einer Stunde erfolgt. Nach einer weitern ½ Stunde wird es stark rauchen, während es 2 — 3 Zoll im Kessel sich ausgedehnt hat, und anfängt sich zu verdicken. Nun pudere man 5½ Pfd. **fein zerriebene Bleiglätte durch ein Haarsieb oder einen Musselinbeutel langsam, unter stetem Rühren über die Oberfläche des Oels** und vermeide dabei sorgfältig das Anhängen der Glätte an den Boden des Kessels.

Der, während des Rührens entstehende bräunliche Schaum muß durch Rühren und langsames Eintragen sorgfältig am Ueberfließen verhindert werden. — Die Operation zu Herstellung eines Trockenöls ist somit beendet, und man läßt es 2 — 3 Tage — in die dazu bestimmten Gefäße noch warm gegossen — ruhig abklären.

2) **Oelfirniß.** — §. 57. Um ein solches Trockenöl in Firniß umzuwandeln, setzt man das Kochen noch so lange fort, bis ein auf eine Glasplatte gesetzter Tropfen sich klebrig anfühlt, welches sich nach weiterm einstündigen Kochen zeigen wird. Man beseitigt dann das Feuer und mischt, sobald das Oel nur noch warm ist, das halbe Gewicht Terpentinöl darunter. Ist der Firniß beim Sieden etwas dickflüssig geworden, so verträgt er oft ¾, ja sein ganzes Gewicht an Terpentinöl.

Das Erzeugniß muß stets noch warm in die Aufbewahrungsgefäße kommen, weil es sich nur dann gehörig klärt.

Brauchbar zu Firniß sind auch das Nußöl, das (ganz reingeschlagene) Mohnöl, das Hanföl, nie aber darf man verschiedene dieser Oele zusammenmischen.

Oel- und Harzkitte.

§. 58. 1) **Kitt für Alabaster und ähnliche Steine.** — 7 — 8 Theile Harz, 1 Theil Wachs und etwas klaren Gyps zusammengeschmolzen und innig geknetet. Die zu kittenden Stücke müssen bis nahe zur Siedehitze erhitzt werden. Auch Schwefel zwischen die Fugen gebracht und die Stücke dann bis zum Schmelzen (111°) erhitzt giebt einen haltbaren Kitt. —

2) **Heißer Kitt.** — ¼ Pfd. Wachs, ¼ Pfd. gepülvertes Harz wird, nachdem zuvor das Wachs geschmolzen ist, in einem Topfe zusammengerührt und der Masse dann 1 Unze sehr feingepülverter Kalk und 1 Unze feines Ziegelmehl, oder, wenn man den Kitt weiß verlangt, Steinmehl zugesetzt. Man läßt das Gemenge ungefähr ¼ Stunde lang über gelindem Feuer, während man ununterbrochen umrührt, wo der Kitt dann zum Gebrauche fertig ist.

Anmerkung. Dieser Kitt ist sehr brauchbar zum Bestreichen der Risse und Löcher und läßt sich irgend eine dem Marmor oder Steine gleiche Farbe geben, wenn man ihm einen passenden Farbestoff, oder das Pulver des Steins selbst beimischt. Vor Anwendung des Cements müssen die Steinstücke und der Kitt gelind erhitzt werden, auch ist unbedingt nöthig, daß der Stein recht trocken sei.

Es wird sowohl beim Furniren mit kostbarem Marmor, als auch bei Steinen von untergeordneterem Werth und bei eingelegter oder Mosaikarbeit angewendet.

Gilly giebt folgenden **Feuer- oder heißen Kitt** an: Man nimmt 24 Loth Kolophon oder weißes Pech, 3 Loth gelbes Wachs, 2 Loth Terpentin, 1 Loth gestoßenen Mastix, 1 Loth Schwefel und eine Handvoll Ziegelmehl. Diese Stoffe werden in einem Topfe über gelindem Feuer zerlassen und fleißig umgerührt. Beim Gebrauche müssen die Fugen mit einer Anwärmpfanne oder durch glühende, darauf gelegte Eisen heiß gemacht und auch die geschmolzene Masse heiß eingegossen werden. Er läßt sich daher mehr in liegenden Fugen anwenden. Man kann den Kitt in Vorrath bereiten und erkaltet in Stücken aufbewahren. Nach Dr. Wagner bereitet man einen Kitt, der dem Feuer und Wasser widersteht, und sich namentlich für Metall und irdene Waaren eignet auf folgende Weise: Von 2 Pfd. süßer Milch, welche durch Weinessig zum Gerinnen gebracht worden, nimmt man die Molken und quirlt darunter das Weiße von 4—5 Eiern, worauf man feingepulverten, gelöschten Kalk beimischt und das Ganze ordentlich durcharbeitet. — Statt des Eiweißes kann auch frisches Rindsblut verwendet werden; die gekitteten Gegenstände werden dann an der Luft in starker Wärme getrocknet.

3) Eine besonders harte und feine Masse erhält man durch Anstoßen eines Gemenges aus 10 Theilen recht feinkörnigen, staubfreien Sandes mit 1 Theil feingepülverter Bleiglätte und soviel dickem Leinölfirniß, daß eine bildsame Masse entsteht. Diese Mischung erhärtet schon einigermaßen in 48 Stunden, nach einigen Wochen aber so fest, wie Sandstein, und später schlägt sie am Stahle Funken. Die Fugen werden zuvor mit Leinöl ausgestrichen. —

4) Ein schnell erhärtender Kitt (nach Deville). — Man reibt Bleiweiß mit Leinöl zu einem steifen Brei und setzt noch gleiches Gewicht von Bleiweiß zu; stößt hierauf durch Beigabe von Wasser die Masse zu einer Konsistenz an, daß sie sich gut einstreichen läßt. —

5) Lamenaube hat sich eine Reihe ähnlicher Kompositionen patentiren lassen, die auf den glättesten Flächen, z. B. Glas, polirtem Marmor ꝛc. sicher haften sollen. Er fügt zu gewöhnlichem Leinölfirniß noch Kopalfirniß; mit diesem vermengt er Kalk und Bleiweiß, setzt etwas Terpentinöl bei, um die Masse dünner zu machen, oder rührt auch wohl mit den Firnissen etwas Leim in dicker Lösung zusammen.

Statt des thierischen Leims wendet er auch Marineleim oder Kautschuklösung an, statt des Terpen-

7*

linöls Theeröl, statt des Kalkes Bolus und Eisenhammerschlag.

Gemenge aus gleichen Theilen Bleiweiß, Braunstein und Pfeifenthon, mit Leinöl angerieben, werden ebenfalls sehr empfohlen.

6) Nach Serbat. Der nachfolgende Kitt kann nur im Großen bereitet werden:

72 Theile geriebenes schwefelsaures Bleioxyd werden mit 24 Theilen Leinöl in kräftigen Stampfapparaten mehrere Stunden lang gestoßen, dann zwischen Walzen in dünne Platten verwandelt, wieder zusammengestoßen, dann einige Wochen bedeckt liegen lassen, wieder gestoßen und diese Operation noch zweimal wiederholt, wobei jedesmal aufs Neue 15 Theile Braunstein inkorporirt werden. Dieser Kitt hält sich, in Büchsen verpackt, weich, trocknet aber an der Luft, namentlich in der Wärme, bald vollständig.

7) Wenn man Lein- oder Mohnöl mit Lauge zu Seife kocht, durch Zusatz von Alaunlösung zu der Seifenlösung die fette Säure in Verbindung mit Alaunerde fällt, und diesen erhaltenen, mit Wasser abgewaschenen und ausgepreßten Niederschlag durch Erwärmen in wenig Leinöl auflöst, so erhält man einen sehr leicht zu verstreichenden, vollkommen wasserdichten Kitt.

Harzkitte.

§. 59. 1) 8 Theile Pech oder 6 Th. Kolophon mit 1 Th. Wachs zusammengeschmolzen und mit $\frac{1}{4}$ bis $\frac{1}{2}$ Th. Gypspulver oder 1 Th. Ziegelmehl versetzt, liefern einen gewöhnlichen Steinkitt.

2) 5 Th. Schwefel, 8 Th. Galipot (weißes Harz), 1 Th. Wachs liefern einen billigen harten, kurzen Stößen in der Kälte aber nicht widerstehenden Kitt, der durch Zusatz von $\frac{1}{10}$ Th. Leinöl schon viel zäher wird.

3) 3 Theile Schwefel, 2 Th. weißes Harz, $\frac{1}{2}$ Th. Schellack, 1 Th. Mastix, 1 Th. Elemi, 3 Th. Ziegel-

mehl sollen einen sehr festen Kitt geben, mit dem sich auch Porzellan kitten läßt.

4) Ein Gemenge von Steinkohlen- und Holztheer, mit zerfallenem Kalk gekocht, bis die hinreichende Konsistenz erlangt ist, und mit ⅛ ihres Gewichts Schwefel und $\tfrac{1}{12}$ bis $\tfrac{1}{15}$ Leinölfirniß gemengt, liefert sehr fette und zähe Kitte für Terrassen ꝛc.

5) Jeffery's Marineleim besteht in einer Auflösung von Kautschuk in ungefähr seinem 12fachen Gewichte Steinkohlentheeröls, das mit doppelt soviel Asphalt oder Gummilack, oder beiden zugleich, versetzt wird.

Flüssiger bereitet man ihn durch Vermehrung des Auflösungsmittels.

6) Eisenkitt. Eisen auf Eisen zu kitten, bedient man sich des nachstehenden Gemisches:

60 Theile gestoßene Drehspäne von Gußeisen menge man mit 2 Th. Salmiak und 1 Th. Schwefel, setze dann soviel Wasser zu, daß ein fester Brei entsteht, den man rasch und kräftig in die zu verkittenden Fugen eindrückt. Die Masse erwärmt sich unter Entwickelung von Schwefelwasserstoff von selbst und erhärtet bald.

7) Dergleichen, der Glühhitze widerstehend:

Zu 4 Theilen Eisenfeilspänen, 2 Th. gepülverten Thon und 1 Th. gepulv., gebranntem, feuerfestem Thon (Chamotte) gießt man etwas mit Salz geschwängertes Wasser. Zuviel Salz würde den Kitt leicht schmelzbar machen und bei starker Hitze in Fluß bringen. Dergleichen sogenannte Rostkitte bestehen stets aus reiner Eisenfeile oder Thon mit Eisenfeile gemengt, die man mit Essig oder mit verdünnter Schwefelsäure oder auch mit in Essig gelöstem Eisenvitriol anmacht und mit einem stumpfen Meißel in die Fugen treibt. — Sie lassen sich bei eisernen Oefen anwenden und halten fester in den Fugen als andere Verstriche und Kitte.

8) Kitt für Serpentin. Man schmilzt 7 Th. burgund. Harz mit 9 Th. Schwefelblumen zusammen. Nachdem die Serpentin-Bruchstücke so heiß gemacht sind, daß der Kitt auf den Bruchflächen vollständig in Fluß

bleibt, gießt man denselben auf, drückt die Stücke fest an einander und umbindet sie bis zum Erkalten mit einer starken Schnur.

9) Quark=(Zieger=)kitt. Gleiche Theile Quark und Eiweiß werden auf einem Farbereibestein mit dem Läufer gut zusammengerieben. Hierauf wird Kalkstaub zugesetzt und mit raschem Reiben zu einer breiigen Masse vereinigt. — Dieser Kitt ist ausgezeichnet, um Bruchstücke von Alabaster, Marmor, Serpentin ꝛc. zu verbinden; ist aber auch auf Glas und Porzellan anwendbar. Man hat bei dessen Anwendung zu eilen, denn die Erhärtung folgt schon binnen 8 — 10 Minuten; auch muß er jedesmal frisch bereitet werden; einmal getrocknet ist er unbrauchbar. Seine Bindekraft ist eine außerordentliche.

Beim Trocknen geht er auf ein Drittheil seines Volumens zurück und ist deshalb zu Ausfüllung von Höhlungen nur lagenweis anzuwenden. —

Kitt, wenn das Mauerwerk beständig unter Wasser bleibt. — 1) 5 Pfd. Kalk, 2½ Pfd. Ziegelmehl, ½ Pfd. Hammerschlag, ¼ Pfd. gepulv. Glas und 2 Pfd. Leinöl.

2) Dergleichen, wenn das Mauerwerk bald naß bald trocken steht: Der Kalk und das Ziegelmehl müssen ganz trocken sein. Vom (gekochten) Oel nimmt man anfangs nur soviel, daß beim Schlagen kein Staub entsteht. Der Arbeiter schlägt täglich 10 Pfund.

Die geschlagene Masse wird gesiebt, mit 1½ Pfd. Oel zu einem steifen Teig gestoßen und das übrige Oel dann hinzugethan. Das Stoßen der Masse muß auf einer Platte mit einem 20 Pfd. schweren Eisen einen Tag lang so fortgesetzt werden, daß der breitgeschlagene Kuchen von allen Seiten her wieder zusammengelegt und aufs Neue geschlagen wird.

Beim Verbrauch müssen die Fugen ganz trocken sein und vor dem Einstreichen einigemal mit Leinöl getränkt werden, worauf der Kitt mit Spateln tief eingepreßt wird.

3) Eine besonders harte und feine Masse erhält man durch Anstoßen eines Gemenges aus 10 Th. recht feinkörnigen, staubfreien (gewaschnen) Sandes mit 1 Th. feingepulverter Bleiglätte und soviel dickem Leinölfirniß, daß eine biegsame Masse entsteht. Diese Mischung erhärtet schon einigermaßen in 48 Stunden, nach einigen Wochen aber so fest wie Sandstein und schlägt später am Stahle Funken. Die Fugen werden zuvor mit Leinöl ausgestrichen.

4) Nach Stephenson werden 2 Theile Bleiglätte, 1 Th. zerfallener Kalk und 1 Th. feinster Sand gemischt und in hermetisch verschlossenen Büchsen aufbewahrt. Unmittelbar vor dem Gebrauche stößt man das Gemenge mit heißem Leinölfirniß zu einer bildsamen Masse an.

Werkzeuge des Maurers und Tünchers.

§. 60. Zu den Maurergeräthen, welche bei einem jeden einigermaßen größern Bau vorkommen, gehören:

1) Die Löschbank. Sie ist gewöhnlich 4 Fuß lang, 2¼—3 Fuß breit und 14 Zoll hoch, sie ist in kastenförmig von 1¼—1½ Zoll starken Bretern konstruirt. Die kürzeren Seitenwände sind in die längeren verzapft und verkeilt, unter dem Boden mit aufgenagelten Leisten versehen. An den 4 Ecken laufen die obern Kanten in vier Handgriffen aus, und in der Mitte einer Seitenwand befindet sich eine Oeffnung mit Schieber (Ausgußbret). Sie faßt zum Löschen 4 Berl. Scheffel gebrannten Kalk und 108 Quart dazu nöthiges Wasser oder gegen 12 Kubikfuß gelöschten Kalk.

2) Der Kalkkasten, zur Aufnahme des Mörtels auf der Arbeitsstelle, ist 20—24 Zoll lang, 18 Zoll breit und 14—16 Zoll hoch. Auf zwei Arbeiter rechnet man einen Kalkkasten.

3) Das Wasserfaß zur Füllung mit Wasser, auf dem Gerüste, 14 Zoll hoch, 10 Zoll weit.

4) Die **Mulde** zum Aufbringen des Mörtels auf die Rüstung, 2 Fuß lang, 14 Zoll breit, 6 Zoll tief.

5) Die **Kalkhacke**, zum Rühren des Kalks beim Einlöschen. Der Stiel ist 4 — 5 Fuß lang, die Hacke 10 Zoll lang, 3 Zoll breit.

6) **Brechstangen**, zum Fortbringen, Wuchten, großer Steine. Sie sind von Eisen, 3 — 5 Fuß lang, 1 — 1½ Zoll stark, an einem Ende spitz, an dem andern mit einer Klaue. Der Enden sollen verstählt sein.

7) Die **Picke** dient zum Abbrechen alter Fundamente u. s. w. Die Stiel ist 3 Fuß lang, das verstählte Eisen von der Spitze bis zur Oese 12 — 15 Zoll lang.

8) Die **Fleche** (Pickhacke), zu gleichem Gebrauch und zum Behauen großer Steine, ist auf der einen Seite spitz, auf der andern flach. Der Stiel ist 20 Zoll lang, das verstählte Eisen auf der Spitzseite 9 Zoll, auf der Breitseite 8 Zoll lang.

9) Der **Schäihammer**, zum Behauen ꝛc. der Steine. Er hat auf der einen Seite die Gestalt eines Hammers, auf der andern eine scharfe Fläche. Das verstählte Eisen ist 1 Fuß lang, der Stiel 16 Zoll.

10) Der **Mauerhammer**. Der Stiel ist 8 Zoll lang, der eiserne Hammer mit der verstählten Bahn, Schärfe und Oese auch 8 Zoll lang. Er ist nebst

11) der **Kelle** das unentbehrlichste Werkzeug des Maurers; wir wollen daher die Kennzeichen angeben, woran der Käufer sehen kann, ob sie von guter oder geringer Qualität ist. Faßt man die Kelle am Griff und drückt deren Spitze auf die Fläche einer harten Substanz, so muß sie einen ziemlichen Widerstand leisten und zugleich ein schrillendes Geräusch hören lassen; findet dieses statt, so kann man auf gute Härtung schließen. Läßt man mit dem Drucke nach, so muß die Spitze rasch zurückfedern und ihre erste Gestalt wieder annehmen; man ist dann sicher, daß sie aus gutem Stahle besteht und richtige Federhärte hat; bleibt sie aber gebogen, so ist sie zu weich. Schlägt man ferner mit ihr

auf einen harten Körper und vernimmt dabei entweder einen dumpfen oder einen scharfen, abgebrochenen Klang, dann ist sie im ersteren Falle zu weich, im anderen dagegen zu hart und wird beim Gebrauche leicht springen. Der ihr zukommende Schall muß ein anhaltender heller Ton sein, der noch einige Zeit nach dem Anschlagen nachtönt. Uebrigens vermag auch hierbei, wie in allen Dingen, die Erfahrung am besten zu belehren; die Theorie steht ihr blos hülfreich zur Seite und verlangt Uebereinstimmung mit der praktischen Erfahrung.

12) Das **Setzeisen** zum Versetzen der Werksteine, 18 Zoll lang, $1\frac{1}{4}$ — 2 Zoll stark, von verstähltem Eisen, unten spitz.

13) Die **Setzwaage** (Bleiwaage). Die Basis derselben muß 16, 18—20 Zoll lang und die Länge des Lothes möglichst groß sein.

14) Die **Dünnscheibe** wird beim Putzen gebraucht, um den Mörtel darauf zur Hand zu haben. Sie besteht aus einem dünnen Bretchen, 1 Fuß ins Quadrat und hat unterhalb in der Mitte einen 6—8 Zoll langen, runden Griff.

15) Das **Winkelholz** zum Untersuchen der Ecken und Winkel in Bezug auf den rechten Winkel. Die Arme sind gewöhnlich 2—3 Fuß lang und durch eine Latte in der Richtung der Hypotenuse festgehalten.

16) Das **Reibebret**, gewöhnlich 1 Fuß lang, 2 bis 4 Zoll breit, mit einer Handhabe von hartem Holze; dient zum Glattreiben des Putzes.

17) Das **Richtscheit**. Man braucht es, um die Setzwaage beim Abwägen der Fluchtlinien darauf zu stellen. Es ist gewöhnlich 5—6 Fuß lang, 3 Zoll hoch, $\frac{1}{2}$ Zoll stark.

18) Die **Kartätsche**, deren Gebrauch beim Putzen der Wände ist, eine große Fläche durch 2 Arbeiter auf einmal abziehen zu lassen. Sie ist gegen 4 Fuß lang, 3 Zoll breit und $\frac{1}{2}$ Zoll dick und mit einem langen Griffe von hartem Holze versehen.

19) Der große Weißpinsel, zum Abfärben, Schlemmen und Weißen großer Flächen bestimmt. Die Länge des Stocks ist 6 — 7 Fuß und der Borstenpinsel 3 Zoll lang.

20) Der Spreng- oder kleine Weißpinsel, dient zum Benässen der Steine und des Mörtels, dessen Länge ist 1¼ Fuß.

21) Die Schnurrolle wird zum Lothen und Abstecken kleiner Fluchtlinien gebraucht.

22) Das Loth (Senkloth, Bleiloth) gehört zur Schnurrolle und ist ein Bleigewicht 5 — 6 Zoll lang, ⅛ Zoll dick.

23) Die Fluchtschnur. Sie wird zum Abstecken großer Linien gebraucht und ist gewöhnlich 8—10 Klaftern (48 — 60 Fuß) lang, ⅛ — ¼ Zoll stark.

Von diesen Handwerkszeugen hält der Geselle: den Mauerhammer, die Kelle, die Setzwaage, die Dünnscheibe, das Rüstscheit, die Kartätsche, den Sprengpinsel, die Schnurrolle und das Loth, die übrigen der Meister.

Von den verschiedenen Methoden des Verbandes bei Ziegelmauerung.

§. 61. Die Festigkeit der Mauern und Wände von gebrannten Steinen hängt, nächst dem guten Mörtel, offenbar sowohl von der Art, wie die einzelnen Schichten geordnet werden, als auch von der inneren Beschaffenheit des Steinmaterials ab, welches zu der Konstruktion verwendet wird. Ist Letzteres aber auch von vorzüglicher Eigenschaft, und es wird nicht so verlegt oder geordnet, daß es sich gegenseitig befestiget oder untereinander bindet, so wird die Mauer nie den gehörigen Grad von Stabilität und Festigkeit erlangen.

Vor Allem dürfen die senkrechten (Stoß-) Fugen der einzelnen Lagen unter keiner Bedingung übereinander zu stehen kommen, wenn man die Mauer nicht der Gefahr aussetzen will, in aufrechter Richtung zu brechen; dies gilt sowohl für die äußern als innern Mauerflächen; binden sie sich nicht untereinander, so wird die Mauer ein Bestreben haben, sich zu senken und endlich in Stücken fallen durch ihr eigenes Gewicht, indem sie sich in der Mitte, senkrecht auf ihre Länge, trennt.

Wir wollen daher hier zuerst in gedrängter Kürze die Methode beschreiben, Mauern von verschiedener Dicke aufzuführen, so daß sie einen gleichförmigen Verband erhalten, durch die Anordnung, welche man den Steinen giebt. Dazu dient zuerst die Bemerkung, daß man diejenigen Steine, welche mit ihrer Länge nach der Längenrichtung der Mauer liegen, Läufer und die Schicht, wo sämmtliche Steine diese Lage haben, eine Laufschicht, Fig. 1, nennt; die Steine, deren Länge senkrecht auf der Längenflucht der Mauer liegt, Binder oder Strecker, und die aus solchen bestehende Schicht eine Streckschicht, Fig. 2. Eine Schicht, wo die Breitseiten der Steine aneinander liegen, die Steine aber auf der schmalen Seite stehen, heißt eine Rollschicht Fig. 3. Die Art und Weise, wie die Steine der Schichten unter sich und gegen die darunterliegenden Schichten geordnet sind, heißt der Mauerverband.

Im Allgemeinen sind folgende Hauptregeln maßgebend:

1) daß die Steine in horizontalen Lagen untereinander und jeder Stein wiederum dergestalt gelegt sein muß, daß die senkrechten (Stoß-) Fugen zweier übereinander liegenden Steine niemals aufeinander treffen;

2) daß die Stoßfugen in jeder Schicht nach der ganzen Dicke der Mauer gerade durchgehen müssen, ohne daß jedoch die Stoßfugen einer Schicht auf die Fugen der untern oder der obern treffen.

Dadurch wird stets, wenn man sich eine Mauer abgebrochen denkt, eine gerade durchgehende Verzahnung, Fig. 11 aa, oder eine Abtreppung, Fig. 11 bb, entstehen:

§. 62. Die üblichsten Verbände einer Mauer sind.

1) **Der Blockverband** (englische Verband). In diesem wechselt immer eine Lauf- und eine Streckschicht der Höhe nach;

2) der **Kreuzverband** (flämische Verband). Bei ihm kommt zu den gedachten zwei Wechselungen noch eine dritte, so daß nämlich die dritte Schicht mit ihren Stoßfugen noch nicht senkrecht über denen der ersten Schicht steht. Dieser senkrechte Stand findet sich nur in der 1., 5., 9., 13. 2c., dann in der 2., 4., 6., 8. 2c. und wieder in der 3., 7., 11., 15. Schicht.

3) Der **polnische, gothische oder Schornsteinverband** besteht darin, daß stets ein Läufer einen Strecker neben sich hat; er wird vorzüglich bei alten Mauern angetroffen, oder man braucht ihn als äußere Verkleidung der Füllmauern, so wie bei Aufführung von Schornsteinröhren.

Fig. 12 zeigt den Blockverband in einer Mauer von einer Steinstärke, wobei A die Streckschicht und B die darüberliegende Laufschicht darstellt; zugleich zeigt die Figur den Eckverband.

Den Verband einer 1½ Stein dicken Mauer sieht man in Fig. 13, wo jedoch in der Schicht A, in der Fronte a c und in der Schicht B, Front a h lauter Dreiquartierstücke genommen werden müssen. Daher ist der Verband, Fig. 14, vorzüglicher und der beste, indem dabei nur in den Ecken Dreiviertelsteine gebraucht werden. Figur 15 zeigt einen guten und soliden Blockverband einer Mauer von zwei Steinen stark; der gewöhnliche ist in Fig. 16 dargestellt.

Der beste Mauerverband von 2½ Stein Stärke findet sich Fig. 17, und der gewöhnliche Fig. 18 gezeichnet.

Der **Kreuzverband** ist an der äußeren Mauerfläche daran kenntlich, daß er lauter Kreuze bildet, oder daß stets die fünfte Läuferfuge über der ersten lothrecht steht.

Die Abwechselung der Laufschichten (a) und der Streckschichten (b) und die Stellung der Stoßfugen zeigt Figur 19.

Der Kreuzverband ist dem Blockverbande, hinsichtlich der Festigkeit, vorzuziehen, wiewohl er diesem in dem regelmäßigen äußeren Ansehen nachsteht, und ist in jeder Mauerstärke anzubringen.

Fig. 20 stellt den Kreuzverband in einer 1 Stein starken Mauer dar;

Fig. 21 in einer 1½ Stein starken,

Fig. 23 in einer 2 Stein starken Mauer. Die kleinen Buchstaben a, b, c in dem Aufrisse D beziehen sich auf die horizontalen Schichten A, B und C.

Der polnische Verband, Fig. 22, dient zur Bekleidung von Füllmauern. Man nennt ihn auch gothischer Verband

Zweite Abtheilung.
Das Geschäft des Tünchers.

§. 63. Unter diese Kategorie rechnen wir das Betragen, Verzieren und Glattmachen der äußeren, wie der inneren Mauerflächen und Decken mit Mörtel- oder Cementmasse; und sonach lassen sich alle ornamentalen und dekorativen Arbeiten dazu zählen, die in der Bildung und Nachahmung von Bildhauer- oder Schnitzwerk bestehen. Dies ist aber ein Theil der Verrichtungen des Tünchers, welcher die größte Sorgfalt verlangt, sowohl in Hinsicht der Ausführung, als in Bezug auf die Qualität des anzuwendenden Materials. In den neueren Zeiten hat diese Kunst den höchsten Gipfel der Vollkommenheit erreicht, und der Stuff ist nicht allein in der Aehnlichkeit des Steins, sondern auch in der Schönheit und Dauer vorgeschritten.

Die Werkzeuge des Tünchers sind denen ähnlich, welche der Maurer braucht, doch ist ihnen eine größere Mannichfaltigkeit der Größe und Form nach nöthig, nach Verhältniß der Arbeiten, die er unter die Hand bekommt.

Beziehlich auf das anzuwendende Material so kann man es unter die allgemeinen Begriffe „Mörtel" und „Cement" zusammenfassen und, gemäß der Vollkommenheit in dessen Zubereitung und der Sorgfalt in dessen Verwendung, wird eine Arbeit schön oder mißfällig gerathen. Da bei den in der ersten Abtheilung vorkommenden Mörteln verschiedene aufgeführt sind, die auch der Tüncher braucht, wiewohl hier und da Modifikationen eintreten, so wird man sich nicht wundern, manche Namen hier wiederzufinden.

Die erste Vorsicht, die ein Tüncher zu nehmen hat, damit er sich in seinem Fache auszeichne, ist, daß alle seine Werkzeuge in der größten Ordnung sind; er muß sorgfältig darauf halten, daß seine Kellen, Ausstech- und Spitzeisen nach jedesmaligem Gebrauche rein abgewischt werden, damit sich kein Rost ansetzen und die Fläche beschmutzen kann, oder, daß deren Rauheit nachtheilig auf die Arbeit einwirken könnte; daß die Richtscheite und Formbreter in gutem Stande seien und daß das Material von der besten Qualität sei. Er soll auch, da er selbstständig der Meister seines Geschäftszweigs ist, sich vertraut mit der Zeichenkunst zum wenigsten in solchem Umfange machen, als es die Ornamente, wie Blätterwerk, Figuren ꝛc. betrifft; ebensowohl muß er sich im Modelliren in Thon üben, welches jedem jungen Handwerker angelegentlich zu empfehlen ist. Die Zeit, welche er auf Formerei in Thon oder ähnlicher Masse verwendet, wird reichlich vergütet durch die Leichtigkeit, welche die Hand dadurch erhält, wenn er aus freier Hand Wendungen und Einschnitte auszuführen soll, wo Schablonen ihm keinen Beistand leisten können.

Ungeachtet nur die Praxis und die Beobachtung einen tüchtigen Gewerbsmann bilden kann, so ist es doch von ungemeinem Vortheil bei Arbeiten dieser Gattung, wenn derselbe mit den verschiedenen Modalitäten bekannt gemacht wird, nach welchen dergleichen Arbeiten ausgeführt werden. Wir geben daher im Folgenden eine Anzahl der bewährtesten Vorschriften, wonach die zu den verschiedenen Arbeiten allgemein gebräuchlicheren Kompositionen zu bewerkstelligen sind.

Von dem Putz der Wände und Mauern.

§. 64. Gemeiner Putz.

Diesen bereitet man in gleicher Weise, wie den gewöhnlichen Mörtel, setzt ihm aber Kälberhaare zu, wie man sie von dem Lohgerber erhält. Gewöhnlich trägt man auf diesen noch eine Lage von Kalk mit Kälberhaaren. Bei dem Mischen des Mörtels ist große Sorgfalt zu nehmen, daß sich die Haare innig mit dem Mörtel vermengen und gleichartig vertheilen; man bedient sich dazu einer Haue oder eines Rechens von wenigstens 3 Zinken. Zuerst wird der Mörtel aus Kalk und Sand bereitet, dann setzt man die Haare nach und nach unter Rühren zu, bis die Mischung vollkommen frei von Klumpen ist und, wenn man ein wenig mit der Kelle aushebt, die Haare durch die ganze Masse gleich vertheilt sind, dergestalt, daß, wenn man den Finger naß macht und in den Mörtel taucht, noch mindestens in $\frac{1}{12}$ des Zolles Haare sichtbar sind.

§. 65. Feiner Putz.

Dazu löscht man den Kalk mit wenig Wasser und thut sodann eine größere Menge hinzu, so daß die Masse die Konsistenz des Rahms erhält. Man läßt dann einige Zeit lang setzen, gießt das überstehende Wasser ab und läßt es noch weiter stehen, bis die Verdunstung die Masse zum Verbrauch geschickt gemacht hat; zuweilen wird noch eine kleine Portion Rehhaare zugesetzt.

§. 66. Stuff für innere Wände.

Man setzt diesem aus dem oben beschriebenen feinen Putz und einem Theil gewaschenen Sand, in dem Verhältniß von 3 Theilen Puz und 1 Theil Sand, zusammen. Dieser Puz ist gebräuchlich, wenn die Wände gemalt werden sollen.

Anmerkung. Bei dem Gebrauch ist sehr darauf zu sehen, daß die Wandfläche vollkommen eben und mit dem Richtscheit und Reibebret gut abgerichtet werde.

Um dieses zu bewirken, putzt man zuerst 6 Zoll breite Streifen in 3 Fuß Entfernung von oben herunter. Hierauf werden die Zwischenfelder beworfen und mit Reibebretern, die über zwei Streifen greifen, abgerieben und geebnet. Dann wird mit dem kleinen Reibebrete Alles vollends glatt gerieben, indem man mit diesem in kreisrunder Bewegung arbeitet. Man darf aber damit nicht eher anfangen, bis der Abputz so weit getrocknet ist, daß er anfängt, kleine Risse zu bekommen, die dann unter Anspritzen von Wasser wieder verrieben werden.

Von der guten Ausführung hängt in vollem Maße die Dauer des Putzes ab. Ist der Abputz nachlässig geschehen, so entstehen bald Risse und Abblätterungen und somit das Verderben der Malerei ꝛc.

§. 67. Putz der Schablonenarbeiten.

Dieser Mörtel wird vorzüglich bei der Ausbildung von Gesimsen angewendet, welche geformt oder mit hölzernen Schablonen gezogen werden. Er wird aus ungefähr 1 Theil Gyps und 4 Theilen feinen Putzmörtels, den man nach und nach beimischt, bereitet, und wenn erforderlich ist, daß die Arbeit schnell erhärtet, vermehrt man die Zuthat des Gypses.

§. 68. Bailey's Komposition.

Der Mörtel oder Stuk, der unter diesem Namen bekannt ist, besteht aus 3 Theilen Kalk und 1 Theil feinem, gewaschenem Flußsand. Die Bestandtheile werden im trocknen Zustande gemengt, dann in ein Faß gespundet, worin sie gegen Einwirkung der Luft verwahrt sind. Er wird erst bei der Anwendung mit Wasser angemacht, so daß er eine Konsistenz annimmt wie dickliche Weißtünche, und mit einem steifen Pinsel aufgetragen. Er besitzt eine hinlängliche Dicke, sowohl als erster Grund auf der Mauer, wie auch als Mörtel. Wenn der Auftrag geschehen ist, wird er mit dem Reibebret oder der Kelle unter Anspritzen von Wasser glatt gerieben, bis die Fläche gleich und eben ist.

§. 69. Higgin's Patent-Stuck.

Von dem besten Steinkalk nimmt man 15 Pfund, fein gepülverte Knochenkohle 14 Pfd. und gegen 95 Pfd. reingewaschenen Sand, der vollkommen getrocknet und je nach der Natur des Gegenstandes gröber oder feiner ist. Diese Substanzen müssen gut gemengt und gegen Einwirkung der Luft geschützt werden. Bei dem Gebrauche wird die Mischung mit Kalkwasser zu gehöriger Konsistenz angemacht und so schnell, wie möglich, verwendet.

§. 70. Parker's Cement.

Dieser Cement ist ohne Zweifel der beste unter allen zu Stuckarbeiten, da er dem Aufreißen oder Abspringen nicht unterworfen ist. Er wird von Kalksteinen gebrannt, die viel Kieselthon enthalten, darf jedoch nicht einer so großen Hitze ausgesetzt werden, daß ein Anfang der Sinterung oder des Schmelzens eintritt, wozu er mehr als anderer Kalk geneigt ist. Dieser Kalk, sofort nach dem Schmelzen gemahlen und in luftdichte Fässer verspundet, giebt den Cement. Er wird namentlich in England häufig zum Berapp der Außenseiten ꝛc. benutzt. Man muß ihm beim Anmachen sogleich die nöthige Konsistenz geben und schnell verarbeiten; sonst bindet er ungleich, erhält nicht gleichmäßige Festigkeit und reißt auf. Er ist hydraulischer Natur.

Der Sandzuschlag muß fein, scharf und rein von erdigen Theilen sein. Zu Grundirungen und Gesimsen mischt man 2 Th. Sand auf 3 Th. Cement; zum Speisen der Steinmauern 3,4, auch 5 Th. Sand auf 3 Th. Cement; zum Berapp der Mauern, welche dem Frost ausgesetzt sind, 3 Th. Sand auf 2 Th. Cement, und für solche, welche starke Hitze zu erleiden haben, 5 Th. Sand auf 2 Th. Cement. Dieser Cement ist dem Romancement nahe verwandt. (Siehe §. 35.)

§. 71. Hamelin's Mörtel.

Dieser Cementmörtel (Kitt) besteht aus einer Mischung von Erden und anderen Stoffen, die ganz oder zum Theil in Wasser unlöslich sind, theils im fossilen Zustande, theils im verarbeiteten, z. B. Scherben von Töpferwaare, Steingut, Porzellan ꝛc. Diese Substanzen werden fein gepülvert, mit gemahlenem Bleioxyd, z. B. Bleiglätte, Bleiasche, Mennige und mit feingestoßenem und gesiebtem Kiesel oder Glas gemengt.

Die Ingredienzen mischt man mit Lein- oder anderem trocknenden Oel und erhält so den Mörtel, welcher an der Luft stark erhärtet und einen undurchdringlichen Ueberzug giebt.

Man nimmt vom scharfen Sand oder gemahlenen Scherben 1 Gewichtstheil auf 2 Theile gepülverten dichten Kalkstein, setzt 560 Pfd. von dem Gemenge, 40 Pfd. Bleiglätte und 2 Pfd. gepülverte Kiesel oder Glas, nebst 1 Pfd. Mennige und 2 Pfd. Bleiasche zu, schlägt das Ganze durch ein Drahtsieb, dessen Maschen nach Verhältniß der Arbeit weit sind (je glätter der Putz sein soll, desto feiner), und verwahrt es in Fässern, die nicht gerade luftdicht zu sein brauchen.

Zum Anmachen in einem Kalkbeet oder Troge nimmt man auf 605 Pfd. der Mischung 20 Quart Lein-, Nuß- oder Mohnöl, rührt damit den Cement an und knetet durch Schlagen oder Treten, bis es den Anschein von angefeuchtetem Sande hat. Die Verwendung muß noch an demselben Tage geschehen.

Die zu betragende Fläche wird mit Oel befeuchtet, worauf man den Mörtel 1 Zoll dick, oder nach Umständen noch dicker, aufträgt. Hat man Gesimse zu ziehen, so läßt man ihn erst einen Anfang von Härte annehmen. Hat man ihn auf wenig poröse Steine, Holz, Metalle ꝛc. aufzutragen, so bedarf es weniger Leinöl zum Anmachen.

§. 72. Wych's Stukk.

Man nehme 2½ bis 3¼ preuß. Scheffel feingemahlenen Gyps, mische ihn in einem Troge mit 10 Metzen reiner, gut ausgebrannter Steinkohlenasche und bereite die Mischung mit Wasser zu Mörtel.

§. 73. Williams's Stukk.

Man nimmt 84 Pfd. scharfen, rauhen, mittelkörnigen Sand, der gut ausgewaschen und getrocknet ist, 2 Pfd. gut gebrannten zerfallenen Kalk und 4 Pfd. Quark, welches man, gut gemengt, mit 10 Pfd. Wasser anmacht.

Ist der Sand nicht vollkommen dürre, so reicht weniger Wasser aus; ist der Kalk frisch gebrannt und der Sand gehörig trocken, so braucht man mehr Wasser. Den besten Maßstab giebt die Konsistenz des bereiteten Mörtels, die sich nach dem Gebrauch als Stukk zu dem oder jenem Zwecke richten muß.

§. 74. Ein vortrefflicher Anstrich, der gut auf Holzwerk haftet.

Man nehme 1 Bushel (10 bis 10½ Berl. Metzen) vom besten Steinkalk, 1 Pfund gelben Eisenocker und ¼ Pfd. braunen Umbra, Alles fein gepülvert; mische es mit einer hinlänglichen Quantität heißem Wasser, welches jedoch nicht Siedewärme haben darf, zu geeigneter Konsistenz und trage mit einem neuen Weißpinsel auf. Wenn die Wand glatt ist, so reichen 1 bis 2 Anstriche aus, jedoch muß der vorhergehende stets ganz trocken sein, bevor man einen zweiten aufstreicht. Der Monat März ist die beste Zeit zu dergleichen Arbeit.

§. 75. **Ein sehr brauchbarer Cement oder Stuck, welcher der Feuchtigkeit widersteht.**

56 Pfd. reiner, grober Sand wird mit 42 Pfund feinem Sande gut gemengt und vollständig mit Kalkwasser angefeuchtet. Zu dieser Masse mischt man unter starkem Durcharbeiten 14 Pfd. klaren, frischgebrannten Kalk, und setzt nach und nach 14 Pfd. Knochenasche (Knochenerde, Residuum der durch Ausglühen seiner animalischen Theile beraubten Knochen) hinzu. Je rascher und inniger diese Stoffe vermischt und je schneller der Cement angewendet wird, desto haltbarer und härter wird der Bewurf. Zu gewissen Arbeiten läßt man den groben Sand weg, muß aber dann eine verhältnißmäßig größere Menge Kalk zusetzen.

Sobald der Stuck trocken, kann er nach folgendem Verfahren auf wohlfeile Weise mit Wasserfarben gefärbt werden: Man nimmt 1 Quart abgerahmte Milch, ½ Pfd. lebendigen Kalk oder feinen Staubkalk, ¼ Pfund Leinöl und 1 Pfd. Spanischweiß, fein abgeriebenen Ocker von irgend einer beliebigen Nüance und bereitet die Mischung, wie folgt: Man tauche Kalk in Wasser, ziehe ihn heraus, sobald er angezogen hat und überlasse ihn der Einwirkung der Luft, wodurch er bald zu einem feinen Pulver zerfallen wird.

Diesen Staubkalk schütte man in einen reinen, gutgebrannten irdenen Topf, rühre ihn mit ein wenig Milch an, bis er eine flüssige Gestalt annimmt; dann thue man ein wenig Oel hinzu, während die Masse mit einem hölzernen Span oder Spatel sorgfältig umgearbeitet wird, und setze abwechselnd das übrige Oel und die

Milch zu. Der Beschluß wird mit Zuthun des Farbe=
stoffs gemacht, den man mit einer Portion Milch an=
gerührt hat.

Verlangt man, daß die Mischung weiß bleibe, dann
muß Nußöl zugesetzt werden; soll sie aber eine rothe,
blaue, braune oder gelbe Färbung erhalten, so kann
man sich des gewöhnlichen Leinöls bedienen, da dessen
Farbe bei der Mischung mit dem Kalk, der Milch und
der Farbe alsbald verschwindet.

Bei dem Zusetzen des Farbestoffs hat man sich vor=
zusehen, daß man beim Ausgießen die Farbe nicht erst
setzen und das Flüssige obenauf treten läßt, sondern das
Ganze mit möglichster Schnelligkeit zusammenmischt;
außerdem ist es schwer, die Mischung gleichmäßig in der
Farbe zu machen. Zehn Minuten sind hinreichend, so=
viel zu mischen, als man zum Anstrich aller innern
Wandflächen eines mäßig großen Wohnhauses bedarf;
indessen reicht die oben angegebene Quantität nur für
eine Fläche von ungefähr 24 Quadrat=Yards (gegen
210 QF. rheinl.).

Ist die Tünche vorläufig gut ausgefallen und nicht
ungleich in der Farbe, so genügt bei Vorhallen, Trep=
pengehäusen und Decken ein einmaliger Auftrag; bedient
man sich aber derselben zu Wandbekleidungen, die ge=
malt werden sollen, so sind zwei Ueberzüge nöthig, die
fast aufeinanderfolgen können, da in der Zeit von einer
Stunde Alles vollkommen hart und trocken ist.

Stuff (ital. Stucco; scaglinola, künstlicher Marmor).

§. 76. Der Stuff (Stucco) oder Stuck findet
seine meiste Anwendung in größeren Hotels, Prachtge=
bäuden, Palästen, Kirchen ꝛc.. Er ist die Grundlage
eines künstlichen Marmors für innere Räume, welcher
dem fossilen Marmor nicht allein dem Ansehen nach,

sondern auch beim Anfühlen so sehr gleicht, daß eine Täuschung möglich wird.

Man unterscheidet Kalkstuck und Gypsstuck.

Kalkstuck.

Man berappt die Wand- ꝛc. fläche mit gewöhnlichem, groben Kalkmörtel.

Bevor dieser Berapp ganz ausgetrocknet ist, etwa in 2 bis 4 Tagen, trägt man einen zweiten Ueberzug aus Kalk und fein gesiebtem Sande auf, wobei genau zu beachten, daß keine Klümpchen oder nicht durchgebrannte Kalkbrocken sich einmengen.

Weiter formt man aus diesem Mörtel eine Art Eindämmung, füllt diese mit Wasser, welches mit gemahlenem Gyps, den man mit der Hand hineinstreut, gesättigt und dann mit dem Mörtel tüchtig zusammengemengt wird. — Dieses Gemenge bindet schnell und kann deshalb nicht in Vorrath bereitet werden.

Dieses Gemisch, aus 2 Th. angerührtem Gyps auf 1 Th. Mörtel bestehend, dient dazu das Massige der Gesimse oder die untere Schicht der glatten Tünche zu bilden. Bei den letzten Aufträgen nimmt man 1 Th. angerührten Gyps und 3 Th. Mörtel.

Diese so gebildete Grundlage läßt man so weit trocknen, bis sie im Innern keine Feuchtigkeit mehr zeigt, bevor man die letzte Schicht oder den eigentlichen Stuck aufträgt. Dieser besteht aus gleichen Quantitäten Kalk und gesiebtem Marmorstaub. Der erstere muß Stück für Stück ausgesucht und jedes ungebrannte, nicht gaar- oder todtgebrannte Stück ausgeworfen werden. Man läßt ihn durch Eintauchen zerfallen und reibt ihn auf einem Reibestein mit dem Läufer.

Nachdem dieser Kalk 4 — 5 Monate eingelöscht gestanden, mischt man ihn ohne Wasserzuthat mit dem Marmorpulver und durcharbeitet die Masse zu einer innigen Mischung.

Sobald man eine verhältnißmäßige Quantität von dieser Masse zubereitet hat, benetzt man die Grundirungsschicht, bis sie kein Wasser mehr einschluckt und streicht mit einem Borstenpinsel etwas Stuff darauf, den man eingerührt hatte; auf diesen Anstrich beginnt man dann mittelst des Spatels oder einer Kelle eine Schicht harten Stucks aufzutragen, deren plastische Formung mit dem Anfang des Trocknens zu beginnen hat, und giebt ihr eine Politur durch eine stählerne Politirkelle und ein nasses Stück Leinwand, womit man einen Finger umwickelt hat, oder mit dem bloßen Finger, und vollendet so die Modellirung.

Bei Anwendung des Stucks an der Außenseite eines Baues muß die Anlage oder der Grund ganz aus hydraulischem Mörtel gemacht werden. —

Je stärker die Gesammtmasse der untern Lagen, desto fester und dauerhafter wird die letzte Uebertünchung, desto vollkommener der Malgrund.

Dagegen haben zu dick aufgetragene einzelne Lagen den großen Nachtheil, daß sie beim Eintrocknen aufreißen und die obern Lagen zur Mitleidenheit ziehen. Daher muß man sehr vorsichtig in Bereitung des Mörtels sein und das richtige Mittel zwischen zu fettem und zu magerm zu treffen wissen. Ein zu fetter Mörtel ist leichter dem Aufreißen unterworfen, ein zu magerer erhält nicht die nöthige innere Festigkeit und giebt nicht genug Kalkhydrat an die Oberfläche ab. Das richtige Verhältniß läßt sich nur durch Versuche und Erfahrung bestimmen, da die Eigenschaften der Kalkarten so ungemein verschieden sind.

Auch ist anzuempfehlen die Oberfläche jeder früheren Lage mit dem Reibebrete etwas zu rauhen, um die krystallinische von kohlensaurem Kalk zu zerstören, welche unlösbar durch Wasser ist und dadurch die Verbindung der neuern Schicht mit der untern Lage verhindern würde, theils auch, um die entstandenen kleinen Risse zu vertreiben, welche das Trocknen von außen herein mit sich bringt. — Das allmälige Trocknen der feinern

Stukklagen erzeugt auf der Oberfläche einen schönen firnißartigen Ueberzug von krystallinischem kohlensaurem Kalk, der — unlöslich in Wasser — den damit in Verbindung tretenden Farben eine Art Glanz und eine Dauer und Festigkeit verleiht, die wir an den antiken Wandgemälden Herkulanums und Pompeji's bewundern.

Beim Auftrag mehrerer Lagen des Stukks wird der Zuschlag von feingekleintem Marmor durch Siebe von verschiedener Maschenweite getrieben und so in zwei oder drei Sorten von verschiedener Feine des Korns sortirt. Von dem Stuff trägt man, je nachdem man eine vollkommenere Fläche beabsichtigt, zwei oder drei Lagen nach den oben angegebenen Vorschriften auf, so daß man nach oben stets feineres Korn des Zuschlags nimmt.

Das quantitative Verhältniß des Zuschlags zum Kalk wird auch hierbei durch die Eigenschaft des letzteren bestimmt. Die Masse darf nicht zu fett und schlüpfrig sein, sondern so temperirt, daß sie beim Auftragen sich nicht an die Kelle hängt und diese sich immer sauber herausziehen läßt.

Bei den Griechen, welche die dauerhaftesten Werke dieser Art zu Stande brachten, wurde die Stukkmasse lange Zeit vorher mittelst hölzerner Stößel in dem Mörteltroge gestampft, ehe sie zum Gebrauch genommen wurde. Man sieht leicht, daß durch diese Manipulation ein tieferer Zweck verfolgt wurde, als der einer mechanischen Vermengung, die offenbar mit weniger Mühe und mit geringerem Zeitaufwand bewerkstelligt werden kann. Ohne Zweifel verband man, ohne sich derselben eigentlich bewußt zu sein, damit die Absicht, durch das in der Mischung enthaltene Wasser möglichst viel von dem kohlensauren Kalk und Kalkspath anflösen zu lassen, dabei aber auch die zu schnelle Bindung des Aetzkalks zu mildern. Es ist aus diesem Grunde auch anzurathen, sich zum Anmachen, wie zum Anreiben der Farben nur des Regenwassers zu bedienen, indem dieses am meisten geeignet ist, Kalk aufzulösen. Daneben läßt sich noch vermuthen, daß der Aetzkalk, während des langen Durcharbeitens Kohlensäure aus der Luft absorbirt, da dieser mehr Fläche geboten wird und mit ihr ein basisches Salz bildet, wiewohl dessen zweckdienliche Wirkung nicht erörtert werden kann. Jeder Stucküberzug — der gröbste etwa $\frac{1}{4}$ Zoll, der zweite oder dritte $\frac{1}{8}$ — $\frac{1}{12}$ Zoll stark — wird, sobald es seine Konsistenz erlaubt, nach allen Richtungen mit schwanken Glocken Strich vor Strich geschlagen, wodurch nicht allein das Volumen merklich verringert und die Festigkeit und Härte in demselben Verhältniß erhöht, sondern auch die Neigung zum Aufreißen ziemlich aufgehoben wird.

Ist die letzte und dünnste Lage auf diese Weise behandelt, so ebene man deren Oberfläche mittelst eines glattgeriebenen, flachen, feinen Sandsteins, der an einer angekitteten Handhabe in kreisförmiger Bewegung, unter öfterem Anfeuchten mit Regenwasser darauf herumgeführt und der Schliff zuweilen durch einen nassen Schwamm beseitigt wird.

Sind auf diese Weise alle kleinen Löcher und Unebenheiten ausgeglichen und stellt sich die Fläche als ein matter Spiegel dar, so ist sie für weißen Grund fertig, und bereit, die nöthigen Ornamente aufzunehmen. Soll aber der Stuck nicht weiß bleiben, sondern einfarbig oder gemustert kolorirt werden, so trage man ohne Zeitverlust, so lange er noch feucht ist, die gewählten Farben mittelst eines Pinsels auf und fahre fort, sie mit dem Reibebret in den Grund einzureiben und zu glätten, wie oben bei dem weißen Grunde geschah. Auch hierbei ist ein öfteres Benetzen mit Wasser nothwendig. Durch fortgesetztes Reiben und bei steter Vorsicht, daß kein Sandkorn ꝛc. die Mühe verderbe und die Wiederholung des ganzen Schleifens nöthig mache, erlangt man eine vollkommene Glätte, welche als Grund zu der nun folgenden Malerei alle wünschenswerthen Eigenschaften besitzt.

Daß dieses Glätten übrigens, und namentlich das Abpassen des günstigsten Grades der Bindung des Grundes, eine besondere technische Geschicklichkeit und Uebung voraussetzt, die sich nur durch lange Beschäftigung mit dieser Arbeit aneignen läßt, sieht man leicht ein.

§. 76 a. In den alten Wandbekleidungen (marmoratum) findet man als Zuschlag weit häufiger klaren Kalkspath, als gepulverten Marmor, wiewohl die Krystallisationsverschiedenheit keinen wesentlichen Unterschied machen kann.

Man irrt, wenn man mit je feinerem Zuschlag auch eine glätlere Oberfläche des Stuffs herzustellen glaubt; sie wird allerdings weißer, da die durchscheinenden viel Licht absorbirenden Kryflalle, weniger spiegelnde Fläche bieten, aber dafür auch weniger fest.

Denn ist der Zuschlag körniger, so werden die einzelnen Partikel durch das Schlagen tiefer in die weiche Masse hineingetrieben, die Zwischenräume werden enger und die Substanz dichter.

Zu der äußeren Stuffschicht hat man, zumal, wenn sie ungefärbt bleiben soll, auf eine möglichst reinweiße, fleckenlose Oberfläche zu sehen; nöthigenfalls muß man dazu aus dem reinsten Kalkspath oder Marmor den nöthigen Kalk besonders brennen lassen.

Die auf angegebene Weise bereiteten Wandbekleidungen werden durch Alter weder rauh, noch rissig oder mürbe, vielmehr fester und härter durch den fortsetzenden chemischen Proceß der Absorption von Kohlensäure aus der Luft und Kryflallisation nach innen. Nur hat man vom Anfang an seine besondere Aufmerksamkeit darauf zu richten, daß das Austrocknen so langsam, als möglich, erfolge, damit der Bindungsproceß gehörig vor sich gehen könne.

Widrigenfalls würde man eine Decklage erhalten, die ihre Festigkeit hauptsächlich nur der mechanischen Adhäsion verdankte, während die Bemühung dahin gerichtet sein muß, eine chemische Kohäsion zu bewirken, diese aber nur durch Vermittelung der Feuchtigkeit erfolgen kann, und gleichsam eine Verwandlung in kohlensauren Kalk eine Versteinerung ist, die der Einwirkung späterer Feuchtigkeit widersteht.

Dasselbe gilt auch von den Mauerbekleidungen. Daher müssen sie vor dem jähen Trocknen nicht allein durch die Dicke aller einzelnen Schichten zusammengenommen, sondern auch durch Verwahrung gegen eine sehr hohe Temperatur, wie sie der Sommer beut, geschützt werden.

§. 77. Wenn der Mauerputz der Alten über 2, ja zuweilen über 4 Zoll stark war, so dünkt die Jetztzeit sich weiser, wenn sie ihn nicht stärker, als $\frac{1}{2}$ bis $\frac{3}{4}$ Zoll dick macht. Die unausbleibliche Folge ist, daß solche Arbeit so schnell trocknet, daß keine oder doch nur eine unvollendete chemische Verbindung Statt finden kann, so daß der Putz die atmosphärische Feuchtigkeit bei jeder Gelegenheit begierig einsaugt und bei Einwirkung des Frostes abfällt.

Wir finden den Glauben sehr verbreitet, daß die Mauer nicht gehörig trocknen werde, wenn wir sie mit einem so dicken und feuchten Ueberzug betragen.

Dieser Glaube beruht lediglich auf einer falschen Ansicht von dem Hergange des Verhärtens des Kalkmörtels.

Der Aetzkalk, welcher während der Mörtelbereitung und der damit verbundenen Umstürzung des Innern schon einige Kohlensäure aus der Luft absorbirt, läßt, wenn er im Mörtel des Mauerwerks von der äußern Luft abgeschlossen ist, nicht alles mechanisch beigemengte Wasser verdunsten, sondern hält davon eine dem Bindungsproceß begünstigende Menge hartnäckig zurück. Dieser Bindungsproceß besteht aber in der allmäligen Umwandlung des Aetzkalks in kohlensauren Kalk, gleichsam in einem Zurückgehen in seinen primitiven, fossilen Zustand.

Diese Erhärtung geschieht sehr langsam von außen herein, und Forschungen haben uns belehrt, daß Jahrhunderte, ja vielleicht Jahrtausende dazu gehören, diesen Proceß durch das ganze Innere zu vollenden. Es genügt indessen zu der Haltbarkeit unserer Mauern, wenn nur alle Berührungsflächen des Aetzkalkes mit den Partikeln des Zuschlags und den Steinen auf eine gewisse Tiefe in kohlensauren Kalk verwandelt werden. Dadurch wachsen gleichsam viele Theile des Zuschlags in ihren Berührungspunkten und in denen mit den Steinen dermaßen zusammen, daß damit die Mauer ein gewisses Solidum bildet. Hieraus erhellet, wie wichtig es sei, den Mörtel nicht zu fett zu machen, weil sonst die vom Kalk ausgefüllten größeren Zwischenräume die Körner des Zuschlags zu sehr von einander trennen würden, und eine sehr lange Zeit verfließen müßte, um das große Volumen von Aetzkalk in kohlensauren zu verwandeln.

Wird nun durch einen dünnen Ueberzug, welcher schnell trocknet, indem er sich zu kohlensaurem Kalk umsetzt, die innere Mauer gegen den Andrang der Feuchtigkeit und somit gegen Aufnahme von Kohlensäure unempfänglich gemacht, so kann die innere Erhärtung nie erfolgen, und nach außen bleibt sie auf eine sehr geringe Dicke beschränkt. Ist die äußere Schicht aber stark, so wird sie bei anhaltenderer Feuchtigkeit fortwährend Kohlensäure absorbiren, diese aber mehr und mehr dem Innern abgeben, und so im fortgesetzten Proceß in einer bedeutenderen Tiefe der Mauerdicke den Aetzkalk allmälig umwandeln.

Wenn nun auch die Feuchtigkeit ein Hauptagens bei der Verhärtung des Mörtels ist, so soll damit doch nicht gesagt sein, daß das Mauerwerk ewig naß bleiben müßte. Der Ueberfluß von Nässe ist von entschiedener Schädlichkeit, nur das durch den Kalk gebundene Wasser kann zu dem beschriebenen Processe dienlich sein, das überflüssige muß Gelegenheit erhalten, durch die äußere Kruste verdunsten zu können, wohin es durch den Vorschritt des Erhärtens gedrängt wird. Der Zutritt von äußerer Feuchtigkeit kann daher nur schädlich wirken, und es muß das Aufsteigen von Nässe im Innern der

Mauer aus einem feuchten Baugrunde gänzlich verhindert werden.

In neuern Zeiten glaubt man den Mörtel zur Speisung sowohl, als zum Abputz und Bewurfe der Wände durch Gypszusatz zu verbessern und hält hier und da einen Gußmörtel von reinem Gyps für vorzüglicher, als den gewöhnlichen Kalkmörtel.

Wenn von den innern Wandflächen die Rede ist, so ist dawider nichts zu entgegnen. Bei äußern Flächen aber, wo die atmosphärische Feuchtigkeit in stärkerem Grade einwirkt, ist dieser Gebrauch gänzlich zu verwerfen; man darf sich von der augenblicklichen Bindungskraft des Gypses nicht täuschen lassen. Unter Einwirkung der freien Luft und atmosphärischer Feuchtigkeit verliert der Gyps allmälig das Vermögen zu binden. Obschon in den ersten 10 Jahren dessen Bindekraft die des Kalkmörtels übertrifft, so wird sie dann schwächer und schwächer, und noch bevor der Kalkmörtel, dem die atmosphärischen Einwirkungen mehr förderlich als nachtheilig sind, das Maximum seiner Erhärtung erreicht hat, wird der Gyps vollkommen abgestorben sein.

§. 78. Da jedoch dem Gyps eine bedeutende Rolle in den Arbeiten des Maurers, Tünchers, Stukkarbeiters ꝛc. zuerkannt werden muß, so wird es zweckmäßig sein, dessen Eigenschaften und Verhalten ausführlich zu besprechen.

Von dem Gyps, dessen Bereitung für die in Vorliegendem abgehandelten Materien ꝛc.

§. 79. Der Gyps ist die Verbindung des einfach schwefelsauren Kalks mit Wasser. Das Wasser ist zum Theil als Krystallwasser, zum Theil durch Salze mit dem Gyps verbunden.

1) **Gypsspath** (blätteriger Gyps, Fraueneis, Marienglas, Selenit), krystallinisch und derb von kry-

stallinisch-blättrigem Gefüge, durchsichtig, bisweilen strahlig-blättrig (Strahlgyps);
2) Fasergyps (Federgyps, Federweiß, Seidengyps), derb und plattenförmig von faserigem Gefüge, durchscheinend;
3) körniger Gyps (Alabaster), derb, mehr oder weniger feinkörnig, in's Schuppige, durchscheinend; Der weiße, feinkörnige, derbe, dem dichten sich nähernde Gyps, von festem Gefüge, heißt Alabaster; der mit bituminösen Theilen verbundene, meist etwas dunkel, streifig und flockig gefärbte Gyps heißt Stinckgyps;
4) erdiger Gyps (Gypserde, Mehlgyps), zerreiblich, staubartig, aus lockern oder schwach verbundenen erdigen Theilen bestehend; fühlt sich mager an und färbt etwas ab.

Der Gyps löst sich in 400 — 460 Theilen Wasser auf. In Bezug auf den Verbrauch zu Bildhauerarbeiten, zu Abgüssen, zu Stukk- und Tüncherarbeiten ist es nöthig, sich mit seinem Verhalten zum Wasser vertraut zu machen.

Im luftleeren Raume über Schwefelsäure auf 100° C. (Siedehitze) erwärmt, verliert der Gyps etwas über die Hälfte seines Krystallwassers, bei steigender Temperatur entweicht auch noch unter 150° das salinische Wasser.

Bei Luftzutritt verliert der Gyps bis 100° C. fast nichts von seinem Wasser, bei einem nur geringer höheren Grade beginnt aber das Entweichen und erreicht seine Endschaft bei 133° C.

Bringt man den Gyps in diesem Zustande mit Wasser in Berührung, so zieht er dasselbe mit großer Kraft wieder an. Diese Bindung von Wasser findet schon nach einigen Minuten Statt, und zwar, wenn man das passende Verhältniß nicht überschritten hat, unter bemerklicher Wärmeentwickelung.

Wenn der Gyps vor oder nach dem Brennen gepulvert war, so erstarrt der Brei mit Wasser zu einer

porösen erdigen Masse, welche das Gefäß scharf aus=
füllt. Dieser Umstand macht ihn zum Formen und zu
Mörtel geschickt. Es ist für den Techniker besonders
wichtig zu bemerken, daß der Gyps diese Eigenschaft
verliert, wenn er auf eine Temperatur erhitzt wird, die
zwischen 133° und der Schmelzhitze liegt, und zwar ver=
liert er dann diese Fähigkeit, zu erhärten, auf immer.

§. 80. Da sonach sehr viel auf das Brennen an=
kommt, so ziehen die Künstler und Stukkarbeiter vor,
den Gyps ungebrannt zu kaufen und ihn als seines,
durchgebeuteltes Pulver selbst zu brennen; um so mehr,
da diese Operation wegen der niedern, dazu erforderli=
chen Temperatur ungemein leicht ist.

Man erhitzt nämlich das Gypspulver in einem rei=
nen kupfernen Kessel über mäßigem Feuer. Nach eini=
ger Zeit tritt in dem Pulver eine interessante Bewegung
ein; die Masse, von dem allenthalben sich entwickelnden
Wasserdampf schwebend gehalten, setzt sich wie eine
Flüssigkeit ins Niveau. Es bilden sich bald zahlreiche
Krater, durch die der Wasserdampf entweicht, welcher
kleine Partikel mit emporreißt, die in einiger Höhe wie=
der zurückfallen. Beim Umrühren, welches öfter gesche=
hen muß, verschwinden diese Wallungen, zeigen sich aber
schnell wieder. Aus dieser Bewegung und der Art, wie
sich eine darüber gehaltene kalte Glasplatte oder ein
Metallblech beschlägt, kann man den Verlauf des Ent=
wässerns sehr scharf beurtheilen und den richtigen Au=
genblick der Reise erkennen.

Im Allgemeinen ist das rasche Erhärten des
Gypses zu Kunstgüssen eine erste Bedingung. Stukka=
turarbeiter und Boussirer verlangen dagegen eine lang=
samere Erhärtung. Die Zeit der Erhärtung kann ziem=
lich genau durch den Grad des Erhitzens beim Brennen
abgemessen werden.

Man hat die Erfahrung gemacht, daß Gyps, dem
man über das Gutbrennen noch mehr Wasser austreibt,
d. i. den man noch länger gebrannt hat, als das Auf=
wallen dauert, nicht so rasch gesteht. Der gutgebrannte

Gyps hält noch ¼ seines Wassers. Nicht völlig gut=
gebrannter Gyps ist zwar ebenfalls noch brauchbar,
bindet aber sehr langsam, wird dagegen nach der Bin=
dung vorzüglich fest. Halbentwässerter Gyps erhärtet
mit Wasser durchaus nicht.

Statt eines Kessels oder einer Pfanne kann auch
eine erhitzte Metallplatte benutzt werden; man muß dann
aber noch sorgfältiger rühren und die Wärme gleich=
mäßig zu vertheilen suchen, um der Leitung der Wärme
gewiß zu sein und sich bei den angegebenen Merkmalen
des Gutbrennens nicht zu täuschen.

Dieses ist nicht mehr der Fall bei dem Brennen
des Gypses im Backofen, wie es ebenfalls sehr ge=
bräuchlich ist. Hierbei ist es zweckmäßiger, den Gyps
nicht vorher zu pülvern, sondern nuß= oder eigroße
Stücke auserlesener reinster Gypssteine auf die Herdsohle
zu bringen. Die Heizung des Ofens geschieht wie zum
Brodbacken, auf der Sohle des Ofens mit Reisig, und
zwar zu derselben Temperatur, die zum Backen nöthig
und der zum Brennen des Gypses ungefähr gleich ist,
einem Hitzgrade, bei dem man eben noch die Hand ei=
nige Sekunden in den Ofen halten kann. Sowie die
Ofensohle von Feuer und Asche gereinigt und die Be=
schickung eingetragen ist, schließt man die Thür. Nach
einiger Zeit werden Probestücke gezogen, die auf dem
Bruche höchst wenig glänzende, krystallinische, also nicht
entwässerte Theile haben dürfen, wenn der Gyps gut
gebrannt ist. Die Füllung muß sofort aus dem Ofen
genommen, um gemahlen und gesiebt oder gebeutelt zu
werden. Da der gebrannte Gyps viel mürber und zer=
reiblicher ist, als der rohe, so gewährt das Brennen in
Stücken allerdings einen Vortheil.

Das Brennen des Gypses im Großen geschieht,
wie bekannt, in eigens dazu erbauten Brennöfen, die
aber — abgesehen von einer viel mangelhaftern Leitung der Temperatur — immer noch mit dem Uebel=
stande behaftet sind, daß das Heizmaterial oder doch die

Flamme in unmittelbare Berührung mit dem Gyps kommt.

Bekanntlich entzieht Kohle (auch Kohlenoxyd, Kohlenwasserstoff 2c.) dem Gypse in der Glühhitze seinen Sauerstoff und erzeugt so Schwefelkalcium, welches beim Anmachen den Geruch nach Schwefelwasserstoff entwickelt und dem Gebrauche nachtheilig ist.

§. 81. Die gewöhnlichen Brennöfen liefern immer verschiedenartiges Produkt in Bezug auf die Gaare; die unteren Stücke sind immer überhitzt (todtgebrannt) und binden, angemacht, nicht mehr, während es den obern Schichten nicht selten an vollkommener Gaare fehlt, wenigstens findet dies bei dem innern Kerne statt.

Auch ist es bei den gemeinen Oefen nicht möglich, den Gyps in den untern Schichten anders, als in großen Blöcken einzusetzen, die sich selten bis auf den Kern durchbrennen.

Am zweckmäßigsten würde das Brennen durch Dampfheizung oder durch erwärmte Luft auszuführen sein. Besonders würde die letztere unmittelbar durch die Gypsmassen geleitet werden können, und das Ueberhitzen, Unterhitzen, Todtbrennen, Verwandlung in Schwefelkalcium fielen dabei gänzlich weg.

Gepülverter Gyps, der durch längere Berührung mit Luft einen Theil seiner Bindekraft verloren hat, läßt sich viel verbessern, wenn man ihn wieder in dem Kessel erwärmt, wo er ziemlich dieselben Erscheinungen, wie der ungebrannte Gyps, zeigt.

§. 82. Das Zerkleinern des gebrannten Gypses geschieht theils durch Schlagen mit Krücken auf einer festen Tenne, theils in Stampfmühlen, theils unter stehenden, um eine senkrechte Achse sich wälzenden Mühlsteinen, am häufigsten aber in Mühlen nach Art der Getreidemühlen (am besten eignet sich dazu die excentrische Mühle des Bogardus), zuweilen auch in Pulverisirtonnen, worin harte Stein- oder Metallkugeln rollen. Das bloße Sieben reicht bei dem Gyps zu künstlerischen Zwecken nicht aus, das feinste Pulver muß durch

Durchbeuteln in Säcken von leichtem Gewebe gewonnen werden. Zuweilen kann ein sehr enges Haarsieb deren Stelle ersetzen.

§. 63. Obgleich der Gyps nur ¼ seines Gewichts an Wasser wirklich chemisch bindet, so hat er doch die Eigenschaft, zu einer festen, zusammenhängenden Masse zu erstarren, wenn er mit einem gleichen Gewichte und mehr, kurz mit so viel Wasser angerührt wird, daß er damit einen Brei bildet. Es entsteht nämlich durch Aufnahme der 2 Aequiv. Wasser ein poröses Zusammenbacken der Pulvertheile, ein Gewebe von Gypskrystallen, welche den Ueberschuß in ihren Zwischenräumen mechanisch festhalten und beim Trocknen an die Luft abgeben. Anfangs ist die frischerstarrte, noch feuchte Gypsmasse sehr weich, gewinnt aber ihre volle Härte beim Austrocknen, wobei sich der im überschüssigen Wasser gelöste Gyps allmälig absetzt und sich als kittende Substanz zwischen die früher erstarrten Theilchen legt. Die Fähigkeit des Gypses, mit einem großen Ueberschuß an Wasser noch zu erstarren, ist überaus wichtig, weil er natürlich nur als dünnflüssiger Brei in die Vertiefungen der Form eindringen kann. Eine Grenze wird dadurch geboten, daß, je dünner der Gyps angemacht war, um so lockerer und poröser der Guß wird. Sehr zarte Formen, wie Medaillen und dergleichen erfordern einen dünnflüssigern Gyps, als gröbere Formen.

Die Menge des Wassers und die Zeit der Erhärtung hängt übrigens sehr viel von der jedesmaligen Beschaffenheit des Gypses und von dem Grade des Brennens ab. Die Erhärtung erfolgt langsamer, je mehr fremde Theile beigemischt sind und je verdünnter der Brei war. Eine Beimischung von kohlensaurem Kalk wird daher vortheilhaft für Stukkaturarbeiten, ebenso von Leimauflösung.

Bei einem übermäßigen Wasserzusatze nehmen die Gypstheilchen zwar davon das Nöthige auf, aber verlieren die Bindekraft; gebrannter Gyps, der längere Zeit der Luft ausgesetzt war, erhärtet nicht mehr vollkommen und verliert diese Eigenschaft ganz, wenn er wirklich Feuchtigkeit angezogen hat. Beim Erhärten, wenn er nicht in eine Form eingezwängt ist, dehnt sich der Gyps um 1 Procent aus.

Gypsſtuck.

§. 64. Hierzu ſuche man den beſten und weißeſten ſchwefelſauren Kalk (Gyps) auf; ſchlage die Steine in Stücke von der Größe eines Eies und bringe Alles in einen geſchloſſenen (überwölbten) ſtark geheizten Ofen. Das Brennen muß ſehr vorſichtig und bei hermetiſch geſchloſſenen Mund- und andern Oeffnungen geſchehen. Von Zeit zu Zeit hat man den Grad der Gaare zu prüfen, indem man einige Stücke aus dem Ofen zieht. Zeigt der Bruch beim Zerſchlagen viele glänzende Punkte, ſo iſt der Gyps noch nicht genug gebrannt; erſcheinen nur wenige dergleichen Punkte, ſo hat der Gyps ſeine Gaare erreicht. Iſt dagegen alle Spur von Glanzpunkten verſchwunden und zeigt der Bruch gleichmäßig ein mattes Weiß, dann iſt der Gyps todtgebrannt und hat ſeine Bindekraft mehr oder weniger eingebüßt. Der zuviel oder zuwenig gebrannte Gyps darf nicht zur Bereitung des Gypsſtucks verwendet werden.

Bei der Anwendung zerreibt der Arbeiter den Gyps in einem Metallmörſel und ſchlägt ihn durch ein ſehr feines Haarſieb. Das Anrühren geſchieht dann mit einem Waſſer, worin man etwas feinen Tiſchlerleim hat zergehen laſſen; die Erfahrung muß lehren, wie ſtark das Leimwaſſer in Bezug auf die Eigenthümlichkeit eines Gypſes zu nehmen iſt. Die Behandlung des Gypsbreies beim Auftragen iſt die gewöhnliche.

Will man dem Stuck das Anſehen geäderten Marmors geben, ſo bildet dieſe Adern in der Maſſe durch entſprechend gefärbten Gyps, welchen man ſchicklich in die Grundmaſſe verzieht. Ein Mehreres hierüber ſehe man unter dem Artikel „künſtlicher Marmor".

Wenn der Stuck trocken ist, so schleift man zuerst mit Bimsstein, dann mit einem Grünstein (Wetzschiefer) zu Beseitigung der feinen Risse, welche von dem Bimsstein zurückgeblieben sind; endlich mit Trippel, der auf einem Stück starkem Filz aufgetragen worden.

Den Glanz erhält der Stuck durch Reiben mit Seifenwasser und die Vollendung mit Oel, das man nach beendeter Politur einreibt. Der Gypsstuck eignet sich nur für Zimmer oder andere der Feuchtigkeit ausgesetzte Räume.

§. 85. Das Poliren des Stucks an Ornamenten ist eine mühsame und schwierige Arbeit, wenn zumal viel kleine Details zu behandeln sind, und man scharfe Kanten sorgfältig zu schonen hat.

Ist der Stuck gehörig trocken, so überarbeitet man ihn mit zweckmäßig geformten stählernen Instrumenten durch Ausstechen oder Schaben und bringt die Glätte mit angefeuchteter Leinwand und pulverisirtem Bimsstein, durch Korkse, Poliragaten ec. zu Stande; Lindenholzstäbchen oder glatt geschnittene Lindenrinde, selbst der Finger mit dergl. Pulver wirken ebenfalls gut dabei.

Zuletzt giebt man noch mit Lein- oder Nußöl, desgl. mit der (oben beschriebenen) Polirsalbe Glanz. Man hat stets die Verhütung von Flecken im Auge zu halten.

Künstlicher Marmor.

§. 86. Der Hauptbestandtheil des künstlichen Marmors (ital. Scaglinola) ist der Gyps. — Im Allgemeinen macht man zu diesem Zwecke den gebrannten und gut gesiebten Gyps mit einer dünnen Lösung von flandrischem Leim oder Hausenblase an, welche zugleich den Farben zur Lösung dient, welche zu dem künstlichen Marmor erfordert werden, und wo jede in ein besonderes Gefäß gethan wird; sie werden dann nach Bedürfniß gemischt, wie es der Maler auf der Palette verrichtet.

Hat man nun die Wand oder Säule mit einem groben Bewurf vorbereitet, so trägt man die obige Komposition auf und vermischt sie während des Auftragens mit den Farben, so wie sie sich in dem nachzuahmenden Marmor zeigen. Man hat schon bei dem ersten Auftrage auf die Anlage der Felder, Hohlkehlen, Haupttheile der Gesimse 2c. Rücksicht zu nehmen, deren Kernform zugleich mit diesem groben Mörtel hergestellt werden muß.

Sobald der Auftrag hart genug ist, schreitet man zu dem Schleifen, welches zuerst mit Bimsstein geschieht, indem man zeitweilig mit Wasser und einem Schwamm abwäscht. Hierauf wird mit Tripel und Holzkohle nachgeschliffen, wozu man sich eines Stücks feiner Leinwand bedient und dann die Politur mit Hülfe eines Stück Filzes aufsetzt, welches in Oel und Tripel getunkt wird. Zuletzt reibt man die Fläche noch mit bloßem Oel ab. Ueber die verschiedenen Arten des Schleifens wird später noch Einiges gesagt werden, nachdem wir zuvor die Komposition beschrieben haben, welche zur Abformung zierlicher Theile der Gesimse und anderer Ornamente angewendet wird.

Man braucht dieselbe meistens anstatt des Gypses, um ornamentale Theile eines Zimmers zu formen; sie ist sehr dauerhaft und wird mit der Zeit steinhart, ist daher sehr im Gebrauche bei dergleichen Gegenständen, auch wenn sie Färbung erhalten sollen, und ist nicht kostbar.

Man bereitet sie folgendermaßen:
2 Pfund des besten Weißkalks, 1 Pfund Leim und ½ Pfund Leinöl wird zusammen in einem Topf über Feuer gesetzt und fortgesetzt gerührt, bis sich Alles gut vermischt hat; man läßt es dann verkühlen und absetzen. Nun schüttet man die Masse auf einen Stein, der mit Kalkpulver bestreut ist, und schlägt sie so lange, bis sie eine zähe und feste Konsistenz angenommen hat. Sie ist dann zum Gebrauche fertig und wird mit den Fingern stark in die Form gedrückt und noch mit einer

Schraube eingepreßt. Durch einen Schlag an letztere fällt sie dann heraus, ohne ihre Gestalt zu verändern und wird auf die Mauer oder den Rahmen mittels gemeinen Leims oder Kittes befestigt. Dies kann jedoch nicht eher geschehen, als bis die Grundfläche, welche die Verzierung aufnehmen soll, vollkommen geschliffen und polirt ist, weil feine Verzierungen unter dem Schleifen verdorben werden könnten. Man sehe weiter unten.

Specielles Verfahren bei Ausführung des Gypsmarmors.

§. 87. Wir nehmen an, der grobe Bewurf sei hergestellt und habe die geeignete Trockniß. Bis dahin muß der Tüncher sich schon vorbereitet haben, daß er unverweilt den feinen Mörtel auftragen kann.

Bei einem bunten, geäderten oder gefleckten Marmor ist es unumgänglich nöthig, daß er Musterplatten von der verlangten Farbe und Zeichnung vorliegen habe; ohne diese wird nie eine dem fossilen Marmor ähnliche Nachbildung bewirkt werden. Es tritt aber hier der Punkt ein, wo die Manipulation in wirkliche Kunst übergeht.

Die feine Masse des Ueberzugs, welche nicht schnell binden darf, wird portionsweise mit den Farben vermischt, die das Muster angiebt, so daß die Quantität der einzelnen Farben von dem Mörtel im Verhältniß mit denen des Originals steht.

Jede dieser Farbenmischungen wird in kleine Rollen geformt und bereit gelegt. Zuerst wird der Grund gegen ¼ Zoll dick mit einer kleinen Kelle oder Bossireisen aufgetragen, wobei bereits die Abstufung und Nüancirung der Farben durch Aneinandersetzen der verschiedenen Mischungen hergestellt werden muß. Hat der zum Muster vorliegende Marmor Flecke oder Streifen von bestimmter Farbe, so werden diese einzeln eingesetzt und nach Umständen mit dem Grunde verzogen und verschmolzen. Das Einsetzen von kleinen Stücken eines natürlichen Marmors, wie zuweilen geschieht, ist nicht zu billigen, weil die Textur der Oberfläche nach dem Abschleifen immer verschieden sein und nicht in vollkommener Harmonie mit dem Ganzen stehen wird.

Wenn der Ueberzug ziemlich trocken ist, geht der Künstler alle Stellen sorgfältig durch und untersucht, ob derselbe irgendwo nicht vollkommen haftet oder sonst unvollkommen ist. In diesem Falle werden die schadhaften Stellen abgekratzt und ausgestochen und von Neuem mit der lokalen Mischung betragen.

Sobald dies geschehen und der Auftrag so weit getrocknet ist, schleift man zuerst mit Sandstein, bis eine vollkommene Ebene hergestellt ist, dann mit einem Stück feinem Bimsstein, dessen Fläche der zu schleifenden anpassend abgerieben wird, und endlich mit Blutstein, wenn der Marmor nicht rein weiß werden soll. Letzterer verschafft schon einige Politur und erleichtert das Glanzschleifen des Marmors.

§. 68. Zur Herstellung des Glanzes findet man verschiedene Methoden bei den Stukkaturarbeitern, wovon weiter unten gehandelt werden soll. Zuvörderst möge noch Einiges über die Farbenbehandlung hier stehen, wobei indeß nur eine specielle Marmorart ins Auge gefaßt werden kann, da die Verschiedenheit zu groß ist. Es sei z. B. der Marmor von Aleppo nachzuahmen, welcher als ein Konglomerat von vielfarbigen Bruchstücken erscheint, und die Form sei die einer Platte.

Man nimmt von den verschiedenen Farbenhäuschen einige Theile und drückt sie soviel zusammen, daß sie sich untereinander binden, ohne jedoch zuviel ineinander zu mischen. Diese Ballen trennt man wieder und zerbröckelt sie in kleine Stücke, die man in ein flaches Gefäß legt. Man mischt nun trocken feinen Gyps, vermengt ihn mit wenig Kienruß und bepudert damit die in dem Gefäße liegenden Stückchen, deren früheres Zusammenkleben verhindert werden muß. Man schüttelt diese zusammen, während immer etwas von dem Pulver von Zeit zu Zeit eingestreuet wird. Dadurch bildet sich eine Masse von verschiedenfarbigem, konglomeratförmigem Ansehen, jedoch mit schwarzer Außenseite.

Der Teig der Grundfarbe, der etwas flüssiger Konsistenz sein muß, wird in erforderlicher Dicke auf eine ebene, mit Seitenleisten eingefaßte Bohlenfläche ausgebreitet, das oben beschriebene Gemenge darauf hingeschüttet und die Platte gerüttelt, so daß die Fragmente einsinken, die Grundmasse in die Zwischenräume tritt und die Stücken gut untereinander verbindet, welches man durch Eindrücken mittelst einer Kelle oder auch mit der Hand befördert. Hierauf trägt man auf die noch weiche Fläche den gröberen Mörtel auf und giebt damit dem Ganzen die nöthige Dicke, die durch die Einfassungsleisten am besten geregelt werden kann, bedeckt die Fläche mit einer passenden Bretdecke und beschwert diese mit Gewichten.

Wenn der Gyps nach 2 Tagen völlig gebunden hat, welches an dem Maße der Härte leicht erkannt werden kann, nimmt man den Formrahmen weg, hebt den Guß ab und wendet ihn um. Alsdann rührt man sehr feinen Gyps mit ein wenig passender Farbe an, macht ihn zu Teig, den man mit einem Spatel auf der ganzen Oberfläche gegen 1 Linie dick ausbreitet und vorzüglich auch in alle Vertiefungen eindrückt, die sich bei genauer Besichtigung zeigen sollten, und läßt ein paar Tage trocknen.

Zum Schleifen nimmt man nun Sandstein von einem feinen gleichartigen Korn, reibt damit die Platte wohl ab, indem man feinen, durch ein Haarsieb getriebenen Sand darauf streut und öfters mit Wasser annäßt. Der äußere Rand, dem man die gewünschte Form gegeben hat, wird auf dieselbe Weise mit kleinen Stücken Sandstein von anpassender Form geschliffen. Die auf solche Weise grobgeschliffene Platte richtet man nun auf und wäscht und spült sie mit reinem und vielem Wasser ab, damit kein Sandkorn sich darauf verhalten kann. Man läßt sie einige Stunden trocknen und überstreicht sie dann nochmals mit dem Gypsteig, doch dünner, als das erstemal und läßt 24 Stunden trocknen. Sodann nimmt man einen Wetzstein (wie er zu dem Schärfen der Sensen gebraucht wird) in die eine und einen Schwamm in die andere Hand, überschleift damit das ganze Blatt, während man es mit dem vollgesogenen Schwamme häufig abwäscht und annäßt, bis der ganze letzte Auftrag hinweggeschliffen ist, braucht aber dabei die Vorsicht, daß man nicht weiter eine Stelle berührt, die bereits von dem Ueberzug entblößt ist, und immer bemüht ist, eine genaue Ebene herzustellen. Den Rand behandelt man ebenso, nur mit passend geformten Steinen, wenn er nicht eben abschneidet, sondern gegliedert ist.

Ist die Platte trocken, so beginnt das Fein- oder Glanzschleifen. Man beträgt zu diesem Zweck das Blatt zum drittenmale ganz dünn mit der angegebenen Gypsmischung mittelst eines breiten Pinsels und schleift nach dem Trocknen auf gleiche Weise, wie hiervor beschrieben worden, jedoch mit einem feinkörnigen Wetzschiefer (Abziehstein), der eine große, sehr ebene Fläche hat und kreisförmig auf der Platte herumgeführt wird, ebenfalls mit vielem Wasser. Hierdurch entsteht eine matte Politur, die am schnellsten den vollen Glanz annimmt, je vollkommener sie hergestellt ist.

Um ihr die Glanzpolitur zu geben, überstreicht man sie aufs Neue mit einem, mit Leimwasser angerührten Gyps, schleift sie abermals mit dem feinen Streichsteine, wäscht rein ab und läßt etliche Tage trocknen.

Dann giebt man ihr einen Anstrich mit Nußöl bei lichter und mit Leinöl bei dunkler Farbe, und reibt mit einem weichen Leinenlappen und Puder das überschüssige Oel rein ab.

Es giebt verschiedene Schleifmittel, so daß nicht unbedingt die oben angegebenen dazu tauglich sind, als: künstlicher Bimsstein, natürlicher, gebrannter und ungebrannter, in Stücken und in Pulver, Schafthalm, Ossa sepiae, Schmirgel, Tripel, Speckstein, Polirroth, Holzkohle, Kreide ꝛc. Stets ist dabei zu beobachten, daß nur allmälig von den angreifendern zu den gelindern, feineren übergegangen werden darf und daß man auf lichte Farben kein Schleifmittel anwende, was die Farbe schmutzig machen könnte.

§. 89. Farbiger Gypsmarmor.

1) **Grüner Grund.** Man mischt Operment, lichten Ocker, Chromgelb ꝛc. mit Indigo oder künstlichem Ultramarin zur grünen Farbe und macht sie mit Gyps bindend und helle. Ein dunkleres Grün giebt der dunkle Ocker und mehr Indigzusatz, welches ebenfalls mit Gyps angesetzt wird. Zu diesen beiden Sätzen kommt noch ein dritter von Operment und Gyps und ein vierter von reinem Gyps. Man schiebt diese Häufchen zusammen, streicht auf jedes einen unregelmäßigen Fleck angerührten Zinnobers, streut sodann Kienruß oder abgeriebenen und getrockneten Umbra oder eine andere dunkle Farbe dazwischen und darüber, ohne irgend eine Regelmäßigkeit zu befolgen und drückt sie mit beiden Händen zusammen. Die grüne Erde, besonders die malachitfarbene, giebt einen guten Farbstoff für grünen Marmor.

2) **Rother Grund.** Man rührt Gyps mit Zinnober zu einer hellen Fleischfarbe an, dann eine zweite Masse mit mehr Zinnober, daß ein dunklerer Ton entsteht; ferner ganz weißen Gyps und zuletzt ein wenig Indigo mit Gyps. Man streut Kienruß dazwischen und verfährt, wie beschrieben.

3) **Rosenrother Grund** wird mit Kugellack, wie die vorige Nummer, gefärbt und behandelt.

4) **Blauen Grund** bereitet man auf gleiche Art mit Indigo oder künstlichem Ultramarin; der letztere giebt glanzvollere Nüancen.

5) **Zu gelbem Grunde** macht man eine Mischung von Rauschgelb und vielem Gyps, eine andere mit mehrerem Rauschgelb und weniger Gyps; eine dritte

von Zinnober und Gyps, ohne Farbe. Das Verfahren ist wie bei den Vorhergehenden.

6) **Marmor mit metallischen Partikelchen.** Man bricht Eierschalen in 3 bis 4 Stücke, verschiedenen Streuglanz (grobe Zinnbronce), Feilspäne von Messing, Kupfer, Zinn, grobgemahlene Smalte und mischt solches in die bunten Gypsmassen, mit denen man wie oben verfährt.

Soll der Marmor Adern erhalten, so wird dieses durch geschicktes Verziehen der gefärbten, noch weichen Gypsmassen bewirkt. Es gehört aber dazu noch mehr Uebung und einiger Kunstsinn, als bei blos geflecktem Marmor, und gewissermaßen ein genaues Studium des natürlichen Marmors. — Ueberhaupt ist die Nachahmung eines Marmors bis zur Täuschung zur wirklichen Kunst zu rechnen und wird in Italien auch ausschließlich von Künstlern betrieben, die sich auf dergleichen Arbeit allein eingeübt haben.

Sollen Felder, Tafeln, Einfassungen ꝛc. auf Wänden von verschiedenfarbigem Marmor angebracht werden, so trägt man die Tafeln oder Einfassungen von einerlei Farbe ihrer Größe und Form nach auf, doch so, daß die Masse etwas über die vorgezeichneten Grenzlinien trete, schneidet dann, sobald die Gypsmasse angefangen hat zu binden, die Grenzen scharf ab und nimmt das Ueberflüssige weg. In die leeren Zwischenräume trägt man hierauf die anderen gefärbten Gypsmörtel ein und kann auf diese Art eine angenehme Abwechselung der farbigen Flächen, wie auch andere Figuren und eingelegte Arbeit nach vorhergemachten Pausen anbringen.

Dergleichen Pausen macht man damit, daß man die Figur auf hinreichend großes und etwas starkes Papier zeichnet und die Kontoure ziemlich enge mit einer starken Nadel durchsticht. Dieses Papier wird nun an die gehörige Stelle durch einige Drahtstifte befestigt und die Zeichnung auf hellem Grunde mit feinem Kohlenstaub, auf dunklem mit klarem Kreidepulver durchgestäubt.

Anstriche auf Kaltwände.

§. 90. Die Operationen umfassen zum Theil Arbeiten, die zu den gröbern gehören und mit sehr einfachen Mitteln auszuführen sind; zum Theil aber auch solche, die luxuriöser sind und zusammengesetzte Operationen bedingen. Sie geschehen in der Regel mit erdigen Farbesubstanzen, die in Wasser abgerieben, mit Weißkalk angemacht oder mit Leimwasser verdünnt werden.

a) Grober, weißer Anstrich.

Man zerdrücke Spanischweiß in Wasser und lasse es einige Stunden lang weichen; ein Gleiches nehme man mit Kohlenschwarz vor und mische dann von beiden soviel zusammen, als zu der verlangten Tinte nöthig ist. Diese Mischung rührt man mit hinlänglich starkem und heißem Leimwasser an und kann sich nun derselben zum Anstriche bedienen; es sind gewöhnlich mehrere Lagen erforderlich. Besser ist es, die Farben abzureiben.

Zu 40 Quadratfuß rheinisch braucht man 2 Pfd. Kreideweiß, ½ Quart Wasser zum Aufweichen, mehr oder weniger Kohlenschwarz und nahe an 1 Quart Leim zum Anmachen.

Soll dieser Anstrich auf alte Mauern benutzt werden, so müssen diese erst abgekratzt, mit einer Bürste von Roßhaaren rein abgekehrt und abgestäubt werden. Dann trägt man 2 bis 3 Lagen Kaltwasser auf und deckt damit den alten Anstrich.

Auf neuen Gypsputz muß das Weiß mit mehr Leim angemacht werden, um die Mauer zu tränken.

Es lassen sich alle Farben bei den gemeinen Leimanstrichen anwenden; hat man die Mischung gemacht und in Wasser eingeweicht, so wird sie, wie oben, mit Leim angemacht.

b) Mauern mit Kalk und Leim zu weißen (Karmeliterweiß).

Diese Art zu weißen, wendet man bei innern Mauern an, wenn sie ein schönes, reines Weiß erhalten sollen.

Man sucht einen schönen, weißen und reinen Kalk aus, den man zu Kalkmilch anrührt und durch feine Leinwand seiht.

Das Durchgegossene schüttet man in ein Faß oder Eimer, worin in der Höhe, die der Kalk einnimmt, ein Hahn angebracht ist. Hierauf füllt man das Gefäß voll reines Brunnenwasser, rührt die Flüssigkeit tüchtig durcheinander und läßt sie 24 Stunden ruhen. Nach Verlauf dieser Zeit öffne man den Hahn, lasse das Wasser über den Kalk bis auf zwei Finger hoch ablaufen und gieße und rühre ihn mit frischem Wasser an. Man setzt diese Operation mehrere Tage fort, und erhält, jemehr man auslaugt, einen ausgezeichnet weißen Kalk.

Bei dem Gebrauche läßt man das Wasser ab, nimmt von der teigigen Masse eine Quantität in einen steinernen Topf, thut etwas Berlinerblau, Lackmus oder Indigo hinzu, um die weiße Farbe zu erhöhen, und etwas Terpentin, um Glanz zu geben.

Man rührt die Substanz mit Leim an, dem man ein wenig Alaun beigesetzt hat, und trägt mit einem dicken Pinsel 5 bis 6 Lagen auf die Mauer, die man jedesmal sehr dünn ausstreicht und jede vollkommen trocknen läßt. Ist der letzte Anstrich beendet und trocken, so wird er mit einer Bürste von Schweinsborsten stark gerieben und erhält dadurch einen Glanz, der seinen Vorzug bedingt, so daß man glauben könnte, man habe Marmor oder Stuck vor sich.

Man kann einen dergleichen Anstrich aber nur auf neuen Gypsputz setzen; alten würde man bis auf den Grund abkratzen und fast neu putzen müssen.

c) **Babigeon (Stein- oder Mauergelb).**

Unter Babigeon versteht man eine Farbe, deren man sich zum äußeren Anstrich älterer Häuser oder Kirchen bedient, wenn sie ein lebhafteres Ansehen erhalten sollen; sie gleicht der Farbe frischbehauener Steine.

Man nehme einen Eimer voll gelöschten Kalk, setze einen halben Eimer Sägemehl von Werkstücken zu, das man mit soviel braunem Ocker mengt, als zur Hervorbringung der verlangten Farbe dient. Dies Alles mische man mit einem Eimer Wasser, worin 1 Pfund krystallisirter Alaun zergangen ist und streiche mit einem großen Pinsel an.

Wenn es an Steinmehl fehlt, so thut man mehr braunen oder gelben Ocker zu, oder man stößt seinen Sandstein, den man siebt, mit Kalk zu Cement anrührt, der dann im Regen und in der Luft steht.

d) **Italienischer Babigeon, sogenannter Marmorillo.**

Dieser Babigeon, der haltbarer ist, als die gewöhnlich auf Stein, Gyps, Quader und Ziegel gebräuchlichen Anstriche, ist einer schönen Politur empfänglich, wenn man ihn in mehreren Lagen aufträgt; nur muß man vor dem Aufstreichen sorgsam die Flächen bis auf die gesunde Schicht abkratzen und rein bürsten.

Er wird aus Kalk, der durch Eintauchen gelöscht, und Spanischweiß zusammengesetzt.

Um den Kalk zu löschen, zerschlägt man ihn in nußgroße Stücke, schüttet diese in einen Korb und taucht sie unter Wasser, bis der Kalk kein Wasser mehr verschluckt, welches erkannt wird, wenn die Kalkstücke auf der Oberfläche naß bleiben; dann schüttet man sie auf ein reinliches, farbloses Kalkbett aus. Sobald der Kalk zerfallen ist, kehrt man ihn mit einem Borstwisch zusammen, während man die nicht zerfallenen Stücke auswirft, und spundet ihn in dichte Fässer oder Kästen. In diesem Zustande hält er sich über ein Jahr.

Bei der Zubereitung des Badigeon mengt man trocken ⅔ zerfallenen Kalk mit ungefähr ⅓ sehr fein gepülvertem Spanischweiß und rührt das Gemenge mit Flußwasser an.

Hat es Teigkonsistenz angenommen, so treibt man es durch ein feines Sieb, wobei die Mischung inniger wird und das Grobe zurückbleibt, färbt es dann nach Belieben mit in Wasser gelösten Farben, verdünnt es noch mit dem nöthigen Wasser und kann es nun verbrauchen.

Bei mehreren Lagen muß die erste ganz dünn sein; nachdem sie völlig getrocknet, reibt man sie mit Bimsstein ab und verfährt so gleichmäßig bei den folgenden.

Dieser Badigeon erhält Glanz, wenn man ihn mit einer scharfen Bürste und dann mit einem wollenen Lappen reibt.

Da die Zusätze nach der Eigenschaft des Kalkes verschieden sein müssen, so versuche man die Mischung erst mit einer kleinen Quantität.

c) Zu Plafonds oder Decken.

Wenn die Plafonds neu sind, so nimmt man Spanischweiß, dem man etwas Kohlenschwarz zusetzt, jedes besonders in Wasser gerührt, macht es mit halb Handschuhleim, halb Wasser an und giebt damit zwei lauwarme Anstriche.

Sind aber die Decken schon überweißt gewesen, so muß man die alte Weiße bis auf die gesunde Schicht abkratzen, welches bald mit gezähnter, bald mit platter und stumpfer Schneide verrichtet wird. Hierauf giebt man ihnen so viel Anstriche, als zur gleichmäßigen weißen Färbung nöthig sind, bürstet den Kalk rein und streicht noch zwei bis drei Lagen von Spanischweiß, in Wasser gerührt und mit Leim versetzt, darüber.

Sind endlich die Decken durch Rauch oder Feuchtigkeit geschwärzt, so müssen sie, anstatt der Kalkanstriche, einen Ueberzug von siedendem Oel erhalten.

f) Anstriche und Malerei mit Milch als Bindemittel.

Man nimmt 1¾ Quart abgerahmte Milch, 12 Loth frisch zu Pulver gelöschten Kalk, 8 Loth Lein-, Mohn- oder Nußöl, 5 Pfd. Spanischweiß, schüttet den Kalk in ein steingutnes Gefäß, gießt soviel Milch darauf, daß eine dünne Kalkbrühe entsteht und schütter nach und nach unter Umrühren das Oel und dann die übrige Milch hinzu. Im Sommer schüttet sich die Milch leicht beim Stehen, doch hat dies keinen Einfluß auf unsern Zweck und die Vermischung mit dem Kalke macht sie augenblicklich wieder flüssig. Sie darf jedoch nicht sauer werden, weil sie dann mit dem Kalk eine Art milchsauren Kalk bildet, der für die Feuchtigkeit empfänglich ist.

Die Wahl unter den drei genannten Oelen ist indifferent, bei weißen Farben zieht man jedoch das Mohnöl vor, da es den geringsten färbenden Stoff besitzt. Ja, es lassen sich sogar die gemeinsten Oele, selbst Brennöl, bei Ockerfarben verwenden.

Das Oel geht in der Zumischung des Kalks und der Milch ganz auf und bildet mit ihm eine Oelseife.

Das Spanischweiß wird pulverisirt, gelind auf die Flüssigkeit gestreut, die es einsaugt und endlich zu Boden sinkt; sodann rührt man es mit einem Stäbchen untereinander. Man giebt dieser Mischung Farbe, wie in Détrempe durch Kohlenschwarz, gelben Ocker u. a. und verwendet sie wie in der Leimmalerei.

Diese Quantität reicht hin, um 240 Quadratfuß in erster Schicht anzustreichen.

g) Anstrich von Bodenplatten (Fließen).

Wenn die Platten neu sind, so reinigt, beschabt und wäscht man sie zuerst ab.

Sobald sie trocken sind, giebt man ihnen, als Grundlage, einen sehr heißen Anstrich von rothem Ocker, in kochendes Wasser gerührt, wozu man flandrischen Leim gemischt hat. Auf diesen setzt man einen zweiten, aber kalten, Anstrich von Preußischroth, mit Leinöl abgerieben und angemacht, wozu man etwas Bleiglätte gesetzt hat. Dieser Anstrich dient, die Farbe zu fixiren und zu befestigen.

Hierauf löse man flandrischen Leim in kochendem Wasser auf, nehme den Topf vom Feuer, rühre Preußischroth mit dem Pinsel wohl unter und wende diese Mischung noch lauwarm an. Diese dritte Lage verdeckt den Oelanstrich, und bewirkt, daß er sich nicht verschmiert und an die Schuhsohlen anhängt.

Ist auch dieser Anstrich trocken, dann reibt man ihn mit Wachs ein, welches die Leimfarbe gut und haltbar macht.

— Bedarf bei 40 Quadratfuß Bodenfläche. Man läßt zu der ersten Lage 125 Grammen (8¼ Loth preuß.) flandrischen Leim in 3¼ Liter (2¼ preuß. Quart) Wasser zergehen und nimmt es vom Feuer, wenn es siedet; schüttet dann 500 Grammen (1 Pfund 2 Loth) rothen Ocker zu und rührt es tüchtig zusammen, worauf man es heiß aufstreicht.

Zu der zweiten reibt man 184 Grammen (12¼ Loth) Preußischroth mit 60 Grammen (4 Loth) Leinöl ab und verdünnt es mit 250 Grm. (17 Loth) Leinöl, mit dem man 60 Grm. (4 Loth) Bleiglätte und 30 Grm. (2 Loth) reines Terpentinöl versetzt hat. Der Anstrich geschieht kalt.

Zum letzten Anstriche löst man 90 Grm. (6 Loth) Leim in 1 Liter ($\frac{7}{10}$ Quart) kochendem Wasser auf, nimmt es, sobald er zergangen, vom Feuer und rührt 275 Grm. (25¼ Loth) Preußischroth dazu. Man verbraucht es warm.

Sind die Platten alt oder schon einmal angestrichen gewesen, so nehmen sie weniger Farbe auf.

Wenn sie Feuchtigkeit halten, so nimmt man zu dem zweiten Anstrich 184 Grm. Roth, 60 Grm. Glätte und 60 Grm. Leinöl, welche Mischung mit 184 Grm. Oel und 60 Grm. Terpentinöl angemacht und kalt aufgetragen wird. Zu dem dritten Anstriche setzt man 30 Grm. (2 Loth) Alaun, welches man mit dem Roth zusammenreibt.

Die Farbenlagen für die Parkets und Fliesen werden mit etwas abgenutzten Pinseln von Pferdehaar von Links nach Rechts und dann entgegengesetzt aufgestrichen, nur an den Lambris hin bedient man sich kleinerer Pinsel.

h) Zu Parkets.

Zu der Farbe von Parkets nimmt man gewöhnlich ein Citron- oder Orangegelb; besser ist das Letztere.

Wenn das Parket abgekehrt und gereinigt ist, bereitet man einen Absud von Avignon- (Gelb-) Beeren, Kurkuma und Safran, auch wohl nur von den beiden letzteren, vermischt sie mit Leimlösung und fügt, bei alten Parkets, noch braunen Ocker hinzu, um der Farbe Körper zu geben.

Mit dieser Flüssigkeit giebt man warm zwei Anstriche, welche die Holzjahre verdecken müssen. Nachdem alles trocken, reibt man Wachs ein.

Man bemerkt, daß die erste Lage gewöhnlich das Doppelte der Farbe erfordert, weil sie das Parket tränken muß, während die zweite nur zur Färbung dient; und man muß Bedacht nehmen, hinreichende Farbe anzumachen.

— Bedarf für 30 Quadratmeter (300 Quadratfuß) Parket von Orangefarbe. In 6 Liter

(5,2 Quart) Wasser koche man Avignonbeeren, Kurkuma und Safran, von jedem 250 Grm. (17 Loth) bis auf ¼ der Flüssigkeit ein; gebe während des Kochens 125 Grm. (8½ Loth) Alaun zu, rühre gut um und lasse es nicht übersteigen; dann gieße man den Absud durch ein reines Leinentuch. Mit ihm verbinde man eine Leimlösung von 500 Grammen (1 Pfund 2 Loth) Leim in 2 Liter (1⅘ Quart) Wasser und rühre es wohl durcheinander.

Sind die Parkets alt, so setze man zu einer Orangefarbe noch 500 Grm. braunen Ocker, bei einer lichtgelben Farbe anstatt dessen 500 Grm. lichten Ocker zu. Der Safran färbt mehr Orange, die Kurkuma und die Gelbbeeren geben ein zarteres Gelb.

Will man gebohnte Fußböden neu färben, so ist das Wachs zuvor durch Abreiben mit Scheuersand und Sauerampfer abzuziehen, welches besser, als Abscheuern mit Sand und Wasser ist. Das Wasser zerstört den Farbenanstrich, wenn dieser beibehalten werden soll, dringt in das Getäfel und giebt Anlaß zum Verwerfen, anstatt daß das Abreiben mit Sauerampfer nur das Wachs erweicht und ablöst, die Farbe aber verschont, so daß man nur eine Tinte überzulegen braucht, wenn die erste mißfällt.

i) **Königsweiß.** (Détrempe au blanc du Roi.)

Das Erste ist, mehrere Leimanstriche aufzutragen, um damit eine Sättigung zu bewirken.

Man kocht drei Zehen von Knoblauch und eine Handvoll Wermuth in 1½ Liter Wasser bis auf 1 Liter ein, gießt durch und mengt den Dekokt mit ¼ Liter starkem Pergamentleim, thut noch eine halbe Handvoll Salz und ¼ Liter Weinessig hinzu und läßt dieses Gemisch kochen.

Mit dieser kochenden Flüssigkeit wird das Holzwerk, Getäfel ꝛc. getränkt, so daß sich in den Winkeln nichts anhäuft.

Ferner verdünne man 1 Liter starken Leim mit ¼ Liter Wasser, setze der erwärmten Flüssigkeit zwei Handvoll Spanischweiß zu und lasse es eine halbe Stunde stehen.

Man rührt es gut um und giebt damit, bis fast zum Kochen erhitzt, eine sehr gleiche Lage, indem man den Pinsel nur tupfend führt, um die Gliederungen und Skulpturen nicht zu verschmieren. Diese Operation nennt man „Leimgrund geben" (encoller).

Auf diesen Grund kommen mehrere Lagen von Weiß.

Man nehme starken Leim, überstreue ihn mit der Hand mit gut gepülvertem und gesiebtem Spanischweiß einen Finger hoch und lasse dieses sich mit dem Leime vereinigen, indem man den zugedeckten Topf dem Feuer nähert und ihn warm werden läßt, bis keine Klümpchen mehr sichtbar sind. Hiermit wird tupfend eine zweite, sehr dünne und gleiche Lage, etwas warm, aufgetragen, und nach jedesmaligem Trocknen weitere, wohl 7, 8 bis 10 Lagen, je nachdem die Poren oder die Ungleichheit des Holzes es nöthig machen. Die letzte Lage muß dünner sein und wird durch leichtes Hin- und Zurückführen des Pinsels aufgetragen, wobei das Reinigen der Ecken und Winkel genau in Obacht zu nehmen ist. Dieses Verfahren wird mit der Benennung „Grundiren mit Weiß" bezeichnet.

Eine folgende Operation ist „das Glätten" (adoucir). Man bedient sich dabei breiterer oder schmälerer, runder und spitzer Hölzer, die sich den Flächen anpassen; benetzt die grundirte Fläche durch Aufspritzen mit kaltem Wasser in kleinen Partien und schleift mit Hülfe von gepülvertem, feingesiebtem Bimsstein und jenen Hölzern, wäscht mit dem Pinsel nach und trocknet jede Stelle mit weicher Leinwand trocken und glatt, nachdem man in den Winkeln und Vertiefungen die überflüssige Farbe mit eisernen Schabern zart weggenommen hat.

Hierauf reibt man Schiefer- und Kremserweiß zu gleichen Theilen mit Wasser ab, setzt etwas Indigblau zu, um das Gelbliche der Farbe zu mildern, und rührt es mit hellem Pergamentleim von ziemlicher Stärke an. Man läßt es durch ein Seidensieb laufen und giebt, mittelmäßig erwärmt, zwei Lagen.

Diese Anstriche sind sehr zart und schön für Gemächer, die wenig gebraucht werden, verderben aber bald in Wohn- oder Schlafzimmern, wo sie schwärzen. Vorzüglich anwendbar sind sie für Prachtzimmer, wo Vergoldungen anzubringen sind, die durch das matte Weiß unendlich gehoben werden.

k) **Blauer Anstrich in Zimmern auf Gyps- oder Kalkputz.**

Damit der Anstrich fein und glatt werde, reibt man zuerst die Fläche mit Bimssteinstücken oder zuvor mit feinem, ebengeschliffenem Sandstein ab, um alle Unebenheiten zu entfernen, und grundirt mit Kreide, die in etwas starken Leim eingerührt ist. Dabei darf man nicht versäumen, die Wand nach dem Schleifen mittelst Bürsten von dem anhängenden Schleifstaube zu reinigen.

Hierauf reibt man künstlichen Ultramarin oder Bergblau mit Wasser ab, giebt ihm durch Verdünnen mit starkem Leimwasser die gehörige Konsistenz und streicht die Farbe mit einem weichen Pinsel auf den Kreidegrund. Da der Ultramarin eine ziemlich tiefblaue Farbe giebt, so kann man ihn mit Kreidezusatz abreiben. Man nimmt zuweilen Berlinerblau und Kreide zu der Mischung; da dieses jedoch eine sehr vergängliche Farbe ist, so ist der Ultramarin vorzuziehen.

Auf ähnliche Art behandelt man auch andere Farben, als Berggrün, Schweinfurtergrün, Chromgrün, Schüttgelb, gelben Ocker, Preußischroth ꝛc.

m) **Meergrüner Anstrich auf Wandputz.**

Man reibt Berggrün und Bleiweiß, jedes besonders, mit Wasser ab, macht es mit Leimwasser an und setzt noch soviel Bleiweiß zu, als nöthig ist, der Farbe die gehörige Stärke zu geben. Dauerhafter wird die Farbe, wenn man statt des reinen Bleiweißes eine Mischung von Bleiweiß und feiner Kreide nimmt. Man kann auch zuerst eine Mischung von Kreide und Grünspan zusammenreiben, und dann durch Bleiweiß, in Wasser gerieben, die verlangte Tinte erzeugen. Nur lasse man nicht außer Acht, daß alle Grüne mit Grünspan bei dem Anstriche eine viel blauere Farbe haben, die sich später mehr in Gelb zieht.

n) **Wohlfeiler gelber Anstrich auf äußern Kalkputz.**

Man löst Eisenvitriol in warmem Wasser auf, bereitet dann eine Kalkmilch, wie sie zum Anstrich in der Regel genommen wird und gießt von der Vitriollösung hinzu. Diese Mischung hat das Eigenthümliche, daß sie ungemein nachdunkelt, weshalb man nicht versäumen darf, Proben zu streichen und mindestens 24 Stunden stehen zu lassen. Es bedarf nur wenig Vitriollösung, um eine hellgelbe Ockerfarbe hervorzubringen; sie dunkelt selbst nach mehreren Tagen noch nach.

Beabsichtigt man eine gebrochene Farbe, dann rührt man der Kalkmilch vor der Vermischung feingestoßene und zerriebene Kohle bei. Diese wohlfeile und nützliche Farbe steht vollkommen in der Witterung und giebt auch dem Holze eine dauerhafte Farbe. Bei dem Anstreichen kann man sich leicht täuschen, da sie in nassem Zustande als schmuziges Grün erscheint.

o) **Anstrich auf Holzwerk im Freien.**

Man schmelze 12 Unzen Kolophon in einem eisernen Topf, mische dazu 12 Maß Thran und 1 Pfund Schwefel und rühre, sobald die Schmelzung vollkommen ist, braunen, in Oel abgeriebenen Ocker nach Gutdünken hinzu.

Man streicht mit der Mischung, so lange sie noch heiß ist, den ersten Anstrich sehr dünn auf, läßt einige Tage trocknen und legt dann nach Umständen einen zweiten und dritten Anstrich darüber. Ein solcher Anstrich schützt auch Mauersteine gegen Verwitterung.

Anstrich mit Wasserglas.

§. 91. Im J. 1856 wurde auf dem Eisenhüttenwerke zu Hirschwang (Schlesien) ein leichtes der Wetterseite zugewandtes Schutzdach errichtet. Diese an den Seiten vielfach durchbrochene Zimmerung aus ganz frischem Holze konstruirt, wurde in- und auswendig mehrere Mal mittelst Borstpinsel mit einer Wasserglas- (Kieselgallert) Lösung in der Weise angestrichen, daß mit jedem neuen Anstrich zugewartet wurde, bis der vorhergehende trocken war, und damit fortgefahren, bis der getrocknete Anstrich einen matten Glasglanz zeigte Das Verfahren hat sich vollkommen bewährt, indem bis jetzt weder Risse noch Abschälungen bemerkbar sind. —

In derselben Eisenhütte wurde ein Schornstein von 50 Fuß Höhe, der schon früher aus Versehen mit gebrannten Steinen von geringer Qualität aufgeführt worden war, im Jahr 1856 auf der Außenseite, wo atmosphärische Einwirkungen ein Ablösen und Abbröckeln der Ziegel bewirkten, mit Wasserglas bestrichen.

Noch heute zeigt die so geschützte Esse das gewöhnliche Ansehen einer Ziegelmauer, die jedem Wetter widersteht. — (Gewerbhalle, 1863.)

Von der Nachahmung bunter Steinarten, als Porphyr, Granit, Marmor u. s. w. auf Kallpuß.

§. 92. Die Nachahmungen von dergleichen Steinarten können nur durch Stuff ziemlich täuschend nachgeahmt werden, durch oberflächlichen Anstrich oder Malerei werden sie immer sehr unvollkommen bleiben; indeß bedient man sich zuweilen nachbeschriebener Verfahren, wenn eine kunstreichere Nachahmung nicht verlangt wird. Um aber doch eine Aehnlichkeit zu erzielen, ist es unbedingt nöthig, daß man Musterblättchen dieser verschiedenen Steinarten habe, die in Quadraten von gegen 3 bis 4 Zoll Seite bestehen und geschliffen sind.

Was man in der Staffirmalerei unter Nachahmungen des Porphyrs versteht, bietet keine Schwierigkeiten. Wenn der Farbengrund gelegt ist, ahmt man die kleinen Punkte auf die Weise nach, daß man Farbe mittelst eines Pinsels darauf spritzt, indem man mit dem Stiele des Pinsels auf ein Stück Holz schlägt. Man nennt dies Jaspiren. Ein Lehrling hält während dieser Operation ein Bret, das er successive auf alle dem Porphyr benachbarten Theile setzt, um sie vor der Farbe zu schützen.

Das Jaspiren bildet nur ziemlich regelmäßige kreisrunde Punkte, während der Porphyr Punkte und kleine Flecke von allen Formen enthält. Die Nachahmung würde offenbar weit vollkommener sein, wenn man diese Flecke mittelst eines kleinen Spritzpinsels hervorzubringen suchte, was allerdings weit mehr Zeit kosten würde. Die Nachahmung des Porphyrs ist vollständig, wenn man zuerst einige Vertreiber macht, alsdann die kleinen Flecke halb jaspirt, halb sehr fein mit dem Spritzpinsel ausführt.

Auf diese Weise werden die Friese der Treppen und Korridors, die Springbrunnen, die Sockel, die Vasen ꝛc. gemalt.

§. 93. Nachahmung des Granits.

Der Granit ist ein aus Feldspath, Quarz und Glimmer gemengtes Gestein und hat das Ansehen, als ob kleine, unregelmäßige Steinbrocken von verschiedenen Farben durch einen Kitt verbunden wären.

— Antike Granitarten ſind: der roſenfarbene orientaliſche, mit weißen und ſchwarzen Flecken; der Grund deſſelben muß grauroſenroth angelegt werden; ferner der grüne Granit mit hellgrauem, etwas gelblichem Grunde und überſäet mit kleinen, ſchwarzen und hellſchiefergrauen Punkten.

Unter den modernen Granitarten giebt es grauen, braungelben, grünen, gelben Granit ꝛc.

Um den Granit nachzuahmen, bedient man ſich des Spritzpinſels, mit welchem man nach und nach die verſchiedenen Farben aufträgt, welche die Beſchaffenheit des Granits darbieten. Man ſagt, daß ein Granit mit einmaliger, zweimaliger oder dreimaliger Anwendung des Spritzpinſels ausgeführt ſei, um die Zahl der Farben zu bezeichnen, die man nach und nach mit dem Spritzpinſel aufgetragen hat. Es giebt Granitarten, welche, außer den Körnern, noch Kieſel und einige Adern enthalten, die man nicht eher mit dem Pinſel ausführt, als wenn die Farbe, welche man mit dem Spritzpinſel aufgetragen hat, ganz trocken iſt.

§. 94. **Nachahmung des Marmors.**

Von den Marmorarten giebt es eine unendliche Menge, ſowohl antike, als moderne, in denen bald die bald jene Grundfarbe vorherrſcht und jede hat wieder mehr oder weniger ſchöne Varietäten.

Um die Marmorarten durch Malerei nachzuahmen, muß man 1) die erſte Anlage ausführen, die gewöhnlich aus Vertreibern oder den Spuren beſteht, die der Spritzpinſel hinterläßt; 2) die verſchiedenen Maſſen malen, welche aus Steinen, Kieſeln ꝛc. zuſammengeſetzt ſind, und endlich 3) die Adern und die andern Zufälligkeiten ausführen. Wenn die Arbeit gut werden ſoll, muß man jeder dieſer drei Operationen einen ganzen Tag widmen, damit die Farbe der einen Operation trocken ſei, ehe man eine andere aufträgt.

Jede dieser drei Operationen wird mit größern oder kleinern Pinseln ausgeführt, welche, je nach der Beschaffenheit des nachzuahmenden Marmors, in der Gestalt und in der Größe verschieden sind. Die Vertreiber werden immer mit Handpinseln und die Spritzflecken mit dem Spritzpinsel ausgeführt; die Steine und die Kiesel werden manchmal mit Handpinseln, manchmal kleinen Pinseln dargestellt; die Adern werden häufig mit dem kleinen Pinsel ausgeführt. Einige Marmor müssen lasirt werden, das heißt, sie müssen, nachdem die Adern gemalt und getrocknet sind, einen allgemeinen Anstrich mit einer Farbe bekommen, die mit Essenz ganz dünnflüssig angemacht worden.

Dieses Lasiren nimmt den Adern die Härte, giebt den aufgetragenen Farben Harmonie und modificirt die Farben zu einem gewissen allgemeinen Ton. Es verleiht der Arbeit dabei eine Durchsichtigkeit, durch welche sie der Natur näher rückt. Der weiße geaderte Marmor wird in seinen Adern immer lasirend aufgemalt.

Bei Arbeiten, wo es auf eine treue Nachahmung der Natur weniger ankommt, bewirkt man das Marmoriren auf verschiedene mechanische Weise, und zwar:

1) Wird der Marmor mit einem Stück feinem Fischernetze, nach dem technischen Ausdrucke, „gewikfelt." Man taucht das Netz in die verschiedenen Farben, drückt es aus und wickelt damit nach allen Richtungen an den Wänden herum, wodurch eine marmorähnliche Zeichnung entsteht.

2) Wird der Marmor mit einem groben, leinenen Lappen (Packleinwand) auf beschriebene Art entweder gewickelt oder gelupft, welches wieder eine andere Art von Zeichnung hervorbringt.

3) Er wird mit einem leinenen Lappen geworfen. Man taucht zu diesem Behufe den Lappen (oder einen großen und groben Pferdeschwamm) in die verschiedenen Farben, drückt ihn mit den Händen ziemlich rein aus, schüttelt ihn auseinander, damit er locker werde, nimmt ihn dann als lockeren Ballen leicht zusammen, wirft

denselben mit der rechten Hand an die Wand und fängt ihn mit der linken wieder. Mit diesem Werfen wird so lange fortgefahren, indeß man von Zeit zu Zeit wieder in die Farbe taucht, ausdrückt und auflockert, bis die ganze Fläche mit der Zeichnung betragen ist.

Daß eine dergleichen Nachahmung des Marmors keinen Anspruch auf Eleganz machen kann, ist ersichtlich; er ist nur in gemeinen Wohnhäusern anwendbar, wo auf Ersparniß gesehen wird.

Von den Kanten und Bordüren.

§. 95. Zu den Kanten oder sogenannten Bordüren sind Patronen erforderlich, und selbst, wenn die Kanten nicht mit Patronen vollständig schablonirt, sondern wirklich gemalt werden, schablonirt man doch gewöhnlich die erste Anlage. Das Malen von Friesen kann nicht hieher gerechnet werden, dies gehört für den Kunstmaler. Das Verfahren bei dem Schabloniren ist im Allgemeinen folgendes:

Die durchbrochenen Patronen, in welchen sich die Figur der Bordüren befindet, und die eine Länge zwischen 1½—2 Fuß in verschiedenen Breiten haben, werden nun in die abgeschnürten Räume mit zwei spitzen, geraden Ahlen festgesteckt, die durchbrochenen Stellen mit der bestimmten Farbe überfahren, dann wieder losgemacht und weiter fortgesteckt, und so lange, bis die Bordüre rundherum vollendet ist. Schatten und Licht wird nachher an den Figuren gedachter Bordüren ausgefüllt. Es giebt aber auch Patronen, um den Schatten und das Licht durch dieselben auf einmal ausfüllen zu können, wo zu einer Bordüre öfters 2, 3 bis 4 Patronen erforderlich sind.

Was nun die Wahl der Farben hinsichtlich der Ausmalung der mehrgedachten Bordüren betrifft, so ist dieses eine Geschmacksache, welche dem Bauherrn und dem Tüncher oder Stubenmaler überlassen werden muß, weshalb darüber hier nichts Bestimmtes festgesetzt werden kann.

In denjenigen Zimmern, wo keine Panelbordüren angebracht werden, da werden gedachte Panele nur mit einfarbigen Käntchen oder sogenannten Schattenlinien eingefaßt.

Anfertigung der Patronen zur Wand- und Deckmalerei, und von dem Patroniren.

§. 96. Es würde eine sehr mühsame, undankbare Arbeit sein, wenn man Bordüren und überhaupt Ornamente, die nach einer gewissen Länge wiederkehren, wie auch Rosetten und dergleichen, welche gleichartig in Form und Farbe sich wiederholen, aus freier Hand auf Wände und Decken malen wollte.

Es würde aber dabei nicht allein die größere Mühe, sondern auch die wenigere Regelmäßigkeit in Betracht kommen. Man kann daher wohl Gegenstände, die eine durchaus freie Behandlung erfordern, mittelst Pausen auf die Wandfläche tragen und frei ausführen, wiewohl man auch sich dazu noch anderer Hülfsmittel bedient; zu Bordüren aber, deren Details in einer bestimmten Länge wiederkehren, zu Rosetten, die regelmäßig getheilt sind, zu Feldverzierungen und ähnlichen Arbeiten bedient man sich der Schablonen oder Patronen.

§. 97. Zu diesen Patronen wird eine dünne, geschlagene Pappe, doppelt oder dreifach zusammengeleimtes Papier oder sogenannter Preßspan genommen, von der Größe, als die Zeichnung bis zur Wiederholung erfordert, und auf beiden Seiten mit Leinöl getränkt.

Jede Farbe, Ton oder Tinte hat ihre eigne Patrone, worin diese Farbe allein herausgeschnitten wird.

Zu dem Ausschneiden und Durchschlagen dieser Patronen sind verschiedene Instrumente nöthig, als:

Ausschlageeisen von runder, flacher, verschiedengezackter Blattform 2c., die, nach Theilen der Zeichnung eingerichtet, zuweilen besonders dazu gearbeitet werden, da eine ansehnliche Menge von Ausschlageisen nöthig wäre, wenn man alle im Voraus beschaffen wollte; mehrere größere und kleine Schneidemesser, Schneidezirkel und dergleichen.

Zuerst macht der Maler die Zeichnungen von derselben Größe, wie sie ausgeführt werden soll und malt sie mit allen Farben und Schatten vollkommen aus.

Nun nimmt derselbe die Zeichnung auf einen Tisch vor sich, legt eins der Schablonenpapiere darunter und nagelt Beides auf ein starkes, glattgehobeltes Lindenbret mit mehreren Sattlerzwecken auf, so daß sich nichts verschieben kann. Er fängt damit an, die von einerlei Farbe bedeckten Flächen des Musters mit seinen Instrumenten auszuschneiden und durchzuschlagen, auf daß sowohl die Zeichnung, als das darunter liegende Blatt dem Kontour nach rein herausgeschnitten wird und so Oeffnungen bildet, welche genau die Gestalt und Form der einen Farbe das ganze Muster durch haben.

Zugleich darf nicht versäumt werden, in einer oder zwei Ecken der Blätter mit einem kleinen Locheisen eine Oeffnung durchzuschlagen, welche mit allen übrigen Patronen korrespondirt und zum genauen Aufpassen unentbehrlich ist.

Wenn das Schablonenblatt der einen Farbe fertig ist, so wird mit der zweiten Farbe auf gleiche Weise verfahren, vor Allem aber die Löcher zum Aufpassen, welche bereits in dem Musterblatte vorhanden sind, auch in der zweiten Patrone durchgeschlagen und so fortgefahren, bis auch die letzte Farbe durchgeschnitten ist. Bei kleinen oder Schattentinten, die auf einem farbigen Grunde liegen, schneidet man die ganze Stelle aus, welche die Grundfarbe einnimmt und fertigt mit Hülfe dieser Patrone eine neue Musterzeichnung, worauf man jene Stellen malt und dann von ihnen eine Patrone nimmt. Zuweilen werden aber dergleichen, oft nur in schmalen Strichen und Druckern bestehende Stellen aus freier Hand mit dem Pinsel gemalt.

§. 98. Sind die Patronen fertig, so werden sie numerirt, wie sie der Reihefolge nach — gewöhnlich die größten Farbenflächen zuerst und wie successiv die Farben sich decken — durchgezeichnet werden müssen. Man schnürt auf der Wand ab, wobei der Schnurschlag in der Regel so eingerichtet wird, daß eine Langseite der Schablone an denselben zu liegen kommt, und reibt die jeder einzelnen zukommende Farbe mit einem kurzgebundenen, mittelweichen Borstpinsel oder einem weichen Schwamme durch, wobei die Anpaßpunkte, wovon die der ersten Schablone zugleich mit durchgerieben werden müssen, genau aufeinander gepaßt werden, weil sonst alle Farben des Musters verschoben werden würden.

Man pflegt auch über die Schablonenfarben zuweilen einzelne Stellen mit einer durchsichtigen Leimfarbe zu lasiren, oder reinen Leim, in welchem etwas Terpentin zerlassen, ohne Beimischung von Farbe zu den kräftigeren Schatten und Druckern anzuwenden, wenn man nicht streng beabsichtigt, der Farbe einen sammtartigen Lüster zu erhalten.

Wir geben auf Tafel V, VI und VII eine speciellere Anweisung zur Anfertigung der Patronen, wobei die Muster von zwei Borduren zu Grunde gelegt werden. Der Zweck der vorliegenden Schrift kann nicht sein, eine Mustersammlung zu geben; es sind daher nur zwei solche Muster gewählt worden, an denen sich das Verfahren, Patronen auszustechen, deutlich nachweisen läßt.

§. 99. Das Geschäft der Zimmerverzierung durch Malerei gehört eigentlich dem Staffirmaler, der von Rechtswegen einen Malerkursus durchgemacht haben muß. Da in kleinern Orten aber selten ein solcher anzutreffen ist, so wird es häufig von Tünchern oder Maurern übernommen; diese finden in nachstehenden Werken eine reichhaltige Auswahl von Musterblättern.

Böttiger, C., Ornamentenbuch zum praktischen Gebrauche für Architekten und Dekorationsmaler. Berlin.

Ornamente für Stubenmaler, in natürlicher Größe, von Ed. Heims. Berlin.

Wolfram, A., Musterblätter für Stubenmaler, in natürlicher Größe. Quedlinburg.

Fink, Frz., Musterzeichnungen ꝛc. Darmstadt.

Originalmuster, Berliner, für Stubenmaler. Auf Schablonenpapier gedruckt zum Ausschneiden. Berlin.

Schober, praktische Verzierungsblätter für Tapetenfabrikanten, Dekorations= und Zimmermaler ꝛc. Ulm.

Beyer, A., neue Deckendessins. Berlin.

Cramer, C., byzantinische Dekorationen für Zimmermaler. München.

Wenzel, M., Motive zu Ornamenten ꝛc. Leipzig.

Tönius, Gebr., Dekorationsmalerei, Ornamente ꝛc. Berlin.

Schmidt, F. C., Ornamente für Dekorationsmaler und Stukkateure. Eilenburg.

§. 100. Fig. 27 ist eine einfache Vorbüre in verkleinertem Maßstabe. Man kann bei dieser mit einer Patrone ausreichen, wenn man die Schlagschatten und weißen Lichter mit dem Pinsel aus freier Hand aufsetzt, welches ziemlich einfach und der Anfertigung zweier Patronen für die dunkle Schattenfarbe und für das Weiß vorzuziehen ist. Ebenso wird das Blau aufgemalt.

Bei dem Aufschneiden ist genau darauf zu sehen, daß die Patrone an Stellen, wo unausgeschnittene Theile außer Verbindung mit dem Uebrigen stehen, oder zu wenig Zusammenhang haben, also herausfallen oder sich verschieben würden, eine hinreichende Anzahl Stege stehen läßt, auch diese an den schicklichsten Stellen anbringt, damit sie eine hinreichend feste Verbindung mit dem Ganzen gewähren.

Wo solche Stege sich befinden, bleibt freilich eine leere Stelle auf der Wand. Diese ist aber entweder zu wenig bemerkbar oder wird nachgebessert.

Fig. 28 ist die zugehörige Patrone für das Orangegelb. Das Muster macht Stege nur in a und b nöthig.

Da dieses Schablonenmuster in einer lichten Farbe in dunklem Grund besteht, so muß das Orange eine starkdeckende Farbe sein, weil der rothbraune Grund zuerst aufgestrichen werden muß, ohne daß das Muster ausgespart werden kann. Ebenso das Blau. Die dunkeln Randstreifen werden zuletzt an dem Lineale mit Breitpinseln gezogen.

Fig. 29 zeigt ein Muster in kleinem Maßstabe, welches mehr Patronen erfordert, deren Anzahl möglichst zu vermindern ist, wenn man Dies und Jenes aus freier Hand malt. So können die dunkeln Schatten mit einer Patrone, aber auch mit dem Pinsel aufgesetzt werden, wenn die andern Töne und Farben aufgetragen sind. Desgleichen gestatten die Trauben die Ausführung aus freier Hand, sobald der rothe Grund schablonirt ist.

Die obere und untere Leiste muß jedenfalls am Lineale gezogen werden, sowie das Mittelfeld blau grundirt ist, weil die Ranke hier und da darüber greift.

Will man die Farben der Ranke reiner haben, so thut man besser, auch das Blau zu schabloniren, und zwar auf den grauen Grund, der den lichtesten Ton nach dem Weiß hat, und dabei auch das Roth der Trauben frei zu lassen.

Wenn aber auf den vollen blauen Grund die Ranke schablonirt werden soll, so sieht man in Fig. 30 die Patrone zu dem ersten lichten Ton; Fig. 31 zeigt die Patrone für den Mittelton, und die zuletzt anzuwendende in Figur 32 giebt die hohen weißen Lichter.

Man übersehe nicht, beim Durchschlagen der Patronen mit einem kleinen Locheisen den Index für das Aufpassen durch alle übereinanderliegende Patronen genau durchzuschlagen und dieses Zeichen sehr sorgfältig aufzupassen, wenn man mit den Patronen wechselt.

Dies wird hinreichen, dem Maler über die Anfertigung der Patronen so weit zu unterrichten, daß er jedes

Muster, welches ihm vorliegt, ausstechen kann. Es ist allerdings dazu ein gewisses Studium des Musterblattes nöthig und zuweilen schwierig, die Schablonentheile, welche stehen bleiben müssen, in gehörigen Zusammenhang durch Stege zu bringen. Sollte man sich beim Ausstechen darin nicht gehörig vorgesehen haben, so lassen sich solche auch allenfalls nachträglich aufleimen.

§. 101.

Farbenmischungen, die zum Anstrich von Mauern, Wänden, Bretverkleidungen ꝛc. anzuwenden sind.

Name der Farben.	Woraus die Farben gemischt werden.	
	In Kalk.	In Leim oder Oel.
Weiß.	Kalk mit etwas Lasurus.	Bleiweiß; zu Milchweiß etwas Berlinerblau, besser noch gebrannten Ruß oder Frankfurter Schwarz.
Strohgelb.	Oker mit kalkweiße.	Lichter Oker mit etwas Bleiweiß.
Grünlichgelb.	Eisenvitriol und wenig Kienruß	Lichter Oker mit wenig Frankfurterschwarz, (Kienruß) und Bleiweiß.
Erbsgelb.	Lichter Oker mit kalkweiße.	Lichter Oker, etwas gebrannter Oker und viel Bleiweiß.
Gelbgrünlich.	In Wasser gelöster Eisenvitriol und Kalkweiße.	
Grün.	Braunschweigergrün und kalkweiße.	Etwas Braunschweigergrün, Bleiweiß und lichter Oker.
Graugrün.	Braunschweigergrün und kalkweiße.	Etwas Braunschweiger Grün, lichter Oker und Bleiweiß.
	Oker, Blau, Kalkweiße und Kienruß.	Oker, Blau, Bleiweiß und Kienruß.

11*

Name der Farben.	Woraus die Farben gemischt werden.	
	In Kalk.	In Leim oder Oel.
Ueberfarbe.	Kalkwasser und etwas mehr Eisen-vitriol, als in Erdgelb.	Dunkler Ocker und Bleiweiß.
Gelbgrün.	Kalkweißer, Kienruß und gelbe Erde.	Kienruß, Bleiweiß, etwas grüne Erde und lichter Ocker.
Sahlgrün.	Kalkmisch, lichter Ocker und grüne Erde.	Lichter Ocker, Bleiweiß und grüne Erde.
Aschgrau. Blaugrau.	Kalkwasser und Kienruß. Kalkweiß, Kienruß und Smalte oder Berlinerblau (auch Ultramarin).	Bleiweiß und Kienruß. Bleiweiß, Kienruß und Smalte oder Ultramarin.
Blau.	Indigo oder Ultramarin mit Kalkwasser.	Berlinerblau oder Smalte, Ultramarin mit Bleiweiß.
Braun oder bräunlich. Röthlich.	Röthliche Erde oder gebrannte Umbra mit Kalkwasser. Kalkweiße und ein wenig Englisch-roth oder Bolus.	Das Nebenstehende mit Bleiweiß. Rother armenischer Bolus und Bleiweiß.
Blaßziegel-roth.	Kalkwasser und gebrannter lichter Ocker.	Gebrannter lichter Ocker und Bleiweiß.

Roth.	Englischroth, oder Bolus, oder Mennige, oder Zinnober, oder Kugellack, Wienerlack mit Kalkweiße.	Die nebenstehenden Farben mit Bleiweiß.
Hellgrün. Hellgelb. Hochgelb.		Berggrün oder Braunschw. Grün. Mineral oder Neapelgelb. Dieselben Farben mit etwas lichtem Oker oder Schüttgelb.
Hellblau.	Die rechter Hand stehenden Farbe heißen können auch auf Kalk benutzt werden und werden dann mit Kalkwasser angemacht.	In Innern Berlinerblau, in der Luft aber Smalte oder Ultramarin mit Bleiweiß (zur Aufeuchtung der Smalte muß Mann genommen werden). Florentinerlack oder Berlinerroth mit Bleiweiß. Berlinerroth und Berlinerblau, ob. statt Letzteren Indigo, mit Bleiweiß.
Rosenfarbe. Lila. Schöngelb.		
Blau.	Kalkweiß mit etwas aufgelöstem, reinem Saftgrün. 2 Quart Wasser mit 1 Pfd. Kupfervitriol gekocht und nach dem Erkalten mit Kalkweiße vermischt.	
Grau.	Dieselbe Farbe mit ½ Pfd. aufgelöster Pottasche.	

§. 102. **Firnißanstrich gegen die Feuchtigkeit der Wände.**

Zur Verhütung der Feuchtigkeit an den Zimmerwänden wendet man folgenden Anstrich mit Erfolg an:

Man vermischt eine Pinte (= $\frac{1}{2}$ Quart preuß.) Leinöl mit 1½ Unze Bleiglätte und 2 Unzen fein gepülvertem Harz. Legt damit mehrere Anstriche auf die Wandfläche, die mit dem fünften Mal einen Mauerüberzug erzeugen, der hart und undurchdringlich gegen Feuchtigkeit ist.

In der neuern Zeit bieten mehrere Fabrikanten ein mit Asphalt präparirtes Papier aus, bestimmt, Wände, Tapeten ꝛc. gegen Feuchtigkeit zu schützen. So Erfurt und Altmann in Magdeburg; Hauwitz u. C. in Stettin; Seeger u. Müller in Stuttgart, welches als Isolirschicht bei den K. Württemberg. Staatsbauten verwendet wird u. a. m. — Es liegen noch zu wenig Erfahrungen vor, um ein triftiges Urtheil darüber fällen zu können.

Verfahren beim Ziehen der Wand- und Deckengesimse.

§. 103. Zum Formen und Ziehen der Gesimse sind nachbenannte Geräthe und Materialien erforderlich:

1) Schablonen von Bretern, die aus einem festen und gedrungenen Holze, Birnbaum, Buche ꝛc., geschnitten und nach der Form des Gesimses abgerichtet werden. Besser noch ist es, die Formkante mit Blech zu versehen, welches nur wenig über die Bretkante vorsteht.

2) Ziehlatten von ganzer Bretlänge und 4 bis 4½ Zoll Breite, welche glatt gehobelt und an den Kanten ganz geradlinig abgestoßen werden müssen.

3) Ein sogenannter Schlitten zur Regulirung der Schablonenbewegung, welcher an derselben auf einer der flachen Seiten befestigt wird.

4) Eiserne Putzhaken, zu Befestigung der Ziehlatten.

5) Verschiedene, nach den Gliederformen geschnittene Putzhölzer von einem harten Holze, zum Auspuhen der Glieder.

6) Kurze Richtscheite von 4 bis 8 Fuß.

7) Kalkkasten, Wassereimer, Sprengpinsel.

8) Eiserne Nägel und Mauerhaken von verschiedener Länge, welche zu Befestigung von starken und mehr ausladenden Gliedern gebraucht und wohl auch mit Draht bezogen werden, wenn dieselben nicht durch Formsteine vorgemauert sind.

9) Die nöthigen Materialien zum Mörtel, als gebrannter Kalk, Sand, Gyps, Kälberhaare.

10) Bossirhölzer und Eisen.

Fig. 24 zeigt das Gesims a, welches geformt werden soll, die Schablone b mit dem angeschnittenen Profil; c den Schlitten, welcher zur Regulirung der Schablonenbewegung dient, und d die Ziehlatte, auf welcher die Schablone streicht. Diese Gegenstände erscheinen hier im Querprofil; bei e sehen wir aber die Ziehlatte im Längenprofil, wo dann die Schablone bei g auf derselben streicht. Der Schlitten c besteht aus Latten und wird mit Holzschrauben an die Schablone befestigt.

Wenn nun die Ziehlatten an der Wandfläche angeheftet sind, werden die größeren, stärker ausladenden Glieder zuerst einigemal mit schnell bindendem Mörtel, aus Kalk, Sand, Gyps und Haaren gemischt, angeworfen und mit der Schablone abgerichtet.

Zu diesem Behufe faßt ein Arbeiter mit der linken Hand die Schablone bei c und mit der rechten unter d und geht im Zuge rückwärts; ein anderer faßt mit der linken Hand den Schlitten und mit der rechten die Schablone, und ein dritter endlich faßt mit beiden Enden die Schablone, und so gehen sie im steten Zuge vor, genau darauf achtend, daß die Schablone in ununterbrochener Berührung mit der Ziehlatte bleibt, nicht kippt und immer lothrecht steht, wozu bei großen Hauptgesimsen der Schlitten dient.

Wenn nun das Gesims einigemal mit dem vorbeschriebenen Mörtel angeworfen und mit der Schablone abgezogen worden, so sieht man, wo noch tiefe Stellen vorhanden sind, welche die Schablone nicht berührt hat; diese werden mit demselben Mörtel und der Kelle nachgebessert und nochmals mit der Schablone übergangen.

Auf diese gröbere Abformung wird nun mittelst feinerer Mörtel die vollkommnere Gestaltung der Gliederung aufgesetzt.

Dazu wird der gebrannte, trocken gelöschte Kalk durch ein Drahtsieb getrieben, wie dies auch mit dem Sande und Gyps geschehen muß. Von diesem Material bereitet man einen dünnen, breiartigen Mörtel und mit diesem wird das Gesims betragen, nachdem der gröbere Bewurf etwas abgetrocknet und gebunden hat, jedoch noch soviel Feuchtigkeit bewahrt, daß es sich mit dem neuen Auftrage gut verbindet.

Sowohl dieser, wie auch der erste Kalkauftrag, kann nur nach und nach stückweise geschehen und mit der Schablone gezogen werden, weil er sonst vom Anfange herein zu fest werden würde und mit der Schablone nicht bewältigt werden könnte. Nach dem jedesmaligen Anwurfe wird derselbe vor der Schablonirung mittelst eines Sprengpinsels mit Wasser angespritzt, damit der Mörtel nicht zu stark an der Schablone hafte und abgerissen werde. Diese Arbeit wird nun so lange fortgesetzt, bis alle Glieder rein ausgebildet sind. Nachdem der Mörtel etwas übertrocknet ist, jedoch bevor er wirklich gebunden hat, besprengt man die Arbeit nochmals mit Wasser, putzt sie mit den Bossirhölzern sauber aus und überpinselt sie noch mit Wasser, welches ihr die gehörige Glätte giebt.

Kleinere Stücke, wie sie namentlich bei Verkröpfungen vorkommen, lassen sich mehrentheils nur aus freier Hand, mit Hülfe von kleinen Schablonentheilen und der Bossirhölzer, ausführen, da man mit dem ganzen Schablonenbrete selten ankommen kann.

Die Gurt- und Kämpfergesimse werden auf die beschriebene Art ausgeführt. Gewöhnlich sind dergleichen

Gesimse vorgemauert, wenn sie einige Ausladung haben; wo dieses aber nicht der Fall ist, da hat man Mauerhaken oder lange Nägel einzuschlagen, mit Draht zu verbinden und einigemal erst mit schnellbindendem Mörtel auszuwerfen. Die Anbringung des Schlittens an die Schablone ist bei Ausführung dieser Art von Gesimsen nicht nöthig.

Bei Herstellung der Fußgesimse wird die Ziehlatte oberhalb der Schablone angebracht, weil diese unterhalb auf der Plinte oder dem Sockel streicht.

Bei Bogengesimsen an Fenstern und Thüren kann keine Ziehlatte angebracht werden; hier wird ein sogenannter Steg von schwachem Kreuzholze zwischen die Thür- und Fenstergewände geklemmt und gut verkeilt. Dieser Steg muß mit den Anfängen des Bogens genau horizontal liegen; an ihn wird an der äußern Flucht eine Latte angeschraubt, welche zugleich auch an der Schablone festgeschraubt wird, sich aber um die Schraube an dem Steg, als Mittelpunkt des Bogens, drehen kann; auf dieser Latte liegt der Radius des zu ziehenden Bogens.

§. 104. Wenn Berstäbungen an Thür- und Fensterbekleidungen, sowie auch an Thür- und Fenstergewänden von Mörtel konstruirt werden sollen, so werden nach der erforderlichen Breite, Höhe und Stärke derselben abgehobelte Latten angeheftet, die Zwischenräume mit Mörtel ausgefüllt, abgezogen und abgerieben.

Auf ähnliche Weise wird auch bei Deckenverzierungen verfahren:

Es sei Fig. 25 ein Theil einer Decke, a das Haupt- oder Wand- (Kämpfer-) Gesims der sogenannten Voute oder Hohlkehle; b die Voute, welche den Winkel von Wand und Decke ausfüllt; c das Deckengesims.

Die Decke wird, wegen der Voute, nicht bis zur Wand getüncht. Der Voute wird meistens durch angenagelte, mit Draht bezogene Rohrbündel und groben Kalkmörtel der Körper gegeben, dann wird sie berappt und der Decke gleich geputzt. Sie wird hierauf mit kurzen Richtscheiten aus freier Hand abgezogen und erhält ihre gehörige Form.

Fig. 26 stellt das Deckengesims in kreisrunder Form nach Fig. 25 c dar. Man sucht zuerst den Mittelpunkt der Decke c, Fig. 26, indem man aus den Winkeln Schnurschläge macht, deren Durchkreuzung den Mittelpunkt bestimmt.

In diesem Punkte wird nun die Latte b mittelst einer langen Schraube, um welchen Mittelpunkt sie sich als Radius dreht, angebracht. An die Latte befestigt man die Schablone a, mit welcher das Gesims aus dem Mittelpunkte c, Fig. 26, gezogen wird, wenn zuvor der Mörtel, wie oben beschrieben worden, angetragen ist.

Um ein Anhalten beim Einschlagen kleiner Nägel in die Grundflächen der erhabeneren Glieder zu haben, beschreibt man, mit Hülfe einer Schnur oder der beweglichen Latte, Kreise mit Röthel, welche die horizontale Projektion der Glieder bezeichnen und verrichtet dann das Antragen des Mörtels und das Ziehen nach der oben angegebenen Weise.

Methode, Pilaster, Säulen ꝛc. von Stuck (scagliola) zu bilden.

§. 103. Nachdem der Architekt die Zeichnung einer Säule geliefert hat, so wird ein Kern von Holz gefertigt, welcher 2½ Zoll kleiner im Durchmesser, als die projicirte Säule sein muß. Den Umfang dieses Kerns benagelt man mit doppelten Splitten oder Reifen, wie bei dem gewöhnlichen Putz und trägt einen groben Mörtel darüber, der mit dünnem Leimwasser nach Maßgabe seiner Bindekraft angemacht wird.

Nachdem der grobe Bewurf vollkommen trocken, muß er mit Wasser angefeuchtet werden. Die Komposition, woraus der Gypsmarmor besteht, schüttet man in einen Trog, der gegen 8 Zoll im Lichten und quadratischen Durchschnitt hat; sie wird mit hölzernen

Schlägeln festgeschlagen und mit einer kleinen Kelle ge=
putzt. Nachdem dieser Auftrag vollkommen trocken ist,
werden die vortretenden Stellen mit einem Hobel ab=
geglichen. Die Säule muß dabei auf Böcke gelegt
werden, so daß man sie um ihre Achse drehen kann.
Nach Beendigung dieser Operation hat die Oberfläche
ein poröses Ansehen, welches durch Anwendung einer
dicken Tünche beseitigt wird, der man durch Schaben
mit einer Ziehklinge die marmorartige Glätte giebt.
Den Anfang der Politur macht man mit Bimsstein,
während von Zeit zu Zeit die Fläche mit einem Schwamm
und Wasser gereinigt und benetzt wird; nach diesem
bedient man sich des Tripels und der Holzkohle, und
zuletzt giebt man der Fläche Glanz mit einem Stück
Handschuhleder, welches man in ein Gemisch von pul=
verisirtem Tripel und Baumöl taucht; zum Beschluß
wird noch mit reinem Del abgerieben.

**Von Anfertigung der Verzierungen, als Ro=
setten, Arabesken und anderer kleiner Aus=
schmückungen durch Bossiren oder Gießen.**

§. 106. Dergleichen Verzierungen werden in der
Regel von besonderen Stukkatur= oder Gypsarbeitern
gefertigt, selten wird ein Tüncher sich dieser Arbeiten
unterziehen, oder, aus Mangel an Uebung, dazu be=
fähigt sein. Wir theilen jedoch das Verfahren im All=
gemeinen mit, da es einen wesentlichen Theil der vor=
beschriebenen Stukkarbeiten ausmacht.

Im Ganzen werden die Ornamente, welche in
Gypsmasse abgegossen werden sollen, zuerst in Thon
modellirt. Große Arbeiten, wie Eckenstücke, Blätter=
verzierungen an Decken, erfordern eine gründlichere Be=
urtheilung, als die Vorrichtung der Formen zu Bogen=
und Eierverzierungen; wenn das Auge des Modellirers
beim Bossiren der alleinige Führer ist, so gewährt beim
Formen der Cirkel wesentliche Dienste.

Wenn Deckenſtücke, Roſetten ꝛc. aus freier Hand modellirt werden ſollen, ſo iſt es nöthig, eine hinreichende Quantität der Maſſe in einer Ebene auszubreiten, welche der Größe und Form des Gegenſtandes entſpricht. Auf dieſe wird die Verzierung in groben Umriſſen aufgetragen und theils mit den Fingern, theils mit den Modellirgriffeln ausgearbeitet. Die geebnete Fläche bildet dann den Grund, welcher mit der Deckenfläche in einerlei Ebene gebracht, eingeſetzt und nach Umſtänden befeſtigt wird.

Das Fertigen der Verzierungen durch Abgüſſe.

§. 107. Wenn eine und dieſelbe Verzierung ſich bei Stuckaturarbeiten wiederholt, ſo wird die Arbeit durch Abgießen ſehr vereinfacht.

Hierzu iſt erforderlich, daß zuerſt der Gegenſtand boſſirt werde, welches in Thon, ſelten und nur bei kleinen, zarten Gegenſtänden in Wachs, ausgeführt wird. Es geſchieht wohl auch, daß die Form in Linden- oder Birnbaumholz von dem Bildhauer ausgeſtochen wird; dies iſt aber eine Arbeit, die, obgleich zu langer Benutzung dauerhaft, doch ſehr koſtſpielig iſt und längere Zeit zur Ausarbeitung erfordert.

Dergleichen Abgüſſe benutzt man bei allen Arten von Geſimsverzierungen, Frieſen, Sofſitten, Modillons, Gierſtäben, bei Mittel- und Eckverzierungen, an Decken ꝛc.

Die erſte Methode, eine Verzierung aus freier Hand zu boſſiren, wendet man vorzugsweiſe bei größeren Gegenſtänden an, die unterſchnitten werden, weil es ſehr ſchwierig iſt, von den in ſolcher Manier gearbeiteten Dingen Abgüſſe zu machen, z. B. Waffengruppen, Trophäen, Kapitäler u. dergl.

Um eine Form zu fertigen, worin mehrere Abgüſſe deſſelben Gegenſtandes gemacht werden können, iſt es nöthig, daß man dieſen Gegenſtand als Modell bereits vor ſich habe oder ihn boſſire.

Zu den Formen nimmt man eine Masse aus Thon, Lehm und Leimwasser oder plastischem Thon (wie ihn die Töpfer brauchen), der nach Umständen auch gebrannt werden kann, öfters aber auch reinen, mit etwas Leimwasser angerührten Gyps.

Man reibt den Thon und Lehm im trockenen Zustande recht fein, siebt ihn durch ein enges Drahtsieb und vermischt ihn mit einem starken Leimwasser zu einem dicken Brei. Diesen läßt man gehörig ausquellen und so lange in einem Gefäße stehen, bis er die Steifigkeit der Masse erhalten hat, die von dem auf der Drehscheibe zu verarbeitenden Thon des Töpfers verlangt wird.

Diese Masse drückt man in einen aus schwachen Bretern genagelten Kasten, welcher jedoch 4 Zoll länger und breiter und 2 Zoll höher sein muß, als das darin abzudrückende Modell.

Dieser Kasten hat den Zweck, daß die Thonmasse beim Hineindrücken der Figur seitlich nicht ausweichen kann.

Die Figur muß vor dem Einsenken in die Formmasse mit Wasser stark angefeuchtet werden, damit sich keine Thontheilchen anhängen können. Das Eindrücken kann nur nach und nach geschehen, indem der Thon zu starken Widerstand entgegensetzt. Nach jedesmaligem Eindrücken hebt man die Figur wieder heraus, näßt sie von Neuem an, legt sie genau wieder in die verlassene Stelle und drückt sie möglichst tiefer ein, bis endlich der Grund des Reliefs mit der Oberfläche der Thonmasse zusammentrifft.

Hierauf läßt man die Form an der Luft, jedoch nicht in der Sonnenwärme, gehörig austrocknen, putzt sie dann mit dem Messer und Possirgriffeln aus und überzieht sie einigemal mit starkem Leimwasser.

Der Lehmzusatz hat den Zweck, das Schwinden des Thons zu vermindern und dessen Aufreißen zu verhindern, weshalb man auch nicht reinen, geschlemmten Thon dazu verwenden darf, sondern solchen, wie die

Töpfer ihn zu ihrer Waare verarbeiten und dem dazu ein Beischlag von feinem Sand gegeben worden ist.

Die gewöhnliche Masse, wovon man Arabesken, Rosetten ꝛc. formt, besteht aus feinem, durchgesiebtem und dann nochmals in einem Kessel gebranntem, schnell bindendem Gypse, feiner, durchgesiebter Kreide und Leimwasser, welches man sich aus Abschnitzeln von Pergament, Handschuhleder ꝛc. kochen kann; jedoch verrichtet es auch ein guter, trockener käuflicher Leim. Zuweilen mischt man noch etwas gebrannten Kalk bei.

In dem letzteren Falle rührt man zuerst den Kalk mit Leimwasser an, setzt dann den Gyps zu, zuletzt die Kreide. Die Masse muß die Konsistenz eines dicken Breies haben und so lange durchgerührt werden, bis in derselben keine unaufgelösten Kalk= oder Kreideklümpchen mehr sichtbar sind, sie auch anfängt zähe zu werden und zu binden.

Nun wird die Masse mit einer Kelle in die Form fest eingedrückt und mit dem obern Rande gerade abgestrichen. Man hat sich dabei zu hüten, daß inmitten des Ingusses keine hohlen Räume entstehen, wodurch leicht ein Bruch entstehen kann.

Wenn die Masse gebunden hat, löst sie sich, in Folge des Schwindens, von den Seiten der Form von selbst ab und zeigt einen Zwischenraum von gegen einen Messerrücken Breite. Das Binden an dem Boden der Form und in den dickeren Stellen erfolgt jedoch später, daher darf die Abformung auch noch nicht herausgehoben werden. Dieses kann erst nach 24 Stunden geschehen, wenn man sieht, daß die Oberfläche vollkommen hart geworden und sich ebenfalls durch das Schwinden in der ganzen Dicke gegen $\frac{1}{4}$ Zoll gesetzt hat. Wenn man nach Beobachtung dieser Merkmale die Form umkehrt und einen leichten Schlag dagegen giebt, so wird der geformte Gegenstand sofort herausfallen. Man putzt ihn nun mittelst verschieden geformter Schabeisen ab, streicht kleine Vertiefungen und Mängel noch mit feiner Masse aus, laßt diese trocknen und überpinselt einigemal die Figur mit schwacher Kreideschlemme.

§. 108. Das Aufsetzen der Abformungen geschieht auf folgende Weise:

Man hält die Figur an die Stelle des Grundes, die sie bleibend einnehmen soll, an und umzieht sie mit einer Ahle oder einem Bleistift. Innerhalb dieses Umrisses rauhet man die Fläche mit einem Stecheisen etwas auf, damit sie den Bindemörtel annehme, und beträgt sie ¼ Zoll stark mit einem feinen, nicht zu schnell bindenden Mörtel aus Aetzkalk und feingesiebtem Gyps, der die Konsistenz eines mittelmäßig dicken Breies haben muß, drückt die Verzierung an die flüssige Masse an und verstreicht die Fugen mit Gyps und mittels kleiner Spatel.

Dieselbe zieht augenblicklich an den noch nicht gebundenen Mörtel an, verbindet sich mit demselben, dessen Bindung dadurch beschleunigt wird und haftet fest auf dem Grunde.

Vielfach durchbrochene und zierliche Figuren können nicht immer in Formen gefertigt werden und würden bei dem Anheften öfters zerbrechen.

Dergleichen muß man entweder aus freier Hand auf der Grundfläche unmittelbar bossiren, oder man bearbeitet sie, wie gelehrt, in Formen, denen man noch eine etwa zollstarke Grundplatte aufstreicht. Auf das erstere Verfahren haben wir schon im Allgemeinen hingewiesen, wollen jedoch hier mehr ins Detail eingehen. Man macht sich eine Pause, um mittelst derselben die Zeichnung auf den Grund zu bringen. Diesen Umriß beträgt man mittelst der Kelle mit der Stukkmasse, die oben beschrieben, dünner oder stärker, je nachdem die vortretenden Theile es verlangen und somit schon damit das Relief in seinen Hauptzügen. Es muß jedoch zuvor der Grund in den verzeichneten Grenzen gut aufgerauhet werden, damit er sich mit der aufgetragenen Masse gehörig verbinde.

Nachdem nun der Auftrag gebunden hat, jedoch noch nicht ganz trocken ist, wird die Figur in ihren Details theils durch verschiedenartig geformte Stecheisen, theils mit Bossirgriffeln ausgestochen, nach der Form gedrückt und glatt gestrichen, wozu man nach Erfordern die Masse stellenweise ein Wenig anfeuchten und schlüpfrig machen kann; auch bedient man sich mitunter der Finger dazu. Nach dem Trocknen überzieht man die Figur einigemal mit feiner Kreideschlemme. Den Auftrag selbst nehme man nur stückweise vor, und nur in solcher Ausdehnung, als man auszuarbeiten für thunlich hält, bevor der Mörtel ganz hart wird. Ehe man ein neues Stück des Auftrags ansetzt, sticht man die Stoßfläche in gebrochener Linie ziemlich senkrecht ab und rauhet sie wie den Grund auf.

§. 109. Bei der anderen Methode mit Einsetzen einzelner Platten, muß man zu gleicher Zeit mit dem Grundberapp der anstoßenden Wandfläche vorgehen, so lange der Berapp noch so viel Feuchtigkeit hat, daß er leicht abgestochen und durch Schaben entfernt werden kann. Man zeichnet dann den Umriß der von der Form abgehobenen Platte auf dem Berapp ab, der bei größeren Dimensionen theilweise schon ausgespart ist, schneidet auf diesem Umrisse senkrecht ein und bereitet eine zur Aufnahme des geformten Stückes geeignete Vertiefung vor, in welche man eine $\frac{1}{4}$ bis $\frac{1}{2}$ Zoll starke Lage von gutbindendem Mörtel trägt und die Grundplatte der Abformung eindrückt, zuletzt noch die Fugen verstreicht. Verfährt man mit Geschick, so lassen sich beide Methoden leicht mit einander verbinden und zu einem vollkommenen Ornament ausbilden.

Daß zu den beschriebenen Arbeiten Uebung im Zeichnen und Modelliren, sowie ein richtig ausgebildeter Geschmack gehört, versteht sich wohl von selbst.

Vorsichtsmaßregeln beim Abgießen mit Gyps.

§. 110. Bei dem Anmachen des Gypses mit Wasser ist Folgendes zu beobachten:

1) daß das Wasser nie auf den Gyps gegossen, sondern dieser stets in das Wasser geschüttet und dann möglichst schnell zu einem Brei gerührt werde, der keine Klümpchen von unfertiger Masse sehen läßt.

Verfährt man umgekehrt, so wird der Gypsbrei nicht nur klümpig und muß daher länger gerührt werden, sondern er verliert auch dadurch, sowie durch die ungleiche Sättigung mit Wasser, an Bindekraft.

2) Der Gyps darf nie in zu großer Menge auf einmal in das Wasser geschüttet werden, damit man dessen Stärke besser beurtheilen kann, und nicht genöthigt werde, Wasser nachzuschütten. Dies Nachgießen ist am nachtheiligsten, wenn die angemachte Masse bereits in dem Uebergange zum gebundenen Zustande begriffen ist.

Der Bindungsproceß wird dadurch gestört und die vollkommene Erhärtung beeinträchtigt. Es wird dann die ausgetrocknete Masse weniger hart und nach Umständen sogar abreiblich. Das Verhältniß des Wassers zum gemahlenen Gyps ist nicht füglich zu bestimmen, da viel davon abhängt, welche Steinart den Gyps geliefert hat, in welchem Temperaturgrade er gebrannt, ob er nachgekocht, ob er frisch sei oder schon einige Zeit gelegen habe, und selbst von der Eigenthümlichkeit des Wassers. Im Allgemeinen nimmt man ⅔ der erforderlichen Menge Gypsbrei an Wasser, und schüttet nun zwar schnell, aber doch mit Vorsicht und unter beständigem schnellen Rühren den Gyps hinzu, so hat man die Stärke oder Schwäche in seiner Gewalt. Verlangt man ein schnelles Binden, und soll die gebundene Masse schnell und möglichst hart werden, so muß das Einmachen, Rühren und Verbrauchen um so schneller bewirkt werden.

Soll er aber nach der Bindung und Erhärtung länger im feuchten Zustande und somit einer Formung durch Griffel ꝛc. fähig bleiben, so kann man sich etwas mehr Zeit mit dem Anmachen nehmen, welches sich jedoch nicht auf die Schnelligkeit des Rührens erstrecken darf, denn diese muß, der feinern und gleichmäßigen Absorption des Wassers wegen, stets schnell geschehen.

3) Je länger der Gyps gerührt wird, jemehr verliert seine Bindekraft, ja sie kann ihm damit ganz genommen werden, daß er ein schaumartiger Brei bleibt, oder höchstens zu einer bröcklichen Masse erhärtet.

Bei sehr schnellem Rühren wird der Gyps nie vollkommen weiß, wenn er sofort in die Form gegossen wird. Läßt man ihn aber dann noch einige Augenblicke stehen, oder rührt zuletzt nur noch schwach, so geht er mehr auf und gewinnt an Weiße und Feinheit. Bemerkt man, daß sich auf der Oberfläche beim Stehen eine schmuzige Haut bildet, so muß man diese, wo es auf Feinheit des Gusses ankommt, mit einem Spatel abnehmen. Ueberhaupt soll man den Gyps nicht sofort nach dem Einrühren in die Form gießen, sondern ihn einige Augenblicke ruhig stehen lassen, damit er das Wasser gehörig absorbiren kann. Jedoch darf dieses nicht so lange verschoben werden, daß der Gyps bereits anfängt zu binden, weil er dann die kleinen Räume nicht vollkommen ausfüllt.

4) Wenn man zu einem Gusse, der eine große körperliche Ausdehnung hat, zwei- bis dreimal hintereinander Gyps anmachen muß, so hat man den zweiten lieber etwas stärker, als schwächer, zu machen und ganz vorzüglich gut durchzurühren, damit er kein überschüssiges Wasser an den ersten Gyps abtrete und dadurch diesen im Bindeprocesse störe. In gleichem Grade muß die dritte und vierte Gußmasse stärker werden, und sollte er zuletzt auch nur mit der Kelle aufgestrichen werden können.

Hat in einem solchen Falle der frühere Guß seine Bindung schon begonnen, so daß er zu erhärten anfängt, dann ist es besser, dessen völlige Erhärtung abzuwarten, bevor man einen folgenden Guß darauf giebt. Diesen Zeitpunkt nimmt man daran wahr, daß die trocknende Schicht das überschüssige Wasser herausdrängt

(schwitzt). Nicht vollkommen gargebrannter Gyps bin=
det sehr langsam, wird dagegen nach dem Austrocknen
ungemein hart. Todtgebrannter Gyps ist völlig un=
brauchbar.

In größern Städten finden sich Fabrikanten, welche
dergleichen Verzierungen aller Art und Größe aus stein=
artigen Formmassen, Steinpappe, gebranntem Thon
(Torrevtica) in großer Auswahl zur Einsetzung fertigen,
so daß dadurch viel Mühe erspart wird. Rechnet man
diese und die auf Formung zu verwendende Zeit, so ist
der Aufwand bei dergleichen Fabrikaten nicht eben be=
deutender und belohnt sich hinlänglich durch die scharfe,
genaue Arbeit der Ornamente.

Gypsfiguren einen Marmorglanz zu geben.

§. 111. In 4 Pfund reines Wasser thue man
1 Unze ordinäre kleingeschnittene Seife und lasse sie in
einem irdenen, gut glasirten Topf über gelindem Feuer
zergehen. Dann setze man 1 Unze weißes Wachs zu,
welches in dünne Späne geschnitten ist; sobald auch
dieses zergangen und sich unter fleißigem Umrühren mit
der Seife zu einer „Wachsseife" vereinigt hat, ist die
Masse nach dem Erkalten zum Gebrauche fertig.

Man hängt die an der Wärme gut getrocknete
Figur an einem Faden auf und tauche sie einmal in
die bereitete Mischung. Bemerkt man einige Zeit nach
dem Herausziehen, daß die Oberfläche die Flüssigkeit
absorbirt hat, so rühre man die Mischung 2 Minuten
lang um und tauche die Figur zum zweitenmal ein.
Dieses ist in der Regel genügend.

Man verwahre sie gegen Staub und lasse eine
Woche lang trocknen. Hierauf reibe man sie mit einem
weichen Läppchen von Wollenmousselin oder mit Baum=
wolle gelind ab, bis man findet, daß sich eine Glanz=
politur über alle Theile der Figur verbreitet hat.

Ein einfaches und sparsames Mittel zum Glänzendmachen der Gypsfiguren

besteht in der Verbindung des Petroleums mit Stearin, und verfährt man auf folgende Weise. In einem passenden Gefäß erwärmt man 10 Theile Petroleum — jedoch nicht über freiem Feuer, sondern durch Einsetzen des Gefäßes in kochendes Wasser — und füge nach und nach 1 — 2 Theile geschabter Stearinsäure hinzu, die sich alsbald in dem Petroleum zu einer klaren Flüssigkeit auflöst. Mit dieser lauwarmen Auflösung überzieht man die ebenfalls ein wenig erwärmten Gypsgegenstände zwei- bis dreimal; nach dem Trocknen, das in kurzer Zeit beendet ist, genügt ein einfaches Poliren oder Glätten der überzogenen Gegenstände, um ihnen einen schönen Glanz und das gefällige durchscheinende Ansehen zu geben. Ebenfalls ist zu diesem Zwecke der im Handel vorkommende Petroleumsprit vorzüglich anwendbar und empfiehlt sich noch vor dem Petroleum durch größere Flüchtigkeit, wodurch ein rascheres Trocknen bewerkstelligt wird. Selbstverständlich ist jede Lichtflamme und freies Feuer bei diesen Operationen zu vermeiden, namentlich bei dem Gebrauche des leicht brennbaren Petroleumsprits; sonst empfiehlt sich diese Methode durch Billigkeit und Einfachheit, da jedes Arbeiten in höherer Temperatur umgangen ist.

Reinigung der Gypsgegenstände.

§. 112. In den Mittheilungen des nassauischen Gewerbvereins 1853 findet sich folgendes einfache Verfahren, Gypsfiguren zu reinigen:

Man nehme helles, reines Kalkwasser, lasse etwas klaren Pergamentleim darin zergehen, binde alsdann die Figur an einen Faden und hänge sie in dieses Kalkwasser, bis sie recht angezogen hat, ziehe sie heraus und lasse trocknen.

Hierauf nehme man Waſſer, worin etwas Alaun aufgelöſt worden und beſtreiche die Figur damit und ſie wird vollkommen weiß werden.

Künſtlicher Marmor des Hrn. Cheverton (protean stone).

§. 113. Dieſer harte Körper, den man durchſcheinend, wie auch opak erhalten kann, läßt ſich ſehr fein poliren und zu Zwecken, wofür man Marmor (oder Elfenbein, von dem es ebenfalls viel Aehnlichkeit hat) verwenden läßt, aus Gyps bereiten.

Man ſchneidet einen Block von Alabaſter oder Gyps zu der verlangten Form, obgleich man den verlangten Gegenſtand auch aus gebranntem Gyps gießen kann. Man bringt die Artikel zuerſt auf Geſtelle in einen eiſernen Ofen und läßt ſie darin 48 Stunden lang; während dieſer Zeit wird die Temperatur allmälig von 97° R. auf 141° R. (eine Temperatur, wobei eine Miſchung von 10 Zinn und 4 Blei ſchmilzt, welches man als Maß der Erwärmung benutzen kann) erhöht; dadurch wird das Waſſer ausgetrieben und die Gegenſtände werden undurchſichtig, hart und ſpröde.

Man ſetzt hierauf die Artikel 3 bis 4 Stunden lang der atmoſphäriſchen Luft aus, worauf man ſie in weißen, harten Firniß oder gewöhnliches Olivenöl (oder auch in geſchmolzenes Fett oder Wachs) taucht, bis ihre Oberfläche damit geſättigt iſt; dadurch erhalten ſie die Durchſichtigkeit von Elfenbein oder Knochen und bekommen beim nachherigen Färben glänzendere Farben. Hierauf taucht man ſie einen Augenblick in Waſſer, welches auf 30 bis 65° R. erwärmt iſt; dieſes Eintauchen wiederholt man jede Viertelſtunde, bis die Artikel geſättigt ſind, und nach dieſer Sättigung läßt man ſie in Waſſer eingetaucht, bis ſie den gewünſchten Härtegrad erlangt haben. Die hierzu erforderliche Zeit hängt von der Größe der Gegenſtände ab; für kleinere werden 2 Stunden genügen, für große können 10 Stunden nöthig sein. Sollen die Artikel gefärbt werden, so ersetzt man das reine Wasser beim Eintauchen durch ein erwärmtes Farbenbad.

Die nach der beschriebenen Methode behandelten Artikel kann man dann mit Kreide und Zinnasche poliren.

Bronciren der Gypsfiguren und Ornamente.

§. 114. In Frankreich übt man folgendes Verfahren zum Bronciren von Gypsfiguren, welches auch für Ornamente vortheilhaft anzuwenden ist.

Man kocht Leinöl und Aetznatronlauge zu einer Oelseife, setzt eine Kochsalzlösung hinzu, und fährt mit dem Kochen fort, bis die Seife als kleinkörnige Masse auf der Mutterlauge schwimmt. Man schüttet Alles auf ein leinenes Seihtuch und preßt den abgetropften Rückstand aus. Nun löst man diese Seife in kochendem, reinem Regenwasser oder in destillirtem Wasser auf und seihet wieder durch feine Leinwand. Unterdessen hat man eine Auflösung von 4 Theilen Kupfervitriol und 1 Th. Eisenvitriol in destillirtem Wasser bereitet, durch Leinwand filtrirt, einen Theil der durchgegossenen Flüssigkeit in einem reinen kupfernen Geschirre zum Sieden gebracht, in welche man von der Seifenlösung so lange zugießt, bis kein Niederschlag mehr erfolgt. Der flockige Niederschlag zeigt die grüne Rostfarbe der alten Broncen; man scheidet ihn nun ab, übergießt ihn mit einem Theile der Vitriolauflösung und erhitzt das Gefäß unter Umrühren bis zum Kochen.

Nach einiger Zeit wird die Flüssigkeit abgegossen und heißes Wasser aufgeschüttet, dieses von Neuem abgegossen und zuletzt kaltes Wasser hinzugethan, bis der Niederschlag vollkommen ausgewaschen ist. Endlich wird derselbe zwischen Leinwand stark ausgepreßt, um recht trocken zu werden, und ist nun zum Gebrauche fertig.

Diese Bronceseife wird in Verbindung mit einem Firniß angewendet, welcher aus einer Abkochung von

3 Pfd. reinem Leinöl mit 24 Loth reiner und sehr fein gepulverter Bleiglätte besteht, die durch ein leinenes Tuch filtrirt und an einem warmen Ort erkältet wird.

Wenn man nun zum Bronciren schreiten will, so schmelzt man 30 Loth dieses Firnisses, 16 Loth Bronce=seife und 10 Loth reinen, weißen Wachses in einem Fayencegefäße bei gelinder Wärme zusammen, am besten im Marienbade. Dieses Schmelzen wird einige Zeit fortgesetzt, um alle Feuchtigkeit zu vertreiben.

Unterdessen mußte der Gypsgegenstand in einem geheizten Behältnisse bis zu 70° R. (also noch nicht bis zur Siedehitze des Wassers) erwärmt worden sein, so daß man jetzt sogleich die geschmolzene Masse mittelst eines Borstenpinsels auftragen kann. Ist der Gegen=stand so weit abgekühlt, daß die Mischung nicht mehr in ihn eindringt, so muß er neuerdings zu obiger Wärme gebracht werden, ehe man mit dem Anstreichen fort=fahren kann, sowie auch die Mischung immer in gleicher Temperatur erhalten werden muß; dieses Geschäft setzt man aber so lange fort, bis die Farbe hinlänglich ein=gesogen ist. Man setzt nun die broncirten Stöcke noch=mals in den Wärmekasten, nimmt sie nach einiger Zeit heraus und läßt sie mehrere Tage an der Luft liegen. Ist hierdurch der Geruch des Anstriches verschwunden, so reibt man die Stücke mit Baumwolle oder feiner Leinwand ab und trägt, wie bei der gewöhnlichen an=tiken Bronce, auf die hervorragenden Stellen etwas geriebenes Muschelgold oder Broncepulver auf. Kleine Gegenstände von Gyps taucht man in die Mischung ein und hält sie alsdann an ein Kohlenfeuer, oder über eine rauchfreie Flamme, damit die Bronce eindringe.

Gehärteter Gyps.

§. 115. Bei der großen Weichheit der von Gyps geformten Gegenstände, die der vorzüglichen Formbar=keit hemmend entgegentritt und die Nützlichkeit in vielen Fällen neutralisirt, hat man auf Mittel gedacht, der=

gleichen Gegenständen eine größere Dauer zu geben. Die Mittel und Wege, die man nach und nach aufgefunden hat, sind das, was man in den neueren Zeiten unter „Härten des Gypses" versteht.

Vorerst verdient eine Beobachtung Gay Lussac's Erwähnung, wonach unter gleichen Umständen der härteste Gypsstein auch gebrannt den härtesten Guß giebt.

Unter die eigentlichen Härtungsmittel gehört zuerst die von Tissot gemachte Erfahrung, daß die Gypsgüsse eine größere Festigkeit annehmen, wenn man sie nach dem Guß und dem Erhärten mehrmals abwechselnd in Wasser taucht und dazwischen wieder trocknet.

Einen kräftigern Erfolg fand zuerst Pauware in der Anwendung von Alaun. Auf dem Grund dieser Beobachtung bauete Greenwood weiter, und ihm vorzüglich verdankt man das Verfahren, den Gyps zu härten, wie es jetzt geübt wird und von Elsner wissenschaftlich beleuchtet worden ist, ohne daß jedoch der chemische Vorgang vollständig noch aufgeklärt ist. Vielleicht, daß zwischen dem schwefelsauren Kalk und der schwefelsauren Thonerde eine ähnliche Verwandtschaft stattfindet, als sie zwischen dieser und der schwefelsauren Bittererde bekannt ist.

Die Härtung geschieht nach zwei verschiedenen Methoden. Bei der ersten werden fertige Gypsabgüsse mit Alaunlösung behandelt; nach der zweiten werden die Gypsstücke, wie sie aus dem Brennofen kommen, alaunisirt.

Eine Gypsbüste, die einen Monat lang in eine Lösung von eisenfreiem Alaun in 12—13 Theilen Wasser von 15° C. gelegt und nach Ablauf dieser Zeit abgespült und in einem warmen Luftzuge getrocknet worden war, zeigte eine bedeutende Härte, die dem Ritzen mit dem Nagel widerstand, und das Abfärben fand nicht mehr statt. Sie ertrug sogar Schläge mit einem eisernen Hammer, ohne zertrümmert zu werden. Neben diesen Vorzügen zeigte sich dagegen der Nachtheil einer fleckigen, ins Graue gehenden Farbe und einer Nachgiebigkeit gegen die Wirkung der Feuchtigkeit. In gewöhnliches Wasser gelegt, werden dergleichen gehärtete Abgüsse so weich, daß sie Eindrücke der Finger annehmen.

Nach der andern Methode behandelt man die frischgebrannten Gypsstücke mit Alaun, indem man sie in eine, oben beschriebene, Lösung legt und sich möglichst sättigen läßt, oder man rührt gepülvertes Gyps mit dieser Alaunlösung an. In beiden Fällen brennt man den alaunisirten Gyps zum zweiten Mal in dem Gypsofen oder in einem Tiegel bei Rothglühhitze. Anhaltende, gleichmäßige Temperatur ist aber dabei eine Hauptbedingung.

Der alaunisirte und zum zweiten Male gebrannte Gyps hat ein mattes, milchweißes, oder schwach isabellfarbiges Ansehen und ist leicht pulverisirbar.

Bei übertriebener Hitze werden die Stücke an den Kanten steinhart, sind schwer zu pulverisiren, und sind, was man „todtgebrannt" nennt. Der in gehöriger Temperatur gebrannte Alaungyps dagegen erstarrt nach dem Pülvern und Brennen eben so leicht, wie gewöhnlicher Gyps. Wird das Gypsmehl mit Wasser angemacht, so wird zwar das Wasser gebunden, aber das Produkt hat keine bemerkenswerthe Härte. Diese tritt nur dann gehörig hervor, wenn man das Pulver des alaunisirten und gebrannten Gypses nicht mit purem Wasser, sondern mit Alaunlösung, 12 Theile Wasser und 1 Theil Alaun, anrührt. Gypsabgüsse bleiben, nach dieser Methode gemacht, etwas länger feucht, nehmen aber eine Härte an, die der des Alabasters und Marmors gleich kommt, und erhalten an dünnen Theilen und Kanten eine Art von Transparenz, die ihnen das Ansehen dieser Steine giebt. Dickere Platten sind kaum mit Hammerschlägen zu zertrümmern. Die Oberfläche nimmt eine gute Politur an und ist weiß, mit einem Stich ins Isabellfarbene.

Platten, monatelang allen Unbilden der Winterwitterung ausgesetzt, bleiben unversehrt und ohne an Härte zu verlieren. Die Oberfläche kann mit nassen Tüchern abgewaschen werden, ja, weder Eintauchen in kaltes, noch stundenlanges Liegen in kochendem Wasser vermag dem gehärteten Gypse etwas an seiner Härte zu benehmen.

§. 116. Nach dem Verfahren von R. Massiah in London schneidet man den Gyps oder Alabaster in die verlangte Form und stellt ihn dann in eine Trockenstube, welche auf 21 bis 30° R. geheizt ist.

Wenn er durchaus trocken ist, taucht man ihn in eine warme Auflösung von 1 Pfd. Borax und ¼ Loth Weinstein in 10 Pfd. Wasser; man nimmt ihn heraus und bringt ihn wieder in die Trockenstube.

Nachdem er auch hier wieder ausgetrocknet ist, setzt man ihn einer Wärme von 97° R. oder darüber aus, bis alle wässerigen Theile gänzlich ausgetrieben sind; man nimmt ihn dann aus dem Ofen und läßt ihn — um das Zersplittern zu verhüten, — abkühlen, bis man einige Sekunden lang die Hand darauf leiden kann; dann taucht man ihn zum zweiten Mal in eine heiße, gesättigte Auflösung von Borax, welche man auf je 15 Pfd. mit 1 bis 2 Loth concentrirter Salpetersäure versetzt hat. Man läßt ihn darin gelinde kochen, bis er durch und durch damit gesättigt ist. Dann nimmt man ihn heraus und läßt ihn trocknen, worauf er eine ziemliche Härte erlangt hat.

Nachdem er einen oder zwei Tage gestanden hat, erwärmt man ihn und trägt kanadischen Balsam, mit Terpentinöl verdünnt, auf; man kann das Terpentinöl durch anhaltende Wärme oder blos an der Luft verdunsten lassen.

Will man der Gypsmasse das Ansehen des blauen Marmors geben, so versetzt man die Boraxlösung, anstatt der Salpetersäure, mit Indigkarmin und salpetersaurem Eisen. Will man außer dem Blau auch Roth anbringen, so setzt man den blaugefärbten Stein wieder

der Wärme aus; läßt ihn abkühlen, um das Zersplittern zu vermeiden, und taucht ihn wieder in eine Auflösung von Borax, welcher Saflor nebst Salpetersäure zugesetzt wurde.

Von den substanziellen Farben (Farbenkörpern), welche theils zum Anstrich mit Kalk oder Leim, theils zu einfachen Stubenmalereien und Schablonirung benutzt werden können.

§. 118. Weiße Farben.

Kalk. Der Kalk, der zum Anstrich von Mauern und Wänden benutzt wird, ist ein kohlenentsäuerter Kalkstein, d. i. ein solcher, der durch Ausglühen seiner Kohlensäure beraubt worden und in Aetzkalk verwandelt ist. Macht man ihn mit einer bestimmten Quantität Wasser an, so entsteht der gelöschte Kalk, und gießt man Wasser in Ueberschuß zu, so giebt es die Kalkmilch, die zum Abweißen der Wände dient. Läßt man diese sich setzen, so ist das Darüberstehende das Kalkwasser.

Die Ausdünstung frischer Kalkanstriche wirkt nachtheilig auf die Gesundheit, indem dessen scharfe Ausdünstung die Lunge angreift.

Kreide ist ebenfalls ein kohlensaurer Kalk, der aber in seinem natürlichen Zustande verwendet wird.

Die beste Kreide in Deutschland ist die sogenannte Kölnische, die jedoch bei Aachen gebrochen wird. Zum feineren Gebrauche muß sie abgerieben und geschlemmt werden. Die gemahlene Kreide im Handel ist selten rein.

Das Kreideweiß muß sich, im trockenen Zustande, zwischen den Fingern mild anfühlen, ohne daß man Körnchen bemerkt, und darf beim Anrühren keinen griesigen Bodensatz fallen lassen.

Man kauft die Kreide am besten in ganzen Stücken, wobei man darauf zu sehen hat, daß sie schön weiß, feinkörnig und schwer ist und dabei nicht von Eisenadern durchzogen wird. Die Kreide ist der Gesundheit durchaus nicht nachtheilig.

Bleiweiß (Kremserweiß, Silberweiß, Schieferweiß u. s. w.), eine durch Oxydirung des Bleies erhaltene Farbe.

Nach dem Grade der Reinheit und Güte rangiren die Bleiweißsorten, von den besseren abwärts:

Kremserweiß, Venetianerweiß, Hamburgerweiß, holländisches Bleiweiß, die mehr oder weniger decken und verschieden haltbar sind.

Man findet die Bleiweißsorten fast allgemein mit gemahlenem Schwerspath vermischt, das Kremserweiß ausgenommen. Derselbe benimmt ihm einen Theil seiner Deckkraft und macht die Anstriche abfärbend.

Auf Schwerspath untersucht man das Bleiweiß, indem man dasselbe mit verdünnter Salpetersäure übergießt. Diese löst das Bleioxyd auf, während der Schwerspath einen weißen Bodensatz bildet.

Durch Ausdünstungen von Abtrittsgruben, faulenden Körpern, Dampf von Stein- und Braunkohlen, Schwefeldünsten, im Allgemeinen durch Schwefelwasserstoffgas schwärzen sich alle Bleifarben.

Zinkweiß. Dieses wird durch die genannten Dünste nicht verändert, deckt dagegen weniger als reines Bleiweiß. Es ist weniger giftig als die Bleifarben.

Die Zinkweißfarbe ist beim Anstrich nicht schwieriger aufzutragen, als die Bleiweißfarbe. Das Zinkweiß vermengt sich mit dem Oele sehr gut, ohne daß man es 'anzureiben braucht; man läßt das Gemenge von Zinkweiß, Leinölfirniß und Terpentinöl 6 Minuten lang stehen, verrührt sie mit dem Pinsel und läßt sie durch ein feines Sieb laufen.

Zur Kunstmalerei reibt man das Zinkweiß mit dem Spatel unmittelbar auf der Palette mit gebleichtem

— nicht durch Bleimittel trocknend gemachtem — Oel an, was bei der ungemein feinen Zertheilbarkeit augenblicklich geschehen ist.

Das Zinkweiß läßt sich mit allen Farbestoffen verbinden, die kein Blei enthalten; nicht allein weil dadurch der Zweck verfehlt wird, des Nichtschwärzens unter den Einwirkungen des Schwefelwasserstoffgases, sondern auch, weil eine solche Mischung bald eine dickliche, etwas schmierige Konsistenz annimmt, die ihr die angenehme Behandlung unter dem Pinsel benimmt.

Der Schwerspath (schwefelsaurer Baryt) kommt jetzt häufig als weiße Farbe im Handel vor. Sie deckt nur wenig und färbt im Anstriche viel ab. Sie ist ganz unschädlich.

§. 118. Gelbe Farben.

Ocker. Die Ockerarten nehmen unter den Farbenkörpern die erste Stelle ein, werden zu den gröbsten, wie zu den feinsten Malereien sehr häufig gebraucht und sind als Farbestoff unersetzlich. Der Ocker im Allgemeinen ist eine durch irgend ein Eisenoxyd gefärbte Kieselerde.

Wenn das färbende Princip als Eisenoxydhydrat in dem Fossil enthalten ist, so giebt es der Substanz eine gelbe, gelbbraune, braune Farbe, als Eisenoxyd eine rothe, auf niedrigeren Oxydstufen (Oxydul) eine grüne bis schwarze Farbe. Außerdem enthalten die Ocker zuweilen kohlensauren Kalk, wodurch die Farbe an Körper verliert, Manganoxyde, wodurch sie eine dunkle Färbung erhalten. Durch Kalciniren wird deren Eisengehalt auf eine höhere Oxydstufe gebracht und sie nehmen heller- und dunklerrothe Färbung an.

Das Glühen verändert, je nach den verschiedenen Hitzgraden, die Farbe aus dem Gelb in alle Abstufungen von Roth, Braunroth und Rothbraun und macht die Farbesubstanz weicher und milder. Man verrichtet es in erbsengroßen Stücken auf einer eisernen Platte unter freiem Zutritt des Sauerstoffs der Luft, unter stetem Umrühren und flachem Ausbreiten.

Sobald der Ocker die verlangte Farbe angenommen hat, zieht man das Feuer zurück oder löscht ihn in Wasser ab.

Nach den Nüancen unterscheidet man die natürlichen, als auch künstlichen Ocker im Handel:

a) Gelber (lichter) Ocker, Ocker von Berry, Amberger Gelb, ist der gemeinste und beständigste.

b) Mittelocker, eine ins Braune neigende Ockerart; von lebhafterer Farbe geht er unter dem Namen „Goldocker." Er dunkelt gern nach und ist eine sehr gesättigte Farbe.

c) Der Scharlachocker wird an Vulkanen zuweilen natürlich gefunden, meistens aber durch Brennen lichter, lebhafter Ocker erzeugt.

d) Neapelroth, ein bei Neapel gefundener Ocker von fast zinnoberrother Farbe, gleicht dem unter c in Farbe und Ursprung. Er ist beständig und verträgt sich mit jeder Farbe.

e) Dunkler Ocker, mit eigenthümlichem, braungelbem Tone; dunkelt zuweilen nach und ist, zumal wenn er bituminöse Theile enthält, nicht recht verträglich mit andern, namentlich Bleifarben.

Beim Einkauf hat man vor Allem auf die Farbennüance zu sehen, daß diese rein, nicht schmutzig ist. Ferner dürfen sie nicht auffällig sandig sein; die besseren sind mild, gleichsam seifenartig anzufühlen und nehmen eine Art von Glanz an, wenn man sie mit einem harten, polirten Körper reibt. Sie kleben an der Zunge und geben, schwach angefeuchtet, den Thongeruch. Einen geringen Antheil von Sand kann man durch Schlemmen beseitigen. Sie lassen sich leicht reiben, saugen viel Wasser ein und bilden mit ihm einen thonigen Teig.

Alle Ockerarten sind unschädlich.

Gelbe Erde gehört ebenfalls den Ockerarten an, nur daß der Thon in hohem Grade (gegen 50 Proc.)

vorwaltend ist. Sie steht in der Brauchbarkeit den andern Ockern weit nach und wird auch beim Anstrich selten benutzt, da sie leicht abblättert.

Mineralgelb, eine Bleifarbe, geht im Handel auch unter dem Namen Kasslergelb, Patentgelb, Chemischgelb, Pariser-, Veronesergelb ꝛc. Das Pulver ist hellgelb, hat aber einen unreinen Stich und alle Mängel der Bleifarben in höherem Grade und daher auch deren giftige Eigenschaft.

Chromgelb, chromsaures Blei, findet man im Handel nach allen Abstufungen, vom lichten Zeisiggelb bis zu Dunkelorange; man kauft es unter verschiedenen Namen, als Pariser-, Leipziger-, Zwickauer-, Gothaer-, Kahlaer-, Altenburger-, Kölner-, Citronen- und Neugelb; das Chromorange als Königs-, Kaisergelb.

Es ist sonach eine Farbesubstanz, die in allen Nüancen, vom reinsten Citronengelb bis fast zum Zinnoberroth modificirt werden kann. Sie kommt gewöhnlich als ein klumpriges Pulver, zuweilen auch in viereckigen oder unregelmäßigen Stücken, lose zusammenhängend, stark abfärbend vor. Die intensive Farbe und die große Theilbarkeit des Farbestoffs des chromsauren Bleioxyds lassen eine Vermischung mit außerordentlichen Mengen von weißen Körpern zu; so enthalten z. B. die geringen Nummern von Neugelb oft nur 10 bis 12 Procent davon und besitzen doch noch ein großes Farbevermögen. Darum haben die Chromfarben auch eine solche Verbreitung erlangt, daß sie mehrere gelbe Deckfarben, wie Kasseler- und Neapelgelb, das Operment oder Rauschgelb u. a. fast verdrängt haben.

Es wird als Oel- und Wasserfarbe benutzt; da es aber durch Alkalien zersetzt wird, so ist es als Kalkfarbe nicht zu brauchen und verliert seine Farbe.

Manchen Chromfarben entgeht aber auch ihr Feuer nach wenig Jahren, und nur die schwereren, dunkelgelben Sorten sind beständiger. Ganz rein angewendet ist es dauerhafter, als in Mischungen mit Berlinerblau oder Bleiweiß. Einige Farbenfabriken führen in ihren Preiscouranten wohl an 30 verschiedene Sorten.

Das Chromgelb deckt gut und läßt sich gut verarbeiten. Da es einer Menge von gelben Farben zugesetzt wird, um sie zu schönen oder dafür zu gelten, so prüft man dergleichen Substanzen am leichtesten durch Aetzlauge. Behandelt man z. B. ein angebliches Neapelgelb mit dergleichen Lauge in Ueberschuß, und wird die Farbe ganz oder zum Theil zerstört, so ist es sicher ein Chromgelb, oder doch damit gemengt.

Die Chromfarben sind sämmtlich giftiger Natur.

Massikot oder gelbes Bleioxyd (Bleigelb, Neugelb, Königsgelb 2c. des Handels); man unterscheidet drei Sorten, den lichten, mittelgelben und goldgelben. Massikot wurde sonst häufiger zu Anstrichen verwendet, jetzt ist es durch die Chromgelb u. a. verdrängt.

Der Massikot ist ein heftiges Gift, erheischt daher große Vorsicht.

Das Auripigment (gelbes Schwefelarsen), auch als Operment, Rauschgelb, gemahlen als Königsgelb käuflich, besteht aus 60 Procent Arsenik und 40 Procent Schwefel.

Das Auripigment ist ein sehr heftig wirkendes Gift, weshalb man äußerst vorsichtig beim Reiben sein muß, um nicht den Staub und die Ausdünstung einzuathmen. In bewohnten Räumen sollte es durchaus nicht in größeren Massen angewendet werden, darum es auch bei Tapeten verwerflich ist. Die Schwefelarsene wurden früher, wegen der schönen Farbe, sehr allgemein gebraucht, sind aber jetzt meistens durch die Chromfarben ersetzt. Sie zerstören die meisten Farben, vorzüglich Bleipräparate, in Beimischungen.

Die Erkennungszeichen sind: der knoblauchartige Geruch, wenn man es auf glühende Kohlen streut, — wobei man den Dampf ja nicht einathme —; Salpetersäure löst es nicht auf; Königswasser (ein Gemisch von Salpeter- und Salzsäure) löst das Arsen auf und läßt den Schwefel zurück. Das Wasser hat keine Wirtung darauf; die Oele lösen es mit Hülfe der Wärme vollkommen auf.

Beim Gebrauche reibt man am zweckmäßigsten das Operment mit Urin ab, trocknet es wieder und lävigirt es nochmals mit Branntwein, worauf man es nach dem vollkommenen Trocknen mit Oel abreiben kann. Das feinste als Handelswaare bildet schüsselförmige Stücke, muß einfarbig, nicht streifig sein. Es hat eine schöne gelbe, ins Orange übergehende Farbe, theils durchsichtig, zuweilen hyacinthroth, theils, und zwar meistens, undurchsichtig. Das persische schätzt man am meisten. Es kommt in schönen goldgelben, breiten, glänzenden Schuppen; das bosnische, serbische hat eine minder schöne Farbe; das geringste ist das ungarische.

Turbith, mineralischer, auch als Königingelb, Quecksilbergelb vorkommend. Es ist ebenfalls ein gefährliches Gift, wird jetzt selten noch benutzt, da es durch faule Ausdünstungen, selbst im feuchten Zustande, durch Sonnenlicht geschwärzt wird. Das beste Mittel beim Verschlucken von kleinen Quantitäten oder Dämpfen dieses und ähnlicher Quecksilberpräparate ist rohes Eiweiß.

Schüttgelb, Beergelb, gelber Lack sind Decokte von vegetabilen Substanzen, als Wau, Gelbbeeren, Kurkuma, Birkenlaub, Franzbeeren u. a., mit welchen Erden, als Kreide, Gyps, Thon ꝛc. gesättigt sind.

Das Schüttgelb nimmt mit Kalk eine orange Nüance an, der gelbe Lack verträgt nicht die Berührung von Eisen; von allen diesen Farben darf man Dauerhaftigkeit nicht erwarten, weshalb jetzt deren Gebrauch auch sehr vermindert ist. Keine derselben hat eine schädliche Einwirkung auf die Gesundheit, wenn nicht ihr Farbenkörper Bleiweiß ist.

§. 119. **Roth und Orangefarben.**

Die hauptsächlicheren rothen und orange, zum Anstrich und zu größerer Malerei dienlichen Farben sind:

Englischroth, Rothstein, Nürnbergerroth, Bolus, gebrannte Ocker, Zinnober, Mennige, Kugel= und Florentinerlack, Wienerlack.

Englischroth, ein Eisenoxyd, welches vorzüglich als Nebenprodukt bei mehreren chemischen Fabrikerzeugnissen abfällt. Man erhält es auch unter den Namen: Preußischroth, Braunroth, Kolkothar, Crocus martis u. a. Es deckt gut, ist sehr ergiebig und ist von lebhafterer Farbe, als der dunkelgebrannte Ocker. Es muß im Pulver eine feurige braunrothe Farbe haben und frei von sandigen Theilen sein.

Der Rothstein, ein braunröthlicher, stark abfärbender, etwas fettig anzufühlender Thoneisenstein, zu Anstrichen wenig brauchbar.

Bolus, eine feine durch rothes Eisenoxyd gefärbte Thonerde, auch als lemnische Erde, Bol, Siegelerde geführt. Derb und eingesprengt; weiß, gelblichgrau, roth, braun, grün; klebt an der Lippe und fühlt sich fettig an. Hier ist nur der rothe Bolus zu erwähnen *).

Von rothen Bolusarten hat man

a) den armenischen Bolus, welcher eine blaßrothe oder gelblichröthliche Farbe und eine feine, harte Textur hat, ursprünglich aus Armenien kam, jetzt aber meistens aus Frankreich, Ungarn ꝛc. zu uns gebracht wird.

b) Den gemeinen rothen Bolus, etwas dunkler von Farbe, gröberer Textur; stammt aus Böhmen, dem Salzburg'schen ꝛc.

Man gebraucht die feineren Bolusarten in der Staffirmalerei, sowohl zu ordinären Wasser= als auch Oelanstrichen; sie decken nur wenig.

Die obgenannten rothen Farben sind unschädlich.

Zinnober (Schwefelquecksilber), Vermillon, ist hinreichend bekannt, wird selten in größeren Quantitäten verbraucht, weshalb die gewöhnlichen Verfälschun-

---

*) Die Sienaerde und das Nürnbergerroth sind Abänderungen des Bolus.

gen, von Rothothar, Parriserroth, Mennige ꝛc., auch wenig Einfluß bei der Wandmalerei haben. Der Zinnober ist, als Quecksilberpräparat, eine sehr giftige Farbe.

Mennige, ein Bleioxyd, hellrothes, in Orange ziehendes Pulver. Gute Mennige muß schön hochroth von Farbe, klar und sehr fein, recht schwer und trocken sein, mit dem Finger auf Papier gestrichen, eine ins Orange spielende Farbe zeigen, sich zwischen den Fingern wie Puder anfühlen lassen und unter dem Vergrößerungsglase wie lauter kleine glänzende Schuppen erscheinen. Oft ist sie durch Ziegelmehl, Röthel ꝛc. verfälscht.

Die aus Bleiweiß dargestellte Mennige läßt sich mit Leim vollkommen mengen, ohne zu verdicken, wobei der Antheil von Kohlensäure die leichte Vermischung vermittelt, während gewöhnliche Mennige durch die feinste Zertheilung auf dem Präparirsteine zwar eine schöne hellorange Farbe annimmt, allein, mit Leim gemischt, eine dicke, steife Masse giebt.

Wenn man sie zu lange reibt, so wird sie bleich. In Oel trocknet sie ungemein schnell. Sie ist in hohem Grade giftig.

Die Mennige ist unter allen Pigmenten das schwerste; ihre feurige Farbe verliert sich ein wenig, wenn man sie als Oel- oder Leimfarbe anwendet. Wegen ihrer Schwere ist sie in der Wassermalerei unangenehm zu behandeln, besser in Oel, und ist, unvermischt gebraucht, ziemlich haltbar; im Verhalten gegen Schwefelwasserstoffgas wie andere Bleifarben.

Aus Frankreich und England kommt eine feine Sorte Mennige, als Pariserroth, welche aus Bleiweiß und mit großer Genauigkeit bereitet wird. Sie verträgt sich mit vielen Farben nicht gut und schwärzt auch an sich leicht.

§. 120. Rothe Lackfarben.

Dahin gehören: der Florentiner-, Münchner-, Venetianischer- (Kolombinlack), der Wiener-, Pariserlack, die eigentlich mit Abſud der Kochenille tingirt ſein ſollen, gemeiniglich aber durch Brühen von Farbehölzern ge= färbt ſind.

Gewöhnlich werden dieſe von Fernambukabſud er= zeugt und erhalten als Baſe Thonerde, welche ihnen durch Zuthat von Alaun gegeben wird, oder Kreide. Die Verſchiedenheit entſteht durch das Verhältniß der Thonerde, der Bereitungsart und des gegebenen Binde= mittels, welches theils Harz, wie beim Kugellack und Packlack; Stärkekleiſter, wie beim Wiener=, Florentiner= lack; und bei dem Neuroth, Tragantſchleim, thieriſcher Leim ꝛc. iſt.

Der Plattlack, eine rothe Farbe, die aus Italien kommt und ausſchließlich zu Leimfarbeanſtrichen und zur Dekorationsmalerei benutzt wird, der ſehr gemeine Ku= gellack zu demſelben Gebrauche, ſind ohne Unterſchied durch Braſilien=, Kampeche= und andere Rothhölzer tingirt.

Auch unter dem Namen „Berlinerroth" verkauft man eine ähnliche Farbe; einen purpurrothen Lack aus einer Abkochung der Anchusa tinctoria (Ochſenzun= genwurzel), aus Phytolacca decandra (Kermesbeeren); Spaniſchroth aus den Blumen der Liatris scariosa, einer nordamerikaniſchen Pflanze.

Alle die letztgenannten Lacke ſind keine beſtändi= gen Farben, weit beſtändiger ſind die aus Kochenille bereiteten.

Der Krapplack (Krapproth) wird aus der Wurzel einer Pflanze (Rubia tinctorum) bereitet. Die Farbe iſt in den feineren Sorten für Wandmalereien zu theuer und wird deshalb nur im Kleinen und nur in den ge= ringeren Sorten verwendet.

Man hat dunkeln und hellen Lack. Der erſte iſt der reine Farbeſtoff des Krapps, ohne Thonerde; er hat in Körnern oft eine ungleiche, wenig lebhafte, in Braun violett ſtechende Farbe, zuweilen einen ſchwachen Metallſchimmer. Beim Abreiben wird es ein ſchönes Karmoiſin von tiefer, geſättigter Farbe, die mit Kupfer=

schimmer auftrocknet. Der lichte Krapplack ist an Thonerde gebunden, in Körnern von kryſtalliniſcher Form, zuweilen weißlichmatt, erbig, zuweilen mit Gumiglanz. Ein Stich in Lila macht ihn verwerflich. Man erhält dieſe Lacke ſehr ſchön aus Berlin, Wien, München, Dresden, Leipzig. Der ſchönſte geht unter dem Namen „Karminlack"*); aus Paris liefert ihn Bourgeois vorzüglich ſchön, aus Berlin Firma Steiner, aus Mühlhauſen Weiß ꝛc.

Der Krapplack iſt zwar unter allen aus organiſchen Subſtanzen gewonnenen rothen Farben die beſtändigſte, aber zu hoch im Preiſe. Er hat ein großes Färbevermögen, ſo daß ein gleiches Gewicht Weiß zugemiſcht die Kraft der Farbe wenig ſchwächt; dann läßt ſich ſeine Schönheit auch beſſer beurtheilen.

Die genannten rothen Lackfarben ſind, mit Ausnahme des Karminlacks, völlig unſchädlich.

§. 121. Blaue Farben.

Zu ihnen gehören die Kobaltfarben, als Smalte, mit ihren Modifikationen, wovon nur die geringeren zu Wandmalereien benutzt werden. Sie ſind ſämmtlich mehr oder weniger reines und fein gemahlenes Kobaltglas.

Eine gute Smalte muß folgende Eigenſchaften haben:

    a) aus gleichgroßen und gleichgefärbten Partikeln beſtehen;

    b) ſich wie feines Getreidemehl ballen und darf kein ſandiges Pulver bilden;

    c) es dürfen keine fremdartigen Subſtanzen, als Gyps, Sand, Schwerſpath oder Ultramarin, beigemengt ſein.

Die Kobaltfarben (Smalten) ſind in Luft und Wetter und in der Schmelzhitze unveränderlich, werden weder von Waſſer noch von Säuren (Flußſäure ausge-

---

*) Er iſt mit Arſenik präparirt.

nommen) oder Alkalien angegriffen; in Waſſer und Oel ſchwindel jedoch ihre Schönheit bald, und in geringer Beimiſchung zu Oelfarben ſpringt ſie aus, hat aber die beſondere Eigenſchaft, dunkeln Farben in geringer Quantität beigeſetzt, dieſe ungemein ſchnell zu trocknen. Vortheilhafter verhalten ſich die andern Kobaltblau.

Beim Tünchen und Anſtrich der Wände wird die Smalte viel benutzt und iſt dabei haltbarer wie Ultramarin, noch mehr als Neublau oder Lackmus. Sie reibt ſich in Oel nicht wohl ab und geſtattet keinen gleichförmigen Aufſtrich, aus welchem Grunde man ſie nicht ſelten nur als Aufſtreufarbe anwendet, indem man ſie auf einen halbtrocknen Firnißanſtrich aufpudert, wozu man eine blaue Grundfarbe wählt.

Im Innern der Zimmer angewendet, hat die Smalte das Unangenehme, grün und ſchmutzig zu werden, da ſie durchſichtig iſt und das vergilbte Oel durchſcheinen läßt. Als Leimfarbe ändert ſie ſich weniger, denn als Oelfarbe. An der freien Luft angewendet, bleicht ſie beträchtlich, indem der Sauerſtoff der Luft erblindend auf die verglaſten Körperchen einwirkt. Ein Kalkzuſatz entfärbt ſie nicht, wie dieſes bei dem Berlinerblau eintritt; ihr Färbvermögen iſt 10 Mal geringer, als das des Berlinerblaues.

Die Smalten wirken innerlich mehr mechaniſch nachtheilig, als durch chemiſche Zerſetzung oder durch Ausdünſtung; ſie ſind aber nichtsdeſtoweniger unter die giftigen Farben zu ſtellen.

Sehr verbreitet im Handel ſind die Kupferfarben und erſcheinen als Bergblau, Kupferlaſur, Cendréblau, Kalkblau, Berlinerblau, ſächſiſches Blau u. a.

Bergblau (Kupferlaſur), Kalkblau ꝛc.

Man hat ſowohl natürliches als künſtliches Bergblau. In der Natur kommt es als ȝ kohlenſaures Kupferoxyd, mit Waſſer verbunden, vor. Dahin gehört: die Kupferlaſur, ein ſchönes laſurblaues Foſſil, das, gerieben, als Malerfarbe, natürliches Bergblau, gebraucht wird. Es iſt eine ſchöne, be=

ständige Farbe, jedoch selten ächt zu bekommen, indem geringe Farbesubstanzen dafür verkauft werden. Man darf es nicht mit dem Mineralblau verwechseln. Vor dem Reiben hat es die Gestalt von Körnern, kleinen Blättchen, auch Krystallen von rhomboëdrischen Prismen, welche in vierseitige Spitzen auslaufen, ferner von warzigen und gestreiften Konkretionen, von formlosen Massen ꝛc.

Die Kupferlasur kommt gewöhnlich gemengt mit dem halbkohlensauren Kupferoxyd (dem Berggrün oder Malachit) vor, von dem es getrennt und sortirt werden muß. In dem Handel erhält man es geschlemmt. Man kann auch das natürliche Berggrün dadurch in Bergblau verwandeln, daß man es mit pulverisirtem Aetzkalk abreibt. Das natürliche Bergblau ist eine schöne tiefhimmelblaue Farbe und wird zu Dekorationen, zu Tapeten häufig als Leimfarbe angewendet; es verändert aber bald den Farbenton und wird, besonders der Sonne ausgesetzt, nach einigen Tagen grünlich. Als Oelfarbe gebraucht, dunkelt es und verliert seine Schönheit.

Das künstliche Bergblau wird mittelst schwefelsaurem Kupfer (Kupfervitriol) bereitet, zu dessen Auflösung man eine von salzsaurem Kalk setzt.

Nimmt man viel Kalk, so entsteht das sogenannte Kalkblau.

Bremerblau ist eine feurige hellblaue, etwas in Grün stechende kohlensaure Kupferverbindung; das beste muß sich ohne Rückstand in verdünnter Schwefelsäure auflösen. Das Bremerblau hat mit dem künstlichen Bergblau einerlei Verhalten und wird mit Leimwasser als Anstrichfarbe benutzt. Das sächsische Blau hat eine ähnliche Zusammensetzung.

Wie alle Kupferpräparate giftiger Natur sind, so sind es auch die blauen Kupferfarben.

Die Eisencyanürfarben, deren Repräsentant das Berlinerblau ist, kommen in vielen Modifikationen und unter mancherlei Namen vor.

Das Berlinerblau ist vorzüglich in drei verschiedenen Abänderungen in dem Handel.

a) **Pariserblau, Englischblau**, eine blausaure Eisenoxydverbindung, hat, wenn es ganz rein dargestellt ist, eine schöne tiefdunkelblaue, feurige Farbe, muschligen Bruch mit Metallglanz und einen ins Kupferrothe spielenden Lüster.

b) Das **basische Berlinerblau** löst sich in destillirtem Wasser auf und kommt im Handel zuweilen unter dem Namen „Waschblau" vor.

c) Das **gewöhnliche Berlinerblau** ist ein Gemisch beider.

Die Sorten a, b und c erhalten noch verschiedene Modifikationen und gehen dann unter dem Namen

Gmelinsblau, Diesbacherblau, Erlangerblau, Mineralblau mit viel Magnesia und Zinkoxyd, wodurch dessen heller Ton bedingt wird. Das Diesbacherblau übertrifft das Pariser- und Gmelinsblau bei Weitem an Schönheit und Lüster.

Bei dem Einkauf dieser Farben muß man auf den vorstechenden Kupferglanz ebenso halten, wie bei dem Indigo.

Je röther der Bruch erscheint, um so reicher und reiner ist die Farbe.

Vorzugsweise besitzt das Pariserblau diese Eigenschaft; bei dem Reiben mit harten Körpern verschwindet dieser Kupferglanz, wogegen er beim Indigo erst durch Reiben hervorgebracht wird. Man kann dieses Verhalten als ein leichtes Unterscheidungszeichen betrachten. Das Berlinerblau aber ist auf dem Bruche glanzlos und erdig, desto mehr, je geringer die Sorte ist. In den dunkleren Abänderungen ist es schwer und kompakt, in den helleren locker und stark abfärbend.

Als Wasserfarbe ist das Blau a) in Sonne und Luft unveränderlich, auch wenn man es mit Blei- und Ockerfarben mischt, nur nicht mit Zinnober.

Kennzeichen eines guten Berlinerblaues sind: es muß leicht sein, eine dunkle, feurige, reinblaue Farbe besitzen und leicht und stark abfärben; es darf mit Säuren nicht aufbrausen, mit Wasser gekocht und Alkohol zugesetzt, keinen Niederschlag bilden, der Stärkemehl ist.

Zu geringem Berlinerblau nimmt man auch oft Alaun, wodurch es, an Thonerde gebunden, leichter wird und noch weniger Deckkraft annimmt, als gewöhnliches Berlinerblau. Auch wird ihm häufig ein Bindemittel von Gummiwasser oder einer Auflösung von gerösteter Stärke gegeben. Anstatt der Thonerde wird auch wohl Stärke zugesetzt, wie es bei dem Waschblau der Fall ist, besonders, wenn sehr helle und leichte Waare geliefert werden soll. Desgleichen findet man es mit Schwerspath, mit kieselsaurer Thonerde gemengt, wodurch die Farbe locker wird. Man giebt gewöhnlich den verschiedenen Modifikationen auch besondere Namen, wodurch in der Farbennomenklatur eine nicht angenehme Verwirrung entstanden ist; so hat man Neu=, Wasser=, Hortensienblau ꝛc.

Das Berlinerblau ist, ungeachtet seiner Mängel, in der Dekorationsmalerei das am häufigsten gebrauchte. Mit seinem 15= bis 20fachen Gewichte Chromgelb vermischt, giebt es prachtvolle grüne Farben, die jedoch wenig Dauer haben.

Die Alkalien verändern es in eine schmutziggelbe Farbe; daher es auch die Beimischung von Farben nicht verträgt, welche Alkalien enthalten, folglich mit Kalk und auf Kalkwände untauglich ist. Salpetrige Wände machen das Berlinerblau in kurzer Zeit verschwinden. Kalk und Pottasche zerstören es augenblicklich.

Eine große Verbreitung haben in neuerer Zeit die künstlichen Ultramarine gefunden.

Der Grundstoff ist das Anilin, ein Edukt aus dem Steinkohlentheer.

Nach Prof. Gmelin wird ein künstliches Ultramarin aus Kieselerde, Thonerde und Natrum bereitet, indem man ihm durch Schwefelnatrium die Farbe ertheilt. —

Es ist eine ungemein schöne blaue Farbe, von den dunkelsten zu hellern Tönen, wovon die dunklern die theuersten und für Malereien geeignetsten sind. Die hellern geringern Sorten haben einen so niedrigen Preis, daß sie zu den gemeinsten Arbeiten des Staffirmalers verwendet werden können.

Indessen ist die Bereitung in den verschiedenen Fabriken nicht genau dieselbe, und deshalb kommen mehr oder weniger gelungene Sorten in den Handel.

Das **Lackmus**, eine matte veilchenblaue Farbe die leicht zerreiblich, in Wasser und Weingeist auflöslich ist und zur Grundlage kohlensauern Kalk, Thon- und Kieselerde, Gyps ꝛc. hat. Man braucht diese Farbe fast allein zum Bläuen weißer Anstrichfarben, weil sie sehr wohlfeil ist; doch wird sie jetzt auch dazu häufig durch andere Farben ersetzt.

Der Farbestoff wird aus mehreren Flechtenarten gezogen und durch Alkalien blau gemacht. Säuren setzen ihn wieder auf das ursprüngliche Roth um.

Der **Indigo**, eine vegetabile Farbe, wird aus mehreren Species von Indigofera bereitet. Auch hat man versucht ihn aus Waid zu gewinnen. — Der Indigo ist ein unersetzliches, vortreffliches, echtes blaues Farbematerial. Die feinsten Sorten sind der bengalische und Gualimala-Indigo.

Der hohe Preis läßt ihn nur zu feineren Malereien zu. Er ist vielen Verfälschungen ausgesetzt.

§. 122. Grüne Farben.

Die meisten der grünen Farben sind natürliche kupferhaltige Erden oder künstliche Kupferpräparate. Wir heben unter ihnen folgende aus:

Berggrün (ächtes Kupfergrün, Schiefergrün, Tyrolergrün, Malachit ꝛc., im natürlichen Zustande). Es ist meistens von blaugrüner oder meergrüner Farbe, nicht besonders licht, mit Wasser deckend und vollkommen haltbar.

In Ansehung der Farbe und Textur giebt es vom Berggrün ausnehmend schöne Abänderungen, die aber meist sandig und schwer zu reiben sind. Man erhält anstatt des Berggrüns sehr oft andere Präparate, die man theils schon an der helleren Farbe, theils an dem größeren spec. Gewichte unterscheiden kann.

Das natürliche Berggrün muß schön grün, fein, trocken, dabei leicht und körnig sein. Man gebraucht es sowohl zur Oel- als auch zur Wasserstaffirmalerei; besser geeignet ist es zu letzterer.

Das künstliche Berggrün wird aus einer Auflösung von schwefelsaurem Kupfer durch Pottaschenlauge niedergeschlagen, der man feingemahlenen rohen Weinstein, Schüttgelb und Kalkbrei zusetzt. Zuweilen wird auch Kochsalz noch beigemengt, um das Gewicht zu vermehren und ihm eine gelinde Feuchtigkeit zu erhalten, welche eine lebhaftere Farbe giebt.

Es giebt noch eine große Menge von Bereitungsarten, die theils ein helleres, dunkleres, theils ein mehr und weniger lebhaftes Grün geben, größtentheils aber frei von Arsenik sind.

Unter den Namen: Neuwieder-, Mineral-, Braunschweiger- und Berggrün wird ein ähnliches Grün in den Handel gebracht, welches aus schwefelsaurem Kupferoxyd und arseniger Säure bereitet und an Kalk, Schwerspath und Thon gebunden wird.

Das Neuwiedergrün erhält gegen $2\frac{1}{4}$ Procent, das Mineralgrün 12 Proc., das Braunschweigergrün $\frac{1}{4}$ Proc., das Berggrün 12 Proc. Arsenik auf 100 Theile Kupfervitriol der Mischung, welche jedoch vermehrt werden, wenn das Grün gelber ausfallen soll.

Bremergrün, ein Kupferoxydhydrat, ist ebenfalls ein Kunstprodukt, welches aus schwefelsaurem Kupfer mit Kochsalzzumischung erzeugt wird.

Das basisch-salzsaure Kupferoxyd wird auch wohl als „Braunschweigergrün" in den Handel gebracht.

Das wahre Bremergrün enthält keinen Arsenik, ist aber in verschiedenen Nüancen und nach verschiedenen Bereitungsarten käuflich. Als Wasserfarbe giebt es ein helles, fast blaues Grün, in Oel ein ausgezeichnet schönes Grün, welches jedoch wenig Beständigkeit hat und von Schwefelwasserstoffgas geschwärzt wird. Es kommt weder dem Braunschweiger=, noch dem Scheel'schen an Dauer und Beständigkeit in Luft und Wetter, an Ausgiebigkeit bei der Anwendung und an Lebhaftigkeit des Anstrichs bei.

Schweinfurtergrün. Diese Farbe von einem ausgezeichnet schönen Grün ist zugleich die giftigste von allen, indem bei der Bereitung auf 70 Pfd. Grünspan, der an sich schon Gift ist, noch 100 Pfd. weißer Arsenik kommen. Es darf daher höchstens zu kleinen Aufhöhungen, nie aber als Anstrich auf größeren Flächen gebraucht werden. Da das Präparat nach seinen verschiedenen Nüancen, auch unter ebenso vielerlei Namen verkauft wird, so finden wir für nöthig, diese hier beizufügen, damit der Käufer diese Giftfarbe vermeide. Sie geht unter

Schweinfurter=, Original=, Patent=, Kaiser=, Kasseler=, Pariser=, Wiener=, Leipziger=, Würzburger=, Schweizer=, Jasnügger=, Englisch=, Papagai=, Kahlaer=, Löbschützer=, Mitis=, Neu=, Pickel=, Münchner=, Schwedisch=, Mai=, Moos=, Schön=, Neuwieder=, Grundirgrün.

Auch gewisse Sorten des Berg= und Braunschweigergrün; das Königs=, Kurrers=, Kirchberger=, Schobers=, Zwickauer=, Brixner=, Eislebener=, Baselergrün 2c. sind mehr oder weniger arsenikalische Verbindungen, die 15 bis 75 Procent Arsen, die meisten noch außerdem wechselnde Mengen von freier arseniger Säure enthalten, und in Schlaf= und Wohnzimmern benutzt, ein hinsterbendes Siechthum herbeiführen.

Das Scheel'sche Grün, auch schwedisches Grün genannt, ist ein ähnliches Präparat und hält 25 — 55 Proc. arsenige Säure.

Auersbergergrün ist ein Kupferniederschlag, der in der Regel arsenfrei ist.

Kalkgrün (Erdgrün, Verditer) ist eine durch Kupferoxyd erzeugte, an Kalkerde oder Kreide gebundene grüne Farbe. Man braucht sie viel zu Tapeten und Anstrich von Wänden; sie verschießt leicht.

Webersgrün ähnelt dem Braunschweigergrün, ohne daß es Arsenik enthält.

Berlinergrün, eine schöne grüne Farbe von großer Dauer, soll eine Kobalt-Cyanverbindung sein, ist aber häufig nur ein Gemisch von Berlinerblau und Chromgelb. Ein Gleiches ist mit dem

Göttlingsgrün, einer Kobalt-Zinkverbindung.

Chromgrün, steht sowohl in der Sonne, wie in unreiner Luft sehr gut, ist bald mehr, bald weniger durchsichtig und warm, schön, aber nicht leuchtend; es giebt reine und dauerhafte Töne.

Eine Abänderung desselben geht im Handel unter dem Namen „grüner Zinnober".

Grüne Erde, **Veronesergrün**, ein natürliches Mineral von verschiedenen Nüancen, die als Veroneser, cyprische, polnische, tyroler, böhmische, sächsische Grünerde verkauft werden. Sie sind unschädlich.

Den Arsenikgehalt kann man leicht ausfindig machen, wenn man eine kleine Quantität der Farbe auf ein über Kohlen erhitztes Blech legt; man wird dann bald einen Knoblauchgeruch spüren, wenn Arsenik vorhanden, vor dessen Einathmung man sich aber sehr hüten muß.

Alle grüne Farben, die Arsenik enthalten, sollten durchaus nicht in bewohnbaren Räumen in Anwendung kommen; am allerwenigsten in Schlafstuben. Sie vergiften fortgesetzt die Luft, und deren Ausdünstung bewirkt langsame gefährliche Krankheit. Am gefährlichsten sind das Schweinfurter und Scheel'sche Grün, nebst dem Realgar. Alle grünen Tapeten, welche dergleichen Farben — fast alle — ahnen lassen, sind streng zu vermeiden. Die Ausdünstung arbeitet unmerklich aber sicher und nicht zu langer Zeit dem Tod entgegen.

§. 123. **Braune und violette Farben.**

Umbra, Umbraun. Unter diesem Namen gehen verschiedene Erden, die theils bituminöser Natur, Arten von Braunkohle, theils Eisenocker sind. Ursprünglich stammt sie aus Italien, Sicilien, bei Nocera, in der Gegend von Spoleto, dem alten Umbrien (woher ihr Name). Man hat eine lichtbraune, ins Röthliche spielende und eine mehr graue Sorte.

Die erste cyprische oder türkische Umbra ist ein Brauneisenstein-Ocker, derb, muschelig im Bruch, stark an der Zunge hängend, enthält Manganoxyd. Die zweite, kölnische Umbra, Kasselererde, ist braunkohlenartig, feinerdig, zerreiblich (auch schwarzbraun) und entzündlich.

Die türkische oder cyprische Umbra muß aus großen, lebhaft braunen, leichten Stücken bestehen, die sich mild und zart anfühlen. Diese Sorte findet sich in Lagern mit braunem Jaspis auf Cypern. Geglüht wird sie, gleich andern Ockern, roth (braunroth), weicher und milder.

Das unter dem Namen Kölnerbraun bekannte Umbra ist theils ein in Erde verwandeltes, mit Bitumen und Eisenoxyd durchdrungenes Holz, theils eine verwitterte Eisen- und Braunsteinoxyd haltende Erdkohle. Es findet sich in der Gegend von Köln bei Bensberg, Brühl, Frechen ꝛc., ferner im Jülich'schen, Bergischen, in Sachsen bei Annaberg, Scheibenberg, Schwarzenberg, im Henneberg'schen.

Es ist mehr oder weniger dunkel olivenbraun, zerreiblich und Wasser einsaugend; entzündet sich auf glühenden Kohlen mit Verbreitung eines bituminösen Geruchs und Zurücklassung von etwas weißer Asche.

Die Saalfelder Umbra, Kesselbraun, ist leicht, hell- und dunkelbraun und kommt gewöhnlich in kugeliger Gestalt in den Handel.

Die italienische Umbra ist sehr fein, heller und weniger mit Bitumen durchzogen, als das Kölnerbraun.

Die englische Umbra behält im stärksten Feuer ihre Farbe, kann also weder eine Braunkohle, noch eine simple Ockerart sein. Sie steht sehr gut auf nassem Kalk (Fresko), schwärzt nur in Oel etwas nach.

Guter Umbra muß dunkelbraun, zart, zerreiblich, nicht mit Sand und fremden Körpern gemischt sein und sich im Feuer rothbraun, zuletzt aber weiß brennen.

Man gebraucht das Umbra häufig, sowohl in der Staffirmalerei, als auch bei Bereitung der gewöhnlichen Firnisse, indem er dem Oele die wässerigen Theile, welche das Trocknen hindern, entzieht. Als Farbe giebt es für sich allein kein schönes, sondern ein mattes, düsteres Braun; durch Glühen erhält es einen tiefern, mehr ins Rothbraune ziehenden Ton.

Die Umbra läßt sich in Wasser und Oel gut anwenden; mit weißer Kreide vermischt, ist sie zur Dekorationsmalerei sehr nutzbar, indem sich viele, zum Theil schöne Töne damit darstellen lassen, und weil sie sich mit Holz, Bret ec. verbindet, so gebraucht man sie gewöhnlich zur dunkeln Grundirung. Zuweilen wird ein brauner Bolus als Umbra verkauft.

Kölner- und Kasselererde sind zwei entbehrliche Farben für Anstreicher oder Dekorationsmaler. Beide sind dem Umbra nahe verwandt.

Kupferbraun ist sehr beständig und hat viel Körper. Die braunen Farben äußern keinen nachtheiligen Einfluß auf die Gesundheit, mit Ausnahme des Kupferbrauns.

§. 124. Schwarze Farben.

Die gebräuchlichsten schwarzen Farben sind meistens verkohlte vegetabilische Substanzen. Manche besitzen eine bläuliche, andere eine bräunliche Nüance.

Obgleich das Kohlenschwarz, verglichen mit andern Pigmenten, am wenigsten schön ist, so wendet man es doch in der Stubenmalerei fast ausschließlich an. Das Kohlenschwarz muß sehr klar und fein gerieben werden und, mit Wasser angemacht, keine kleinen, splitterartigen Partikel zeigen. Die Kohlenfarben sind wohlfeil und haltbar, auch durchaus unschädlich und vertragen sich mit allen Farben.

Der **Ruß, Kienruß, Rußschwarz, Pariser-schwarz**. Er wird durch Verbrennung des Kienholzes, der Abgänge beim Theerschwelen, des Harzes, Theers, Pechs ıc. gewonnen, indem der Rauch in die Rußkammer geleitet wird, worin der Ruß sich an leinene oder wollene Tücher ansetzt und später abgekehrt wird.

Der deutsche Kienruß hat einen größern Glanz als der Pariser, indem er mehr ölige Theile enthält.

Um dem Kienruß die öligen Theile zu nehmen und ihn als Farbe geeigneter zu machen, brennt man ihn oder reinigt ihn auf nassem Wege.

Das Erstere wird verrichtet, indem man ihn in einen glasirten Topf, besser in einen Schmelztiegel fest eindrückt, bis der Topf bis zum Rande gefüllt ist. Man paßt ein rund zugeschnittenes Papier darauf, welches aber nicht über den Rand des Topfes vorstehen darf, und schlägt darüber feuchten Lehm, den man an den Topf gut anstreicht. Der Topf wird nun einem Gluthfeuer ausgesetzt, welches das Innere durchglüht, am besten in einen Töpferofen mit eingesetzt und darin erkalten lassen.

Der Zutritt der Luft muß aber sorgfältig von der innern Masse abgehalten werden, wenn die Operation gelingen soll.

Auf nassem Wege läßt sich der Ruß durch Aetzlauge reinigen. Man rührt ihn in einen Kessel mit einer frischbereiteten Aetzlauge, die etwa 10 Procent des Gewichts des Kienrußes an Kali enthält, zusammen, so daß ein dünner Brei entsteht, läßt das Ganze einige Zeit kochen, damit das Oelige verseift wird, füllt dann den Inhalt in ein größeres Gefäß, schüttet viel reines Wasser zu und läßt absetzen. Nachdem der Absatz erfolgt ist, zieht man die Flüssigkeit ab, wäscht noch hinreichend mit Wasser aus und trocknet.

Guter Kienruß muß eine satte schwarze Farbe haben, die nicht ins Braune (Fuchsige) spielt. Der gewöhnliche Kienruß nimmt, wegen des beiwohnenden Brandharzes, das Wasser nicht an, weshalb man ihn vorher mit Branntwein anfeuchtet.

Das Beinschwarz ist eine Thierkohle aus Knochen, Abfällen von Horn und Hufen ꝛc., durch Kalciniren unter Abschluß der äußeren Luft hergestellt.

Man nimmt Hammel-, Rinds- oder andere harte Knochen, kocht sie mit Lauge aus, um die Fettigkeit zu entfernen und zerstößt sie in Stücke. Nachdem sie mit Wasser abgewaschen und getrocknet worden, befeuchtet man sie mit Leinöl und setzt sie, möglichst kompakt eingedrückt, in einem bedeckten und verstrichenen Tiegel dem Glühen in einem Töpferöfen aus.

Nach dem Brande und Erkalten reibt man das verkohlte Beinschwarz auf einem Reibsteine mit Wasser fein ab und stellt es in kleinen Kegeln auf Fließpapier zum Trocknen auf. Um es mehr zu verfeinern, behandelt man die abgeriebene Masse wiederholt mit verdünnter Salzsäure, welche die Kalktheile auflöst, die das Schwarz grau machen und süßt mit Wasser aus. Das Beinschwarz hat immer einen Stich in Violettbraun.

Auf Kalk kann es nicht gebraucht werden. Als Wasserfarbe deckt es nur gering; als Oelfarbe ist es ein unschätzbares Schwarz.

Rebenschwarz, aus verkohlten Weinreben, liefert einen Farbestoff, der in Oel, in Wasser und auf Kalk gute Dienste leistet.

Das Frankfurterschwarz. Dieses, nur zu gröbern Malereien anzuwendende Schwarz wird aus der Verkohlung von Weinhefen und Weintrestern gewonnen. Wenn es nicht gut ausgewaschen worden ist, enthält es oft nicht unbedeutende Mengen an Kali, welches bei dem Anreiben mit Oel eine seifenartige, der Dauer nachtheilige Verbindung eingeht. Dies Pigment muß zart, glänzend, leicht und frei von Sande sein. Es wird für die nämlichen Zwecke angewendet, wie das Rußschwarz, ist aber schwerer, fetter und von geringerer Güte, als das Pariserschwarz. Man wendet es als Leimfarbe an, um Tische, Schreibpulte, Notenpulte ꝛc. damit anzustreichen. Wird ein solcher Anstrich mit einem Stück Tuch abgerieben, so erlangt er einen ganz eigenen Glanz.

Das Reiben und Anmachen der Farben.

§. 125. Die käuflichen Farben, sie mögen in Stücken oder in Pulverform sein, sind selten so rein, fein und zart, daß sie ohne weitere Vorbereitung mit dem Bindemittel oder Farbenträger vermischt werden könnten. Allenfalls lassen sich die Farben, welche in Pulverform verkauft werden, zu gröbern Wand= und Maueranstrichen unmittelbar verwenden. Farben, die zu Schablonenmalerei u. dergl. genommen werden sollen, müssen vorher mit Wasser abgerieben, solche, die sandig sind, auch vorher geschlemmt werden.

Jemehr eine Farbe feingerieben wurde, desto deckender, desto intensiver und ausgiebiger wird sie, und das Ausstreichen mit dem Pinsel wird desto angenehmer, so wie auch die Farbe an sich dadurch mehr Glätte und Lüster bekommt.

Zum Reiben der Farben bedient man sich eines glatten, ebenen und harten Steins, Marmor, Porphyr, Basalt, oder auch einer starken Glasplatte und dazu eines Läufers von derselben Steinart, der eine, zum Umfassen mit einer oder beiden Händen, schickliche (konische) Gestalt und eine breite, glatte Grundfläche hat.

— Von dem Reibesteine. Jemehr Fläche ein Reibstein besitzt, desto schneller wird die Farbe sein. Die beste Größe ist ein Quadrat von 2—2¼ Fuß Seite.

Spiegelglas, welches sich weit weniger abnutzt, muß mindestens 4—5 Linien Dicke haben. Man bekommt sowohl die Steine, als auch die Glastafeln in der Regel schon so weit abgeschliffen, daß sie unmittelbar zum Abreiben verwendet werden können. Sandsteine, weichere Kalksteine, überhaupt solche, welche schleimen, oder die Flüssigkeit stark absorbiren, sind nicht zu gebrauchen.

Die nützlichsten bleiben immer die von Porphyr und von Glas.

Der Läufer muß immer 4—5 Zoll im Durchmesser reibende Fläche haben; auch ist es besser, wenn derselbe von einer härtern und festern Materie, als das Glas oder Stein ist, weil er sich viel mehr abnutzt. Reine, weiße Kiesel, Achat, sind vorzüglich zu diesem Behuf, auch werden welche von Biskuit (unglasirtem Porzellan) gefertigt, die gute Dienste leisten. Die untere ebene Fläche muß an den Kanten abgefaset und nicht glatt, sondern matt geschliffen sein, was auch bei den Stein- und Glastafeln statt haben muß. Haben sich die Flächen glatt geschliffen, so rauhet man dieselben dadurch, daß man grob geschlemmten Smirgel oder feinen gesiebten Sand mit Wasser darauf abreibt.

Wenn man Läufer von Porphyr oder Achat wählt, so kann der Läufer selten aus einem Stück bestehen; er wird dann als Platte an ein Stück geringeren Steins aufgekittet; die Basis muß aber zollstark sein. Die äußeren Seiten des Läufers müssen stets von der Basis ohne vortretenden Rand aufsteigen. Das Aufkitten geschieht mit Oelkitt.

Das Abreiben erfolgt mit Wasser. Man zerstößt die Farbensubstanz zuerst gröblich in einem Mörser, gießt Wasser darauf und rührt es einigemal um. Nachdem dasselbe sich gesetzt hat, gießt man das Wasser rein ab, schüttet einen Theil der Masse auf den Reibestein, und nur so viel frisches Wasser zu, daß ein dicker Brei entsteht, indem man den Läufer im Kreise herum und zwar immmer von dem Rande nach innen zu führt. Bemerkt man, daß die Farbe sich zwischen den Fingern fein und zart anfühlt, so kann man das Reiben als beendigt betrachten. Während des Reibens darf man nicht vergessen, mit dem Spatel die theils an den Seiten des Reibesteins, theils an dem Läufer nach oben zu sich anhängende Farbe öfters ab- und beizustreichen, damit alle Theile und Körnchen gehörig zerdrückt werden. Wird die Farbe durch ein langes Abreiben trocken, so feuchtet man sie wieder mit etwas Wasser an, nur niemals zu viel, weil sich die Farbe auf dem Reibesteine sonst zu sehr ausbreitet, das Abreiben erschwert und die Arbeit verlängert. Ist die Farbe fein genug, so wird sie mit dem hölzernen Spatel von dem Reibesteine abgenommen, auf ein glatt gehobeltes Bretchen, das man mit weißem Papiere belegt, in kleine Häufchen gesetzt und an der freien Luft im Schatten, gegen Staub und Feuchtigkeit gesichert, getrocknet.

Man erkennt auch, ob die Farbe fein genug gerieben ist, wenn sie im flüssigen Zustande (nämlich in der Konsistenz eines dicken Rahms) unter dem Läufer nicht mehr kreischt oder in der Hand an dem Läufer kein sandiges Gefühl erkennen läßt.

Vorsichtsmaßregeln bei dem Reiben und Schlemmen der Farben.

§. 126. Es giebt mehrere Farbematerialien, z. B. das Auripigment, das Bleigelb, das Bleiweiß, die Mennige, der Grünspan, der Zinnober u. a. m., welche giftig, mithin der Gesundheit nachtheilig sind; daher muß man bei dem Reiben, Schlemmen und Gebrauche derselben die größte Vorsicht anwenden und folgende Regeln zu möglichster Unschädlichkeit genau befolgen:

a) Man reibe giftige Farben niemals trocken, weil der aufsteigende Staub sich um so leichter durch das Athmen einzieht, sondern immer zuerst mit Wasser, bis sie fein genug sind;

b) halte das Gesicht niemals während des Reibens über die Farben, verbinde vielmehr bei offenbar giftigen Farben, insonderheit wenn man solche zuletzt mit Oel abreibt, Mund und Nase mit einem feuchten Tuche;

c) setze man sich während des Reibens dem Luftzuge so wenig als möglich aus; oder suche den Luftzug so zu dirigiren, daß er die Dünste von dem Arbeiter abwärts führt;

d) fasse niemals einen Pinselstiel oder Spatel, weil beides selten rein von Farbe ist, oder ein anderes Farbengeräth in den Mund;

e) nehme man während des Reibens und Schlemmens der Farben keine Speisen zu sich und reinige nach diesen Geschäften Gesicht und Hände sogleich wieder sorgfältig;

f) endlich beschäftige man sich mit solcher Arbeit niemals nüchtern, weil die Erfahrung gelehrt hat, daß der Körper in nüchternem Zustande empfänglicher und reizbarer ist.

Am gefährlichsten ist das Einathmen des Farbestaubs beim Abkratzen und Abreiben der Wandanstriche von Bleiweiß, Operment, Schweinfurtergrün, überhaupt von blei-, kupfer- und arsenikhaltigen Farben; namentlich verursachen Arsenikfarben, eingeathmet, eine wahre und plötzliche Vergiftung, die sich bis zum Tode steigern kann. Anstriche von dergleichen wirken im langsamen Fortschreiten auf Vernichtung der Gesundheit, Abzehrung und Tod, wenn sie in Wohnzimmern und Schlafgemächern angebracht sind; da sich unter Umständen, besonders bei feuchter Luft, aus ihr flüchtige Arsenikverbindungen entwickeln und der Luft beimengen. Daher sind die Schweinfurtergrüne auf Wänden und Tapeten — wie auch alle andern Arsenfarben — durchaus verwerflich; dergleichen Tapeten unterliegen in mehreren Staaten gesetzlicher Konfiskation. Daß auch nicht Anstriche damit ausgeführt würden, sollte jeder Haus- oder Miethbesitzer zum eigenen Wohle verhindern. Geringe Anwendung dieser schönen Farben mit andern bei Kantenmalereien kann, wie sich von selbst versteht, für den Bewohner keine, für den Farbenreiber Nachtheile haben. Der Gebrauch jener Grüne hat leider im Großen ungemein überhand genommen.

Quecksilber-Farben sind nicht weniger schädlich, jedoch in geringerem Nachhalte; auch sie sollten mit größter Vorsicht angewendet werden. Sie kommen aber in der Neuzeit wenig in Gebrauch, da sie von den schönen Chromfarben verdrängt werden.

Bei Wasserfarben ist diese Ausströmung fortdauernd, so lange noch ein Atom der schädlichen Substanz vorhanden ist, und wird von der geringsten Feuchtigkeit aufs Neue erregt und verstärkt.

Bleifarben hören auf schädlich auszuströmen, sobald sie durch feuchte Dünste metallisch reducirt sind; dann aber sind sie zugleich verdorben, schwarz und untauglich. Häufige Berührungen von Bleioxyden mit bloßer Haut sind ebenso schädlich und veranlassen, wie das Einathmen, Bleikolik.

Das Vorbinden eines feuchten Schwammes vor den Mund und die Nasenlöcher mittelst Schnüren ist bei dem Arbeiten mit dergleichen Farben, oder überhaupt bei längerem Aufenthalt in einem mit solchen Farbedünsten oder Staub geschwängerten eingeschlossenen Raum, sehr rathsam und wenig belästigend.

Man glaube nicht, daß die Natur durch längeres Umgehen mit giftigen Farben sich daran gewöhnen oder die Gewöhnung den Einfluß auch nur vermindern könne; die Wirkung bleibt immer dieselbe und wird nur verstärkt durch längeres und wiederholtes Verharren bei dergleichen Arbeit, der man sich ohne Schutzmittel hingiebt.

Bei dem unvorsichtigen Einathmen von solchem Farbenstaub ist es gut, fette Milch, Eiweiß, Seifenwasser oder Zucker in großer Menge schnell zu genießen, wenn man bei oder nach solcher Arbeit Uebelkeiten verspürt, bis ärztliche Hülfe herbeikommen kann. Das gewöhnliche Mittel, der Genuß geistiger Getränke, zu welchem der Arbeiter immer zuerst greift, wirkt nur noch nachtheiliger. Bei der Hantierung mit Bleifarben ist das viele Trinken von Wasser mit Essig anzurathen.

Von den natürlichen Marmorarten.

§. 127. Unter der Benennung „Marmor" gehen die feinkörnigen weißen oder bunten Arten des dichten Kalksteins. Deutschland liefert vielerlei Arten, überhaupt werden aber daselbst am meisten verarbeitet:

der Marmor von Blankenburg und Elbingerode am Harz;
der schwarze italienische Marmor;
„ weiße „ „
„ „ karrarische „ ohne Adern;
„ blaue, grüne, weiße schlesische Marmor;
„ grüne schwedische Marmor;
„ weiße Marmor von Paros;
„ böhmische, mit großen durchsichtigen Blättern von weißgrauer Farbe;
„ salzburger, und der sächsische Marmor.

§. 128. Die Farben des Marmors sind ungemein verschieden, sowohl beziehlich des Grundes, als der Zeichnung. Da diese Mannichfaltigkeit einigen Bezug auf die Nachahmung des Marmors in Stukko hat, so wollen wir in dem Folgenden etwas ausführlicher mit den verschiedenen Arten des Marmors beschäftigen:

a) Von dem weißen Marmor hat man zwei Sorten: den parischen antiken Marmor und weißen Marmor der neueren Künstler, von der Insel Paros, ein außerordentlich klarer und feinkörniger Marmor, und den karrarischen, einen ausgezeichnet feinen Marmor von Massa Karrara in Oberitalien, sehr dicht und geschlossen, indessen weniger feinkörnig wie der parische und etwas schuppig.

b) Von dem einfärbigen gelben Marmor giebt es nur eine Art von einer dunkeln isabellgelben Farbe und stark glänzend (Giallo antico); er findet sich in einigen Gegenden Italiens.

c) Der blauen und schwarzen Marmorarten sind eine große Menge, unter ihnen der von Chios besonders schön.

d) Einfarbigen grünen Marmor kennt man in einer Sorte, den lacedämonischen Marmor der Alten.

e) Der bleich- oder weißbraune heißt gewöhnlich Darbymarmor.

f) Der grüne Marmor mit Muscheln.

g) Der schwarze Korallencement mit und ohne ohne Muscheln aus Phrygien.

h) Von den weißen buntfarbigen Marmorarten finden sich eine große Menge, die in Purpur, Braun, Roth, Blau ꝛc. variiren.

i) Braunen, buntgefleckten Marmor hat man ebenfalls vielerlei Arten, dergleichen mit rothen Adern, mit weißen, schwarzen oder braunen Adern.

k) Gelbgeaderte und buntgefleckte Arten sind zuweilen mit Purpur und andere mit Blau eingesprengt.

l) Von dem schwarzbunten Marmor haben einige weiße, andere blaue, gelbe, rothe ꝛc. Adern.

m) Der grüne gefleckte Marmor (verte antico) ist ebenfalls durch die Farbe des Geäders verschiedenartig.

n) Der graue gesprenkelte Marmor ändert sich durch schwarze oder grüne Flecken.

o) Rothgefleckt ist der italische Brokatello mit weißen und goldenen Adern.

p) Der Muschelmarmor (lumachello), gelblicher Grund, mit rothem und grünem muschlichen Farbenspiel. Finden sich unreine oder schadhafte Stellen in dem Marmor, so wird sowohl dessen Schönheit, folglich auch dessen Werth verringert und dadurch die Schwierigkeit der Bearbeitung vergrößert.

Man bedient sich bei dem Marmor folgender technischer Benennungen:

Unter „strengem" Marmor versteht man das Beiwohnen außerordentlicher Härte, die nicht die alleinige Schwierigkeit bei der Bearbeitung herbeiführt, da ein solcher Marmor auch geneigt ist, zu splittern; dergleichen ist der von Namur und mehrere andere.

„Fasermarmor" besitzt eine Zeichnung, welche streifig oder fadenförmig ist und mit Holz verglichen werden kann, von weichen und widerjährigen Adern; er hat Schwierigkeiten beim Bearbeiten und Poliren.

„Spröder" Marmor nennt man den, welcher unter dem Werkzeuge bröckelt, wie der weiße griechische und der pyrenäische Marmor.

„Erdiger" Marmor besitzt Stellen, sogenannte Thongallen, Nägel, die weicher oder härter als das Andere sind, oder dessen Substanz nicht gleichförmig ist; dahin gehört der Marmor von Languedoc. Dies sind zwei Mängel, welche große Schwierigkeiten bei der Bearbeitung und beim Poliren veranlassen; den einen nennen die Arbeiter gallig, nagelig und man kann ihn mit dem ästigen Holze vergleichen; der andere heißt eisenschüssig und zeigt Kupfer-, Eisen- oder andere metallische Theile (Nägel) im Innern. Dies findet man fast bei allem weißen Marmor, zumal die Gallen.

Vorsicht beim Versetzen von Marmor.

§. 129. Da aller Marmor, besonders der feinkörnige und hellfarbene, für Beschmutzung sehr empfänglich ist, und sowohl vegetabile, als auch Mineralfarben gern einsaugt, so hat man behauene Marmorstücke gut verwahren, wenn sie auf einige Entfernung transportirt werden sollen. Man packe sie sorgfältig in Heu, Hobelspäne, Werg rc., um den Schmutz, vorzüglich Fettigkeit davon abzuhalten.

Es ist in manchen Fällen gut, das Stück mit reinem Papier oder wollenem Zeug zu umwickeln, welches sorgfältig untersucht worden, daß es nicht schmutzig oder fettig sei. Der entstandene Schaden ist nur mit Aufopferung vieler Zeit und Arbeit wieder gut zu machen.

§. 130. **Den Marmor und andere Steinarten zu reinigen und Flecke zu beseitigen.**

1) Man nehme eine Quantität frischgelöschten Kalk, rühre ihn zu rahmartiger oder breiiger Konsistenz mit starkem Seifenwasser an, trage den Brei mit einem Pinsel gleichmäßig auf und lasse den Anstrich 2 — 3 Tage ruhig stehen, bevor man ihn wieder abwäscht. Sollten durch dies Verfahren die Flecke noch nicht vertilgt sein, so wiederhole man es.
Bemerkung. Diese Methode wird in der Regel, bei den meisten Flecken, nach ein- oder zweimaliger Operation Erfolg leisten. Geschieht dies nicht, und hat man sich überhaupt versichert, daß die Flecken durch dieses Mittel nicht wegzubringen sind, so schreitet man zu dem Nachstehenden:

2) Man gießt auf ¼ Unze Spießglanzbutter (Chlorantimon) und 1 Unze Oxalsäure (Sauerkleesäure) 1 Pinte (= ½ preuß. Quart oder gegen 0,43 Liter) Wasser und läßt es auflösen oder doch sich vollkommen mischen. Die Flüssigkeit vermischt man mit Mehl zu einer passenden Konsistenz und wendet die Mischung wie vorige an, oder trägt sie mit einem Schwamme auf, nachdem man den Marmor oder Stein mit heißem Wasser sorgfältig abgewaschen hat; zuletzt umschlägt man die Oberfläche mit Löschpapier, welches man fortwährend feucht hält. In wenigen Stunden wird der Fleck vollkommen verschwunden sein. Dieses Reinigungsmittel ist vorzugsweise auf Eisen- und Tintenflecke anwendbar.

3) Eine gleiche Quantität frische Schwefelsäure und Citronensaft mischt man in einer Flasche zusammen, schüt-

telt es tüchtig, netzt die Flecken damit an und reibt es in wenig Minuten mit weicher Leinwand ab, bis es trocken und der Fleck ausgezogen ist.

4) Man mischt ungelöschten zerfallenen Kalk mit starker Seifenlauge zu einem ziemlich dicken Brei und streicht die Mischung mit einem Borstenpinsel auf den Marmor. Man läßt ihn zwei Tage damit stehen, wäscht rein ab und reibt ihn sofort mit feinem, dickem Leder und Seife, welche in weichem Wasser gekocht ist. Hierauf tunkt man einen Pinsel hinein und in feinen Marmorstaub und reibt damit den Marmor ab, nicht, ohne ihn vorher nach der gewöhnlichen Weise gereiniget zu haben. Man erhält so bei fortgesetztem Reiben eine schöne Politur.

Man reinigt die Stelle noch von der Seife und endigt mit einem abgeführten Pinsel.

5) Nach Mackenzie soll man eine breiähnliche Mischung aus Grünspan und Bimsstein, beide zart gepülvert, frischgelöschtem Kalk und Seifensiederlauge bereiten und damit, mittelst eines wollenen Lappens, die Flecken nach einerlei Richtung reiben, dann mit Seifenwasser abwaschen und dies nöthigenfalls wiederholen. Man muß aber dabei vorsichtig sein, weil die Oberfläche durch den Bimsstein angegriffen wird.

§. 131. **Alabaster zu reinigen.**

1) Man zerkleinert Bimsstein zu einem ganz zarten Pulver und mischt dieses mit Fruchtessig.

Nach dem Auftragen läßt man zwei Stunden stehen, tunkt einen Schwamm ein und reibt den Alabaster damit; hierauf wäscht man mit frischem Wasser und einem leinenen Läppchen und trocknet mit einem reinen leinenen Tuch ab.

2) Kamineinfassungen oder Marmorplatten lassen sich mit Salzsäure in verdünntem oder im reinen Zustande reinigen. Ist sie zu scharf, so benimmt sie dem Marmor die Politur, man kann diese jedoch herstellen,

wenn man die Stelle mit einem Stück Filz, worauf ein wenig Zinnasche gestreut, und mit reinem Wasser reibt.

3) Man fertigt eine Salbe von Ochsengalle, ¼ Pinte (⅛ Quart), ⅛ Pinte (1/16 Quart) Terpentin und ein wenig Pfeifenthon. Die Salbe wird auf den befleckten Gegenstand gestrichen und 1 oder 2 Tage darauf stehen gelassen, dann abgerieben und ein zweites oder drittes Mal aufgetragen; sie macht den Marmor vollkommen rein und theilt ihm die feinste Politur mit.

§. 132. Oel- oder Fettflecke aus Marmor oder anderem Stein zu ziehen.

Man macht eine starke Lösung von Perlasche (calcinirter Pottasche, kohlensaurem Kali) in Wasser, setzt ungelöschten Kalk soviel zu, als erforderlich scheint, läßt es einige Minuten setzen und schüttet die Flüssigkeit in eine Flasche, die man gut verkorkt*).

Bei der Anwendung benetzt man den Fleck mit ein wenig von der Lauge und läßt sie einige Minuten darauf einwirken, wonach man sie mit reinem Wasser abwäscht. Sollte die Fettigkeit nicht völlig verschwunden sein, so wiederholt man dies Verfahren so lange, bis die Reinheit hergestellt ist.

§. 133. Das Benzin wird vortheilhaft benutzt, um Papier von Flecken zu reinigen, die fettiger Natur sind. Man betupft die Stelle mit Benzin und reibt sie sofort mit gebrannter Magnesia nach. Der Fleck hinterläßt nicht die geringste Spur.

Es ist zu erwarten, daß sich der gleiche Erfolg auch bei Alabaster, weißem Marmor ꝛc. herausstelle.

---

*) Diese Flüssigkeit ist Aetzkalilauge und wird bei der Seifenbereitung gebraucht; sie verseift die Fette und Oele und macht sie zur Auflösung im Wasser geschickt.

§. 133a. Den Marmor zu schleifen und zu poliren.

Wenn die Fläche des Steins oder Marmors von dem Meißel oder der Säge rauh ist, so ist zuerst nöthig, daß die Oberfläche mittelst eines anderen Steins, der an einen Handgriff befestigt ist, auf geschickte Weise nach allen Richtungen abgerieben wird; dann bedient man sich des Sandes von einem gröblicheren Korn, indem man von Zeit zu Zeit die Fläche mit Wasser netzt, bis sie ein gleichförmiges mattes Ansehen angenommen hat, worauf man sie rein wäscht und mit einem feineren Sande behandelt, bis alle Spuren von dem ersten Schleifen weggebracht sind. Dann schleift man nach Umständen entweder mit einem noch feineren Sande oder feingeschlemmten Schmirgel nach. Um aber die Oberfläche vollkommen eben und zur Politur geschickt zu erhalten, reibt man sie mit noch feinerem Schmirgel und Wasser mittelst Filz, den man auf ein Bretchen befestigt hat, welches man mit einem Gewichte beschwert; oder anstatt des Filzes mit einer Art Fries, was noch besser ist. Nach dieser Operation nimmt man frischen Filz und behandelt den Gegenstand mit feingeschlemmter Zinnasche auf gleiche Art, und zwar zuerst mit Wasser und dann mit trocknem Pulver, wodurch man die feine Politur erhält.

Manche Arbeiter nehmen dazu feingepulverten und gesiebten Marmor, andere Tripel und beendigen die Politur mit dem feinsten Steinmehle mittelst Wasch- oder Büffelleder, welches man jedoch nicht mit Wasser netzen kann.

Den pulverisirten Marmor schlägt man durch ein feines Haarsieb, benetzt ein Stück weiches Linnen, welches man ballenförmig zusammengebrochen hat, mit reinem Wasser und reibt den Gegenstand andauernd damit ab. Man kann zuletzt das Ganze noch mit weißer Wolle überreiben. Will man diesen matten Glanz zu einem spiegelnden vollenden, so geschieht es durch aufgestäubten Bimsstein und zuletzt die feinste Zinnasche trocken, indem man mit einem Tuche schnell und anhaltend reibt, bis sich ein widriger Geruch zeigt.

Bei dem bunten Marmor kann man sich des gebrannten, pulverifirten Schafbeins, der Kohle ꝛc. bedienen. Bei Alabaster, dessen Härte geringer ist, als die des Marmors, greift der Schachtelhalm ziemlich stark an, und das Nachschleifen geschieht mit weißer Wolle und feinem, aufgestäubtem Alabasterpulver. Zuletzt aber nimmt man feingeschabte und geschlemmte Kreide und venetianische Seife, macht dieses mit Wasser zur Musconsistenz an und reibt damit die zu polirende Fläche mittelst eines wollenen Lappens, bis sie warm wird und bis man sieht, daß der Alabaster die Seife eingezogen und eine sanfte Politur angenommen hat. Die Salbe darf nur in sehr kleiner Quantität aufgetragen werden und muß vor der Erneuerung völlig absorbirt sein.

§. 134. Das Poliren anderer Steinarten.

Der Granit nimmt wegen der ungleichen Härte seiner verschiedenartigen Gemengtheile nur eine unvollkommene Politur an. Vollkommenen Glanz erhalten die Quarztheile, einen sehr geringen der Feldspath; der Glimmer bleibt aber ganz matt.

Hat man dem Granit durch Schmirgel, Zinnasche, die man durch schwere Bleiplatten wirken läßt, die möglichste Politur gegeben, so setzt man noch eine sogenannte „falsche Politur" auf, indem man die Fläche mit Speckstein und Talkstein stark abreibt. Beide Minerale können auch auf Marmor und Alabaster benutzt werden.

Auf ähnliche Weise werden auch andere Urgebirgsarten polirt, die eine Politur anzunehmen fähig sind.

§. 135. Die italien'sche Methode des Polirens.

1) Nachdem der Gegenstand mit Sand und Wasser, bei manchen mit anderen Steinen abgerieben, wie oben vorgeschrieben worden, richtet man ein Stück Blei zu, daß dessen Fläche mit der Form des zu polirenden Gegenstandes übereinstimmt, und schlägt dann mit diesem, wie es bei Vorigem mit Filz oder Fries vorgeschrieben worden ist, indem man mit gröberm Schmirgel beginnt und nach und nach mit feineren Nummern fortsetzt; zuletzt beendet man die Politur mit Zinnasche und einem Stück Leder. Besonders ist diese Methode für Granit geeignet.

2) Bei sehr hartem Marmor, der eine wahre hohe Politur anzunehmen vermag, verfahre man wie folgt:

Nachdem man alle Spuren der Säge und des Werkzeugs durch Abreiben mit Steinen und Sand beseitigt hat, nimmt man feinen Bimsstein und schleift damit, bis alle Risse verschwunden sind; dann polirt man nach gewöhnlicher Art mit gepülvertem Tripel, der schon einen hohen Glanz bewirkt. Nun nimmt man ein Werkzeug, welches sich der Form einer zu polirenden Stelle, sei sie flach oder gebogen, anpaßt und von einem Stück Lindenstammholz nach der nöthigen Form geschnitten wird. Dieses überzieht man mit einer Lage Pech*) und bereitet sich ein Pulver von 4 Theilen Tripel und einem Theile blauen Vitriol (Kupfervitriol), das man sehr fein zusammenreibt. Von diesem Schleifmittel streut man ein wenig auf die Holzfeile und netzt es mit einigen Tropfen gutem Weinessig.

Wird dieses Werkzeug richtig gehandhabt, so läßt sich damit eine Spiegelpolitur erzeugen, und obschon es etwas mehr Mühe, als das oben beschriebene gewöhn-

---

*) Besser mit Schellack, den man darauf anschmelzt.

liche Verfahren macht, so ist es doch bei zarten Gegen=
ständen eine Beförderung der Schönheit und ersetzt reich=
lich die größere Mühe und Sorgfalt.

Das Färben des Marmors.

§. 135 a. Mit einer Lösung von salpetersaurem
Silber erhält man eine schwarze Farbe; mit einer war=
men Lösung von krystallinischem Grünspan eine grüne,
mit einer koncentrischen Lösung von Karmin eine rothe,
mit Operment in Ammoniak gelöst eine gelbe, mit
schwefelsaurem Kupfer eine blaue und mit Fuchsin eine
Purpurfarbe.

Der Marmor muß aber vorher erwärmt werden,
um die Poren zur Aufnahme der Farbstoffe zu erschlie=
ßen, welches durch das Austreiben der Luft bewirkt
wird.

Stereochrom=Malerei.

§. 136. Die stereochromische Malerei ist für
Wände bestimmt, und wird auf festen Mörtelgrund auf=
getragen, mit Wasserglas aber fixirt. — Die Hauptauf=
gabe dabei ist, dem Grunde durch und durch gleiche
steinartige Festigkeit zu geben und ihn gleichsam mit
der Mauer zu verschmelzen, zugleich dahin zu arbeiten,
daß er das Wasserglas gut und bereitwillig einsaugt.

Die Mauer erhält einen zweifachen Bewurf, einen
Untergrund und Obergrund. Der erste wird mit
gewöhnlichem Kalkmörtel gemacht und damit die Fläche
gehörig ausgeglichen und das Gestein gut bedeckt. Der
Sandzuschlag muß von mittlerem gleichartigen Korn
sein; gleichviel ob Kalk= oder Quarzsand. Der von zer=
stoßenem Dolomit oder Marmor erhaltene verdient den
Vorzug. Das staubähnliche Pulver desselben muß je=
doch durch Schlemmen oder ein ganz feines Sieb abge=

schieben werden, weil es das Einsaugen vermindern würde.

Der gehörig gelöschte Kalk muß sparsam angewendet werden, damit der Mörtel mehr mager als fett ausfällt.

§. 137. Dieser erste Bewurf ist nicht allein gut austrocknen zu lassen, sondern auch mehrere Tage der Luft zum Anziehen der Kohlensäure auszusetzen, wobei er sich in halbkohlensauren Kalk verwandelt. Um die Anschwängerung des Kalkes mit Kohlensäure zu beschleunigen, kann man sich einer Auflösung von kohlensaurem Ammoniak bedienen, welches ihm bei einigemalen Benetzen schon eine bedeutende Festigkeit giebt.

§. 138. Nach völligem Trocknen schreitet man zum Sättigen mit Wasserglas. Das hierbei gebrauchte Wasserglas soll Natron- oder Doppel-Wasserglas *) sein, versetzt mit soviel Kieselfeuchtigkeit, daß es nicht opalisirend, sondern ganz klar ist. Keines ist koncentrirt anzuwenden, sondern mit gleichem Volum Wasser zu verdünnen, damit es bis zur Mauer eindringe.

Nach dieser Befestigung des untern Grundes kann bald nachher der obere Grund, welcher die Malerei aufnehmen soll, aufgetragen werden und nur in der größern Feinheit des Sandes davon verschieden ist, wozu ein schärferer zu empfehlen ist.

§. 139. Die Malfläche darf nicht glatt und abgeschliffen sein; sie muß eine gewisse Rauheit behalten, damit die mit bloßem Wasser aufzutragenden Farben

---

*) Das Doppelwasserglas besteht aus gleichen Aequivalenten von Kali- und Natronsalpeter, oder auch aus gereinigtem Weinstein, Natronsalpeter und der entsprechenden Menge Quarz.

Es läßt sich auch herstellen durch Zusammenschmelzen von 100 Theilen Quarz, 28 Theilen gereinigter Pottasche, 22 Theilen neutralem, wasserfreiem kohlensaurem Natron und 6 Theilen Holzkohlenpulver.

hinlänglich haften, bis das Wasserglas hinzukommt; sie soll feilenartig anzufühlen sein.

Dieser Malgrund wird ungefähr eine Linie dick möglichst eben aufgesetzt und nach dem Trocknen mit einem scharfen Sandsteine abgerieben, um die dünne Schicht von kohlensaurem Kalk, die sich beim Trocknen gebildet hat, wegzunehmen und zugleich der Oberfläche eine gewisse Rauhigkeit zu geben.

§. 140. Nach Beendigung dieser Procedur wird der Auftrag mit Wasserglas — durch Natronkieselfeuchtigkeit, klar gemachtes Doppelwasserglas mit gleichen Theilen Wasser verdünnt — mit dem Untergrund imprägnirt, damit er sich mit der untern Schicht gut verbinde. Dazu ist ein zweimaliger Auftrag nach jedesmaligem Austrocknen der Maße erforderlich; durch einen zu starken würden sich die Poren verstopfen und das Malen bedeutend erschwert werden.

Ein längeres, vollkommenes Austrocknen steigert zuletzt die Fähigkeit einzusaugen und zum Malen geeigneter zu machen.

§. 141. Die Farben werden blos mit reinem Wasser, unter öfterm, jedoch nur mäßigem Anspritzen der Mauer mit solchem aufgetragen und mit dem sogenannten Fixirungs-Wasserglas — welches mit ¼ Theile Wasser verdünnt worden — befestigt. Dies geschieht mittelst einer Spritze, die das Wasserglas in Form eines Nebels oder feinen Regens behutsam verbreitet. Dieses Anspritzen wird mit abwechselndem Austrocknen so lange fortgesetzt, bis die Farben beim Ueberfahren mit dem Finger nicht mehr abfärben.

Nach diesem Verfahren sind im Wesentlichen die Wandgemälde im königlichen Museum zu Berlin durch Kaulbach und Echter ausgeführt.

§. 142. Zu der stereochromischen Malerei sind alle Farben brauchbar, welche nicht dem organischen Reiche entstammen; letztere (nebst dem Zinnober) sind ganz unzulässig. Die Farben sind möglichst fein abzureiben. Das Chromroth wird aber durch zu langes Reiben gelblich, Kobaltblau zeigt sich nach dem Fixiren merk­lich heller, Hellocker viel dunkler. Im Ganzen zeigt sich der Farbenton dann mehr oder weniger dunkler, ernster, was sich aber mit der Zeit wieder verliert.

Reagirend wirken u. a. auch Gyps, Kolkothar, wegen beiwohnender Schwefelsäure; überhaupt was sich von Farben mit dem Wasserglase nicht verträgt, d. i. eine Zersetzung bewirkt oder es zum Stocken, Koagu­liren ꝛc. bringt.

Diese Malweise hat mit der Freskomalerei das ge­mein, daß die Bilder nicht glänzend sind, und sonach den Nachtheil der Oelbilder meiden; so daß der Be­schauer sie von jedem Standpunkt aus ganz übersehen kann. —

Dritte Abtheilung.

Kurze Uebersicht der Säulenordnungen.

§. 143. Einleitung. — Wir gehen hier über die eigentlichen Prototypen der uns von der Antike gebotenen Formen hinweg, als wenig anwendbar in dem heutigen Baustyl. Die aus ihnen abgeleiteten Muster stammen aus einem spätern Zeitalter, wo Vitruv, Vignola und mehrere ältere Baumeister sich mühten, allgemein gültige Normen aufzustellen. Zwar hat ein Schinkel sich der Antike wieder anzunähern versucht, ist jedoch ohne große Nachfolge geblieben.

Am meisten für die gewerkliche Bautechnik ergiebig sind die Aufstellungen des Vignola. Wir halten uns daher vorzüglich an diese, und verweisen zu höherem Studium auf ausführliche Werke über „schöne Baukunst", deren es nicht mangelt. —

§. 144. Ueber die Säulenordnungen überhaupt. — Vignola und seine Zeitgenossen stellen fünf Säulenordnungen auf; nämlich die Toskanische als die Erste und Einfachste; die Dorische als die Zweite; die Jonische als Dritte; die Korinthische als Vierte; und die Römisch. oder kompofite als die fünfte Ordnung —

Die neueren Architekten erkennen jedoch nur Drei als selbständig, nämlich: die Dorische, Jonische und Korinthische, die sich folgendermaßen charakterisiren.

1) Die Dorische als die einfache oder starke;
2) die Jonische als die zierliche oder schlanke; und
3) die Korinthische als die geschmückte oder reiche.

Für die, wenig ansprechende Neudorische Ordnung wendet man sich jedoch häufiger der altdorischen Form zu.

Sind die Säulen cylinderförmig, so heißen sie Säulen im engeren Sinne, sind sie viertantig, Pfeiler oder Pilaster. Sind die Zwischenweiten mit Mauer ausgefüllt, dann nennt man diese Stützen Halbsäulen und Wandpfeiler. Wandpfeiler sind nur kunstgerecht angebracht, wo eine schwache Mauer den Schein hat, als könne sie das aufliegende Gebälk allein nicht tragen.

Beiläufig sind Säulen nicht vernunftgemäß, wo die Funktion der Unterstützung, des Tragens nicht vorleuchtet.

§. 145. Diese fünf angeführten Ordnungen sind unter den Figuren 38, A—E, zur Uebersicht ihrer gegenseitigen Hauptverhältnisse zusammen gestellt.

Nach Vignola nimmt die Höhe des Gebälkes von der 1. bis zur 4. Ordnung stufenweis zu, da immer der vierte Theil der Säulenhöhe die des Gebälkes bestimmt. Die Höhe der Toskanischen Säule, Fig. 38, A, hält 7 Durchmesser, der Dorischen 8, die Jonische 9, die Korinthische und Römische 10 Durchmesser.

§. 146. Jede Ordnung besteht aus drei Haupttheilen, nämlich aus dem Säulenstuhl Fig. 38, A, Nr. 7, 8 und 9; aus der Säule Nr. 4, 5 und 6; und aus dem Gebälk Nr. 1, 2 und 3. Nr. 1 heißt der Kranz oder Karnies, das oberste Glied des Kranzleistens heißt Cima, Rinnleisten; Nr. 2 der Fries; Nr. 3 der Architrav. An der Säule nennt man Nr. 4 das Kapitäl; Nr. 5 den Schaft und Nr. 6 den Säulenfuß. Auch der Säulenstuhl — der indeß nicht unbedingt vorhanden sein muß — hat sein Deck- oder Kranzgesimse

Nr. 7, ferner den Würfel Nr. 8 und den Sockel (Plinthe) Nr. 9.

§. 147. Die Glieder der Säulenordnungen. Taf. V, lit. A, heißt das Plättchen; hat es mehr Höhe, die Platte; B, das Stäbchen und bei größerer Höhe, wie bei C, der Stab, Rundstab oder das Band; D der Viertelsstab oder Wulst; E der verkehrte Viertelsstab; F, die Hohlleiste; G, der Ablauf; H, der gedrückte Stab; I, die Kehlleiste; K, die verkehrte Kehlleiste; L, die Rinnleiste; M, die Sturzrinne; Taf. VI, die Einziehung ist eine flachere Hohlkehle aus der Spitze eines rechtwinkeligen gleichseitigen Dreiecks beschrieben. Die punktirten Linien machen die Konstruktion vollkommen verständlich.

§. 148. Eine Zusammensetzung von mehreren dieser Glieder bildet ein Gesims. Die Säulenordnungen, — die wir alle fünf besprechen wollen — haben ihre charakteristischen Eigenthümlichkeiten, wodurch sie sich unterscheiden; am meisten liegen diese in der Bildung der Kapitäler, demnächst auch in dem Gebälke. Die toskanische Ordnung hat nur ihre, bis an Plumpheit reichende Einfachheit zur Charakterbezeichnung und sollte nie in Anwendung kommen. Die dorische Ordnung bezeichnet sich als solche durch die Triglyphen und Metopen im Fries, die Tropfen im Architrav und die Dielenköpfe im Gesims. Die jonische Ordnung hat, außer dem sehr charakteristischen Kapitäl, Zahnschnitte im Gesims, die dieser Säulenart ausschließlich eigen sein müßten. Bei der korinthischen Ordnung sehen wir zuerst Sparrenköpfe (Modillons) im Gesimse; bei ihr ist noch die Anordnung der Blätter am Kapitäl unterscheidend. Die römische Ordnung ist, wie bemerkt, ein Gemisch von der jonischen und korinthischen Ordnung, hat daher, außer ungemeiner Ausschmückung im Gebälke, nichts wesentlich Bezeichnendes, und nur die größern Voluten in dem Blätterkranze und deren Stellung geben Unterscheidungszeichen von der korinthischen Ordnung.

§. 149. Die Anwendung der oder jener Ordnung wird durch ihren Charakter bedingt. — So ist die toskanische Ordnung höchstens da zu benutzen, wo es darauf ankommt, die höchste Einfachheit und Charakterlosigkeit auszudrücken. Ihr wesentlicher Charakter spricht Einfachheit aus, die an Plumpheit grenzt. — Die dorische Ordnung eignet sich zu Bauwerken, wo sich Stärke, Kraft, Ernst und Hoheit ausdrücken sollen; der Zierlichkeit unfähig ist ihr Hauptcharakter Kraft, namentlich bei der griechisch-dorischen. — Die jonische Ordnung läßt sich als Muster des Zierlichen aufstellen; sie macht den Eindruck von Ruhe, Annehmlichkeit bis zur Eleganz. Deren Stelle ist, wo strenger Ernst in gemilderter Potenz sich zeigen oder ganz verbannt sein soll. Ihr Wesen ist Zierlichkeit. —

Die korinthische Säule paßt dahin, wo die höchste Pracht, der größte architektonische Reichthum entfaltet werden soll; daher ist auch Pracht ihr Hauptcharakter, ganz unpassend für bürgerliche Wohnhäuser. — Von zweideutigem Charakter tritt die römische Ordnung (zusammengesetzte, komposite Ordnung) auf und widerstrebt auch der besten Anordnung.

Bemerkungen, die Zusammenstellung ꝛc. der Glieder betreffend.

§ 150. Wenn gleich die Entwerfung der Ornamente dem Architekten überlassen bleiben muß, so wird doch über die gute Anordnung der Gliederung Einiges hier mitzutheilen zweckmäßig sein.

1) Der Viertelstab hat den Charakter des Tragbaren und dient dann zu stützenden Gliedern, zu Kragsteinen am Fuße von Basen, von Säulen ꝛc. Zusammengesetzt finden wir ihn wieder als Rundstab, als Wulst.

2) Die Hohlkehle bildet die Vermittelung aus dem Wagerechten in das Lothrechte als Anlauf; zusammengesetzt als Einziehung nimmt sie einen leichteren

Charakter an. So entwickelt sich aus der Hohlkehle der Karnies, Rinnleisten, Glockenleisten.

2a) Die ebene Grundform giebt nur ein Glied, die Platte, schmäler das Plättchen, Riemchen.

3) Bei guter Anordnung werden immer gerundete Glieder mit geraden abwechseln. Von richtiger Auswahl hängt der Charakter eines Gesimses ab und man spricht dann von einer schweren, leichten, gefälligen Profilirung.

4) Die Wahl der Verzierung eines Gliedes ist nicht von der Willkür abhängig; sie muß sich stets der Gliederform anschließen, da sie sonst das allgemeine Profil verwirren würde. In optischer Beziehung müssen die Ornamente in der Nähe schwach, in der Höhe aber stark und tief ausgeschnitten werden.

Es dürfen nicht alle Glieder verziert werden; es müssen dem Auge Ruhepunkte bleiben, und zugleich ein Gleichgewicht in der Vertheilung des Schmuckes beobachtet werden.

6) Alle Glieder eines Gesimses sind immer symmetrisch und müssen ihren Axen nachlothrecht übereinander gestellt werden. Alle Verzierungen eines Gebälkes müssen sich daher nach den Sparrenköpfen oder Zahnschnitten richten.

7) Manche Glieder können unterschnitten werden, was ihnen Schärfe und Leichtigkeit giebt.

8) Der untere Durchmesser einer Säule dient durch alle Ordnungen als Maßeinheit für sämmtliche Theile eines Baues, dem die Säule angehört. Oefter noch nimmt man den untern Halbmesser als Einheit an und nennt diesen den Modul (Modulus); dieser wird dann in 30 Partes getheilt. Der Abstand mehrerer Säulen von einander heißt Säulenweite.

Charakterisirende Kennzeichen der Säulen-ordnungen nach dem Kapitäl und Gebälk.

§. 151. Wir übergehen hier die toskanische Ordnung und verweisen auf das Obengesagte.

1) **Dorische Ordnung.** — Das auffallendste Merkzeichen dieser Ordnung sind die Dreischlitze oder Triglyphen im Fries und die unter dem Kranzleisten angebrachten Mutuli, Dielenköpfe mit ihren Tropfen, Nagelköpfen. Die Räume zwischen den Triglyphen heißen Metopen. Figur 40, A.

2) **Jonische Ordnung.** — Was diese Ordnung am meisten charakterisirt, sind zwei Rollen (Voluten), welche mittelst Bänder auf beiden Seiten aufgehängt sind. Fig. 41 und 42. In der Vorder- und Hinteransicht stellen sich diese zwei Rollen als zwei, mit einander in Verbindung stehende Schnecken dar. Der vorstehende Wulst dazwischen ist stets mit Schlangeneiern verziert. Der Modul ist hier, wie bei der korinthischen, in 18 Theile (Partes) getheilt; sie sind mit (m) und (p) bezeichnet.

3) Die **korinthische Ordnung** zeichnet sich durch ihr reichverziertes Kapitäl aus. Dies besteht aus 8 größern und 8 kleinern Akanthus Olivenblättern um den Kern, Krater oder Korb. Ferner aus 8 großen und 8 kleinern Schnecken, welche aus Blumenkelchen entspringen. Der Kranz des Gebälkes unterscheidet sich von dem Jonischen hauptsächlich durch seine reichen Sparrenköpfe aus; der untere Theil ist mit einem Olivenblatt verziert. Die Räume zwischen ihnen heißen Kassetten und bilden vertiefte Vierecke. — An dieser Ordnung trifft man zuerst die Kragsteine, Modillons, übrigens feinere Gliederung und leichtere Profilirung. —

chen (das Auge), Fig. 50, II; in größerem Maßstabe Lit. F und G. Die Mittelentfernung der Augen ist der doppelten Schneckenhöhe gleich. Das Kapitäl von der Oberkante des Abakus bis zu dem tiefsten Punkte der Windungen hält $\frac{1}{5} - \frac{1}{7}$ der Säulenhöhe (mit Base und Kapitäl); und seine Unterkante liegt in einer Richtung mit der Unterkante der Augen. Der Abstand der äußersten Saumglieder der Schnecke beträgt an den Seitenfronten etwas mehr als der obere Säulendurchmesser.

Der Saum der Schnecke wird oben, wo er horizontal läuft, z. B., gleich der Hälfte des Auges, breit gemacht. Die von Bignola gegebene Konstruktion einer Volute findet man auf Tafel VII, sie ist von allen die regelmäßigste, muß aber mit äußerster Genauigkeit gezeichnet werden.

Die Stellung der Durchschneidungslinien der Schnecke am Kapitäl, sowie die richtige Größe des Auges trägt sehr viel zur Gestalt derselben bei. Die lothrechte Mittellinie steht fast bei allen aufgefundenen Kapitälen 1 Model von der Säulenaxe ab; die horizontale Mittellinie ist dagegen verschieden gestellt, wovon sehr viel abhängt. Am besten ist es, wenn diese Horizontale mit der Oberkante des Rundstäbchens oder Astragals, welcher unter dem Viertelstab liegt, in einerlei Ebene fällt.

§. 155. An den meisten Kapitälen besteht der Saum aus zwei Gliedern, gewöhnlich aus einem Plättchen innerhalb und einem Rundstäbchen außerhalb; zuweilen aber auch nur aus einem Plättchen, wie auch aus mehreren kleinen Gliedern.

Zwischen den Säumen ist die Schnecke meistens hohlgebogen, selten flach gehalten. Die meisten Schnecken liegen horizontal ganz platt in einer Fläche; an einigen Kapitälen aber schraubt sich das Auge nach und nach weiter heraus.

Wenn diese Dimensionen aufgetragen worden und man die senkrechten Durchmesser gezogen hat, beschreibe man ein Quadrat, dessen Ecken auf den beiden Durch=

meſſern liegen, wie man in der Volute ſelbſt und in dem größer gezeichneten Auge F ſieht. Die Linien 1, 3 und 2, 4 kreuzen ſich in dem Mittelpunkte des Auges und ſind mit den Seiten des Quadrats parallel. Man theile jede in 6 gleiche Theile, welche die Punkte 1, 2, 3, 4 auf dem Quadrat und die 5, 6, 7 ... 12 inmitten des Auges geben, Fig. F. Nun ſetze man die Zirkelſpitze in 1, öffne bis zum Punkte a und beſchreibe den Viertelkreis ab; ſetze dann in 2 ein, öffne den Zirkel bis b und beſchreibe bc; ebenſo cd aus dem Punkte 3, und den Bogen de aus dem Punkte 4, wobei e ſich durch das Zuſammentreffen mit der Geraden beſtimmt, die von dem Punkt 4 aus durch 5 gelegt wird. Die übrigen Bögen der Volute beſchreibe man ebenſo wie die angegebenen, indem man den Zirkel in die Punkte 5, 6, 7 ... 12 als Mittelpunkte einſetzt, und führe ſo den erſten Gang der Volute aus.

Es bleibt dann noch übrig, den Saum der Schnecke zu zeichnen. Da der Saum von ſeinem Urſprunge am Auge bis an's Ende immer ⅓ der Kanalbreite iſt, ſo iſt man genöthigt, für jeden Viertelkreis neue Mittelpunkte zu nehmen.

Man theile den Abſtand der gebrauchten Mittelpunkte in 4 gleiche Theile und nehme immer den Theilpunkt zu dem neuen Centrum, der zunächſt der früher gebrauchten Punkte 1, 2, 3 ... liegt.

§. 156. Eine andere Methode die Volute zu entwerfen ſieht man in Fig. 50, G, welche das Auge darſtellt. Die Bezeichnung durch die Zahlenreihe giebt die Mittelpunkte, wie ſie auf einander folgen, an. Fig. 50 H, zeigt ein durch Roſette verziertes Auge. —

Beim Verleger dieses sind erschienen und in allen Buchhandlungen zu haben:

J. Claudel und L. Laroque, das Maurerhandwerk in seinem ganzen Umfange theoretisch und praktisch abgehandelt. Ein Handbuch für Architekten, Maurer, Steinhauer, Bauführer, Unternehmer, Handwerksschulen ꝛc. Nach dem Französ. für deutsche Zustände frei bearbeitet von **Hertel,** Bauinspektor in Naumburg. In zwei Theilen. — Erster Theil: die Lehre von der Lagerung, den chemischen und physikalischen Eigenschaften der, dem Maurer wichtigen Gebirgsarten und Gesteine, in scientifischer und praktischer Beziehung, nebst deren zweckmäßiger Anwendung; künstliche Steine, Luft- und hydraulische Mörtel, Betons ꝛc.; Maschinen, Geräthe, Werkzeuge ꝛc. Mit 10 Quarttafeln. 8. Geheftet. 1 Thlr. 15 Sgr.

Zweiter Theil: Form- und Verbindungslehre, enthaltend: die Konstruktion der Rüstungen; Baugründe und Fundamente; Verband der Mauern und deren statische Beziehungen; Freimauern; Lehre und Bau der Gewölbe; Anlage und Ausbau von Gebäuden; Veranschlagung; polizeiliche Vorschriften ꝛc. Mit 7 Foliotaf. 8. Geh. 1 Thlr. 5 Sgr.

A. W. Hertel, Unterricht in der Anfertigung und Zeichnung der gewöhnlich vorkommenden Baurisse nach ihren Grund-, Aufrissen und Durchschnitten. Nebst einer kurzen Anleitung zur Veranschlagung und Anlage ökonomischer Gebäude. Zum Selbststudium für Gesellen und Lehrlinge und zur Vorbereitung für die Gesellen- und Meisterprüfung. Mit 22 lithographirten Quarttafeln. 4. Geheftet. 1 Thlr.

A. W. Hertel, Zweiundsechzig Tafeln mit Façaden, Grundrissen, Profilen und Details von Schlössern, Hôtels, Privathäusern in Städten und Vorstädten, größeren Landsitzen oder Villa's ꝛc., welche theils bestehenden Bauten der neuesten Zeit entnommen, theils von den berühmtesten Architekten entworfen worden sind. Nach deutschen, französischen, italienischen und englischen Vorbildern, mit den nöthigen Erklärungen und der Darstellung ornamentaler Theile in größerem Maßverhältniß. **Vierte** völlig umgearbeitete Aufl. gr. 4. Kartonnirt. 2 Thlr. 15 Sgr.

A. W. Hertel, Sammlung von Landhäusern und ländlicher Wohngebäuden, im englischen, schweizer, italienischen, französischen ꝛc. Styl, als: kleine Villas, Cottagen, Schweizerhäuser, Chalets, Pächter- und Verwalterwohnungen, Meiereien, Häuser begüterter Dorfbewohner, Bedutten in Parkanlagen, Pavillons, Belvederes ꝛc. Zum Theil in Entwürfen berühmter Architekten, großen Theils aber nach vorhandenen neueren Ausführungen in Auf- und Grundrissen, Durchschnitten, Details, oder in perspektivischen Ansichten dargestellt. Mit 54 Tafeln. gr. 4. Kart. 2 Thlr. 15 Sgr.

A. Jänig, Entwürfe zu ländlichen Wohngebäuden oder Häusern für den Bauer, Arbeiter und Handwerker auf dem Lande, mit den dazu erforderlichen Stallungen, sowie unter Berücksichtigung anderer, auf dem Lande vorkommenden Gebäude, als Backhäuser, Darren, Braubäuser, Branntweinbrennereien, Ziegeleien, Bienenhäuser, Taubenhäuser ꝛc. Nebst der ausführlichen Angabe des zu deren Erbauung nothwendigen Aufwandes an Materialien und Arbeitslöhnen. Erstes Heft. 12 Tafeln. (Fortsetzung folgt.) 4. Geh. 1 Thlr.

A. W. Hertel, die Lehre vom Kalk und Gyps in ihrem ganzen Umfange, begreifend: die Rohstoffe, das Brennen, die Brennmaterialien, die Oefen, die Theorie und das Verhalten des Aetzkalks und der hydraulischen Kalke, Bereitung der Mörtel, Cemente, des Stucko ꝛc. Dritte, umgearbeitete und vermehrte Auflage. Mit 75 Figuren auf 7 Tafeln. 8. Geh. 1 Thlr. 15 Sgr.

L. Rudolphi, die Geometrie und das geometrische Zeichnen in praktischer Anwendung auf die Berufsarbeiten der Künstler und Handwerker, vornehmlich der Lithographen, Mechaniker, Maschinenbauer, Bild- und Steinhauer, Maurer, Zimmerleute, Dach- und Schieferdecker, Tischler, Klempner, Kupferschmiede, Schlosser, Gebäudemaler und Anstreicher, Gärtner u. A. m. Zum Selbstunterricht. Mit 4 Tafeln, enthaltend 132 Figuren. 8. Geheftet. 15 Sgr.

P. Schaller, der praktische Ziegler oder Handbuch bei Anlage und Betrieb der Ziegeleien zur Herstellung aller Arten von Mauer- und Dachziegeln. Fünfte, gänzlich umgearbeitete Auflage von Friedrich Neumann, Civil-Ingenieur. Mit einem Atlas, enthaltend 13 Foliotafeln. 6. Geh. 1 Thlr. 7½ Sgr.

Th. Bacquer und A. W. Hertel, Entwürfe von Schulhäusern für Stadt und Land. Nebst Asylen oder Kinderbewahr-Anstalten. Mit Aufstellung der Grundsätze, welche je nach Ausdehnung und Oertlichkeit bei deren Erbauung maßgebend sind. Für Behörden, Baumeister und Baugewerke bearbeitet. Mit 33 Tafeln. Royal 4. Kartonnirt. 2 Thlr.

H. Erlach, Sprüche und Reden für Maurer bei Legung des Grundsteins zu bürgerlichen und herrschaftlichen Wohngebäuden, Landhäusern, Schulhäusern, Kirchen, Schauspielhäusern, Fabrikgebäuden, Mühlen, Brau- und Backhäusern, Brennereien und vielen andern für gewerbliche Zwecke bestimmten Gebäuden, sowie auch bei Versetzung des Schlußsteins von Brückenbögen und Kirchengewölben. 8. Geh. 18 Sgr.

W. G. Bleichrodt, das Meister-Examen der Maurer und Zimmerleute in den deutschen Bundesstaaten. Nebst einer vollständigen Anleitung, sich gehörig dazu vorzubereiten. Nach des Verfassers Tode in dritter völlig umgearbeiteter, vermehrter und verbesserter Auflage herausgegeben von A. W. Hertel, Bauinspector in Naumburg. Mit 14 lithogr. Tafeln. gr. 4. Geh. 1 Thlr. 10 Sgr.

H. v. Gerstenbergk, Encyklopädie der rechnenden Baukunst, I. Theil. Auch unter dem Titel: Tafeln zur Berechnung der Baustämme, der Blocke, Klötze und vierkantig beschlagenen Hölzer nach dem Kubikfuße, sowie der Breter, Bohlen, Fourniere nach dem Quadratfuße. Nebst Nachweisung der aus einem Blocke zu schneidenden Waarensorten und zur Auffindung des Geldbetrags nach jeder der jetzigen drei Hauptwährungen Deutschlands. Für Staats-, Forst- und Landwirthe, Bau- und Werkleute, Holzhändler, Schneidemüller u. A. Vierte verbess. u. verm. Aufl. 8. Geh. 25 Sgr.

H. v. Gerstenbergk, Encyklopädie der rechnenden Baukunst, II. Theil. Auch unter dem Titel: Tafeln zur Berechnung des Kubikinhalts der Mauern, so wie auch einzelner Quadern, Platten, Steinbänke, Pfeiler und Säulen. Für Architekten, Maurer, Bild- und Steinhauer, so wie auch für Besitzer von Steinbrüchen. Zweite verbess. u. verm. Aufl. 8. Geh. 1 Thlr.

H. v. Gerstenbergk, Encyklopädie der rechnenden Baukunst, III. Theil. Auch unter dem Titel: Tafeln zur Berechnung des Quadratinhalts der Fußböden, Wand- und Dachflächen, wie auch einzelner Blei-, Zink-, Kupfer-, Messing- und Eisenbleche, Dachfilze, Steinpappen, Terrafit-, Cement- und anderer künstlichen Steinplatten, Seiden- und Damasttapeten, wasserdichter Tücher, sogenannter Kopir- und Malleinwand und anderer im Bauwesen vorkommender oder zu technischen Zwecken gebrauchter Gegenstände nach Quadrat-Fußen, -Zollen und -Linien. Für Bauunternehmer, Architekten, Zimmerer, Bau-Tischler, Anstreicher, Tapezirer, Kupferschmiede, Klempner, Fabrikanten u. A. Zweite Auflage, von Grund aus neu bearbeitet, verbessert und mit Preistafeln nach den jetzigen drei Hauptwährungen Deutschlands vermehrt. 8. Geh. 1 Thlr.

H. v. Gerstenbergk, Encyklopädie der rechnenden Baukunst, IV. und letzter Theil. Auch unter dem Titel: geometrische Meß- und Berechnungslehre für Baugewerke, hauptsächlich für Zimmerleute, Maurer, Zeugarbeiter, Maschinenbauer, Bautischler u. s. w., welche keine Gelegenheit hatten, sich in diesem Fache auszubilden und den Anforderungen der Zeit genügen wollen. Mit 9 Tafeln Abbildungen. 6. Geb. 20 Sgr.

C. Schreiber, der erfahrene Gehülfe für Stubenmaler und Firmaschreiber bei Ausführung aller Arten von Anstrichen, Nachahmungen der Farbe, Naturzeichnung und Maserung feiner Möbelhölzer, aller Arten von Marmor, Porphyr, Granit ꝛc., der Verfertigung der Firmen und der vortheilhaftesten Darstellung der zu obigen Arbeiten erforderlichen Oel- und Wasserfarben, auch des Zinkweißes sowie der damit versetzten Farben, und endlich der verschiedenen Arten von Lackfirnissen. Dritte vermehrte und verbesserte Auflage. 8. Geb. 22½ Sgr.

Chr. Hagborn in Elten, der gründlich lehrende Anstreicher, Zimmermaler und Tüncher oder Beschreibung aller vorkommenden Materialien, Geräthschaften und Arbeiten in Oel-, Lack- und Wasserfarben. Ein Buch für Anstreicher, Zimmermaler, Lackirer und die angrenzenden Fächer. Zweite Auflage mit 21 Figuren. 8. Geb. 1 Thlr.

H. Creuzburg, neues Lehrbuch der Lackirkunst wie der Firniß- und Lackfirnißfabrikation in ihrem ganzen Umfange und fortschrittlichen Standpunkte. Mit Vorschriften zu besseren, geruch- und farbloseren, und doch billigeren Oelfirnissen, fetten Kopal- u. Bernsteinfirnissen und anderen Lackfirnissen von Weingeist, Holzgeist, Terpentinöl, Benzin, Chloroform ꝛc., — zur Auswahl für alle mögliche Gegenstände von Holz, Metall, Leder, Papier, Horn, Papparbeiten, Gemälde ꝛc., — nebst der Lehre, diese Arbeiten regelrecht zu lackiren oder zu poliren, zu trocknen, zu schleifen und ihnen den höchsten Glanz, sowie auch durch leicht auszuführende Verzierungen mehr Eleganz u. Werth zu ertheilen ꝛc. Siebente Auflage von Thon's „Anleitung zur Lackirkunst" in vollständiger Umgestaltung. Mit 24 Abbildungen. 8. Geb. 1 Thlr. 7½ Sgr.

D. R. Hay, die Gesetze der Farbenharmonie, vorzüglich für die Zwecke der Haus-, Stuben- und Decorationsmalerei, der Fabrikation von gewirkten Tapeten und Teppichen, wie auch der Papiertapeten, der Zeugdruckerei und der Fabrikation buntfarbiger Gewebe aus Seide, Baumwolle, Wolle und Linnen, nebst praktischen Bemerkungen über die Hausmalerei. Aus dem Englischen von L. Hüllmann, Architekt, mit mehreren Zusätzen und einer illumin. Farbentafel. Zweite vermehrte Auflage. 6. Geheftet. 15 Sgr.

M. Watin, die Kunst des Staffirmalers, Vergolders, Lackirers und Farbenfabrikanten. Zweite ganz veränderte Auflage von 1854. Nach der von Firmin Bourgeois umgearbeiteten und stark vermehrten elften Originalausgabe aus dem Französischen übersetzt und mit vielen Zusätzen versehen von dem Bauinspektor L. W. Hertel. 8. Geh. 1 Thlr. 20 Sgr.

G. A. Sibbon, praktischer und erfahrener englischer Rathgeber in der Kunst des Schleifens und Polirens, oder ausführliche Beschreibung der Maschinen, Apparate und Stoffe, mittels welchen dem Golde, Silber, Neusilber, Platin, Stahle, Messing und Tomback, der Bronce, dem Kupfer und dem Zinn, den Edelsteinen und Perlen, der Perlmutter, den optischen Gläsern und den Spiegeln, dem Marmor, Granit und Schiefer, den lithographischen Steinen, dem Stucco und künstlichen Steinmassen, dem Elfenbeine, Beine, Horne, Schildpatt, Achat, Bernsteine und Holze, den Lackirungen u. s. w. auf dem Wege des Schleifens und Polirens der höchste Grad von Glanz, Glätte und Schönheit ertheilt werden kann, nebst Angabe der Mittel, welche sich zum Putzen derartiger polirter Gegenstände eignen ꝛc. Ein Hand- und Nachschlagebuch für Künstler, welche in vorgenannten Stoffen arbeiten, wie auch für jede Haushaltung. Dritte verbesserte und gänzlich umgearbeitete Auflage, von Alexander Richter. 8. Geheftet. 15 Sgr.

M. Weber, die Kunst des Bildformers und Gypsgießers, oder gründlicher Unterricht, wie Büsten, Statuen, Vasen, Urnen, Ampeln, Konsolen oder Tragsteine, Rosetten, Laub- und Simswerk, Reliefbilder und andere dergleichen plastische Gegenstände auf dem Wege des Abformens und Abgießens nachzubilden, ingleichen wie sie zu schleifen, zu poliren, zu firnissen, zu bronziren und zu restauriren sind. Nebst Mittheilung vorzüglicher Vorschriften zur Bereitung künstlichen Marmors (oder zu Tisch- und Altarblättern, Wandbekleidungen, Kamineinfassungen, Ornamenten u. s. w. sehr gut verwendbar ist) und anderer zum Abdrücken und Abgießen von Medaillen, Münzen, Kameen, kostbaren Basreliefs und ähnlichen Sachen geeigneter Massen; ingleichen auch Angabe des Verfahrens, wie Kupferfiguren durch die Galvanoplastik darzustellen sind. Für Künstler und Techniker, vornehmlich Architekten, Stukkateure, Bildhauer und Gypsgießer vom Fach, sowie auch für den Unterricht in Kunst- u. Baugewerkschulen. Zweite verbesserte und vermehrte Auflage. 8. Geheftet. 10 Sgr.

M. Weber, das Schleifen, Poliren, Färben und künstlerische Verzieren des Marmors wie auch aller anderen Steinarten, welche zu Monumenten, Säulen, Statuen, Büsten, Wandbekleidungen, Kamineinfassungen, Tisch- und Altarblättern, Konsolen, Vasen, Urnen, Tabaksbüchsen, Uhrgehäusen, Briefbeschwerern u. s. w. verarbeitet werden. Nebst Mittheilung vorzüglicher Vorschriften zur Darstellung des Stucco lustro, des Gyps- und anderm künstlichen Marmors, des emaillirten Schiefers, der emaillirten Lava; zur Anfertigung der Marmor-Fourniere; zur nachhaltigen Entfernung von Flecken aus Marmor; zur Bereitung gut haftender und dauerhafter Marmor-Kitte, wie auch von schützenden Anstrichen für marmorne Gegenstände, welche der Witterung ausgesetzt sind u. s. w. Für Künstler und Techniker, namentlich Architekten, Bild- und Steinhauer, Stuffateure u. s. w. 6. Geh. 12 Sgr.

C. F. G. Thon, die Kitt-Kunst oder Anleitung, alle Arten von Kitten und Mörteln zweckmäßig zu bereiten und sie mit Erfolg und Dauer anzuwenden. Ein nothwendiges und nützliches, auf langjährige Erfahrung gestütztes Handbuch für jede Haushaltung, insonderheit für Apotheker, Architekten, Bildhauer, Blechschmiede, Böttcher, Branntweinbrenner, Büchsenmacher, Destillateurs, Drechsler, Eisenarbeiter, Flaschner, Gelbgießer, Glaser, Gärtner, Glockengießer, Gold- und Silberarbeiter, Gürtler, Instrumentenmacher, Klempner, Knopfmacher, Kupferschmiede, Maler, Maurer, Messerschmiede, Messingarbeiter, Ofensetzer, Orgelbauer, Pfeifenkopfbeschläger, Porcellanfabrikanten, Röhrenmeister, Rothgießer, Schlosser, Schriftgießer, Steinschneider, Steinsetzer, Stuksaturarbeiter, Stückgießer, Tischler, Töpfer, Uhrgehäusemacher, Zeugschmiede, Zinngießer und andere Professionisten, Künstler u. Handwerker. Zweite, stark vermehrte Auflage. 8. Geheftet. 15 Sgr.

H. v. Gerstenbergk, die Cemente, ihre Bereitung aus natürlich-hydraulischen und künstlich-hydraulischen Kalken, sowie ihre Anwendung zu baulichen, gewerblichen und landwirthschaftlichen Zwecken, wie auch zu Kunst-Gegenständen. Für Cement- und Kunststein-Fabrikanten, Techniker, Architekten, Maurermeister &c. 6. Geh. 18 Sgr.

Dr. Chr. H. Schmidt, vollständiges Farbenlaboratorium oder ausführliche Anweisung zur Bereitung der in der Malerei, Glasurmalerei, Illumination, Fabrikation bunter Papiere und Tapeten gebräuchlichen Farben, und namentlich der Erd- und Metall- oder Oxydfarben, Lackfarben, Saftfarben, Honigfarben, Pastell- und Tuschfarben. Dritte bedeutend vermehrte und verbesserte Auflage. Mit 20 Abbildungen. 6. Geh. 2 Thlr.

Andes, chemische Farbenlehre für Maler, Tapetenfabrikanten und Farbwaarenhändler. Eine auf Grundsätze der Chemie gestützte Anleitung zur Prüfung der im Handel vorkommenden Malerfarben auf Aechtheit und Güte, sowie ein Rathgeber bei Farbenmischungen, namentlich bei solchen, welche stehen, oder sich vergänglich zeigen. 6. Geh. 12½ Sgr.

Druck von B. F. Voigt in Weimar.

www.ingramcontent.com/pod-product-compliance
Lightning Source LLC
Chambersburg PA
CBHW020802230426
43666CB00007B/814